Attitudinal Value
태도적 가치

Attitudinal Value
태도적 가치

신성대 지음

동문선

東文選 文藝新書 398

태도적 가치

초판 발행 2019년 11월 10일

지 은 이 신성대

펴 낸 곳 **東文選**
제10-64호, 1978년 12월 16일 등록
서울 종로구 인사동길 40 [110-300]
전화 02-737-2795
팩스 02-733-4901
이메일 dmspub@hanmail.net

북디자인 신지연

ISBN 978-89-8038-699-4 94000
ISBN 978-89-8038-000-8 (문예신서)

진정한 사치는
자기 자신의 삶을 창조하는 것이고,
자신의 운명을 지배하는 것이다.
이는 주인장으로서의
태도적 가치를 지닌 자만이
누릴 수 있는 특권이다.

파스칼 브뤼크네르

산다는 것의 의미

전염병처럼 유행하던 '행복'이란 말이 차츰 식상해지고, 요즘은 '가치'란 말이 자주 언급되고 있습니다. 특히 기업들의 홈페이지에는 이 용어가 빠지지 않고 올라 있어 거의 상투적인 용어가 되다시피 했습니다. 그러다 보니 대부분 그 의미에 대한 분명한 인식과 성찰도 없이 그저 막연하게 선진국들을 따라 읊조리지 않나 하는 생각이 들기도 합니다. 그동안 너나없이 홈페이지에 내걸었던 경영철학인 '윤리경영'을 새로운 용어로 바꾼 것에 불과한 것이 아닐까 싶습니다.

제2차 세계대전 때 나치에 끌려가 모진 고초 속에 살아남은 유대인 의사 빅토르 에밀 프랑클은, 인간이 추구하는 삶의 '가치(value)'를 '창조적 가치(creative value)' '경험적 가치(experiential value)' '태도적 가치(attitudinal value)'로 분류했습니다. 인류는 역사를 통해 경험적 가치를 축적해 왔으며, 철학으로 태도적 가치를 확립코자 노력해 왔습니다. 그리고 과학이나 예술을 통해 창조적 가치를 추구해 왔다고 할 수 있겠습니다.

경험적 가치는 또 다른 말로 하면 계산적 가치, 즉 유불리(有

不利)에 따른 '제 수준 통빡에 맞춘' 가치가 되겠습니다. 대개 합리주의자 혹은 기회주의자들이 추구하는 가치입니다. 그에 비해 태도적 가치는 인간존엄성 확보 및 자신의 신념과 자신이 속한 공동체의 정체성에 기반한 가치라 할 수 있습니다.

더없이 감정에 충실한 많은 한국인들은 이 경험적 가치와 태도적 가치를 잘 구분하지 못합니다. 호불호(好不好)나 유불리(有不利)에 따른 처신을 자신의 태도적 가치인 양 오해하는가 하면, 옹고집을 지조 혹은 절개인 줄로 착각하기도 합니다. 이념 또한 유행이자 수단일 뿐, 불변의 가치가 될 순 없습니다. 따라서 이념 추구란 곧 이념에 종속당했다는 의미일 수도 있습니다. 그럼에도 한국인들은 그런 걸 가치라고 우기며 지성인 혹은 지사인 양합니다. 그처럼 가치에 대한 개념이 모호하다 보니 분수도 모르는 무조건적 맹종을 마치 훌륭한 태도인 양 착각하는 것이지요. 하여 영웅적 투사가 되고자 하다가 결국 양의 탈을 쓴 등신 늑대가 되고 마는 것도 그 때문일 겁니다.

이 경험적 가치와 태도적 가치를 혼동하는, 아니 인식조차 못하는 대표적인 부류가 이 나라에선 정치인들이 아닐까 싶습니다. 다운계약서, 위장 전입, 논문 표절에도 사퇴하지 않고 뻔뻔하게 고개를 세우는 것은 버티면 살더라는 경험적 가치에 매달리는 것이겠고, 막무가내 반정부 운동이 정의 구현인 줄로 착각하고 막말도 서슴지 않는 극단의 시민들은 가치 아닌 가치, 헛것을 따르는 것이겠습니다. 침몰하는 배에 수백 명의 어린 학생들을 버리고 저 먼저 살자고 도망쳐 나온 세월호 선장은 그들을 살리려다간 자칫 제가 죽을지도 모른다는 경험적 가치를 따른 것일 테지요. 태도적 가치에 대해 한번이라도 생각해 봤다면 차마 그럴 수는 없었을 겁니다.

사실 우리는 '가치'란 용어를 철학적으로 사고해 본 적이 없습니다. 그렇지만 잘 살펴보면 그에 버금하는 용어는 물론 그것을 추구해 온 사례가 없지 않습니다. 가령 평소 한국인들이 그토록 입에 달고 다니는 '도(道)'가 태도적 가치에 다름 아니지 않을까요? '도를 닦는다'는 것은 어떤 가치를 추구한다는 것으로 해석할 수 있겠습니다. 그러니까 도덕(道德)이란 곧 덕(virtue)의 추구인 셈이지요.

그리고 우리는 일상에서 '~답다'란 말을 자주 사용합니다. 그 옛날 공자도 "임금이 임금답고, 신하가 신하답고, 부모가 부모답고, 자식이 자식다워야" 한다고 했습니다. 그게 무너진 세상을 우리는 난세라 부르지요. 대통령이 대통령답고, 장관이 장관답고, 의원이 의원답고, 학자가 학자답고, 군인이 군인답고, 언론인이 언론인답고…. 아무튼 선장이 선장다웠으면 세월호와 같은 끔찍한 일도 일어나지 않았을 겁니다. 그러고 보면 사람이 사람답게 산다는 것도 쉬운 일은 아닌 듯합니다.

태도적 가치란 한 개인의 세상을 살아가는 자세와 신념·교양·철학·종교관·인생관·윤리관·세계관·우주관을 통관하는 용어가 될 수 있겠습니다. 본서에서는 이처럼 다양하게 해석될 수 있는 여러 가치, 그 중에서도 특히 태도적 가치를 비즈니스 매너의 시각에서 탐색해 보고자 합니다. 그리하여 당장 글로벌 시대를 살아가야 하는 우리 현대인들의 삶의 지표로 삼을 수 있기를 시도해 봅니다. 더불어 한국인의 도무지 열리지 않는 세계관, 왜 선진국 진입 문턱에서 이토록 허우적대는지 그 원인도 살펴봅니다.

본서 내용의 상당 부분은 필자가 그동안 책으로, 칼럼으로 발표한 글들에서 옮겨왔습니다. 평생 탐구해 왔던 문무겸전의 실천철학을 이렇게 '태도적 가치'란 그릇에 담게 된 것을 더없이 다행으로 여깁니다만, 사실 이런 글을 쓰는 것이 부끄럽기도 하거니와 두려움이 앞섭니다. 작금의 한국 사회에선 '꼰대'라는 말을 가장 싫어하지 않습니까? "네가 뭔데, 사람을 가르치려 들어?" 하고 삿대질할 수도 있겠습니다만, 약간의 아량을 가진다면 '응, 세상을 이렇게 바라보는 사람도 있군!' 하고 넘길 수도 있겠습니다. 게다가 무예인이라 그런지 문투가 강건체에다 단정적이기까지 합니다. 부드럽게 어찌해 볼 도리가 없었습니다. 아무려나 다소 불편한 얘기들이 모두 옳고 합당하다고는 자신할 수 없지만 혹 한두 대목이라도 긍정적으로 받아들여지길 빕니다. 비록 겨자씨보다 작은 시시한 이야기일 수도 있겠지만 부디 영화나 드라마 등 예술 작품에서, 그리고 현실 사회 곳곳에서 훌륭한 태도적 가치로 구현되기를, 그리고 사람 됨됨이를 측정하는 기준으로 삼게 되기를 기대합니다.

감히 이런 책을 낼 수 있도록 용기를 주신 분들이 참 많습니다. 함께 작업을 해온 안경환 와인대사님과 권혜진 대표, 그리고 끊임없는 관심으로 이끌어 주신 이한열 회장님, 서대원 대사님, 서연호 교수님, 최병식 교수님, 최성해 총장님, 신탁근 선생님, 김승국 관장님, 이정현 의원님, 조갑출 부총장님, 박경재 총장님, 박교순 박사님, 박윤자 교장선생님, 임권택 국장님, 김충우 사장님, 남종석 사장님, 박지명 원장님, 황선범 원장님, 어성호 대표님, 그리고 에스더 윤과 인사문화포럼 친구님들, CBMC태평로지회 회원님들! 줄창 고장나는 어깨를 치료해 준 신동엽 원장님! 동문선의 한인숙 주간님, 묵묵히 기다려 준 가족들에게 감사를 드립니다. 당장 글로벌 무대에서 뛰면서 《품격경영》을 읽고 지지를 보내 주신 분들에게도 감사드립니다.

2019년 한여름.

차 례

제2부 익숙함의 유혹, 익숙함의 함정

제3부 정상에서 날다

제1부

===

태도적 가치

1911년, 세계 최대의 호화 유람선 타이타닉이 영국 북아일랜드 항구도시 벨파스트에서 3년간의 대역사 끝에 태어났다. 배수량 5만 2310톤, 전장 269미터, 정원이 3300여 명에 달하였다. 그러나 이 배는 1912년 4월 10일 영국 사우샘프턴을 떠나 미국 뉴욕으로의 처녀 출항 후, 4월 15일 밤 11시 40분경 빙하와 충돌해 침몰했고, 1514명이 사망했다. 세계 해난 사고 중 가장 큰 인명 피해였다. 타이타닉 100주년을 맞아 이 비극적 사건을 기억하게 하는 '타이타닉 기념관'이 벨파스트 항구에 건립되었다.

영화 〈타이타닉〉의 한 장면. (인터넷 캡처)

타이타닉은 운항중 이미 다른 선박들로부터 여섯 차례의 빙산 주의 경고를 받았다. 하지만 '하느님도 이 배를 침몰시킬 수 없다!'라는 은근한 자만심과 경고 메시지를 받은 통신사의 무감각이 마침내 참극을 초래하고 말았다. 배 옆구리가 빙산에 심하게 들이받혀 2시간 30분 만에 수심 4000미터의 차가운 바닷속으로 가라앉고 만 것이다.

1 죽음 앞에 선 신사의 태도

엄청난 비극적인 사고였지만 그만큼 애절하고도 숭고한 이야기를 많이 남겼다.

그 혼돈의 와중에 배에 남기로 한 사람들도 있었다. 뉴욕의 유명한 메이시 백화점을 소유하고 있는 스트라우스 노부부는 금슬이 좋았는데, 이시도르 스트라우스가 구명보트 승선을 거절하자 그의 부인도 선원의 구명보트 승선 제안을 거절하고 하녀에게 모피 코트를 건네 준 다음 구명보트에 태운 뒤 남편과 함께 배에 남았다.

세계 최고의 갑부 애스터는 임신 5개월 된 아내를 구명보트에 혼자 태워보내면서 강아지를 안고 시가를 피우며 "사랑해요, 여보!" 하고 외친다. 선원이 애스터 씨도 보트에 타라고 권유하자 "사람이 최소한의 염치는 있어야지!"라며 거절하였다.

스위스의 억만장자 철강업자 벤저민 구겐하임은 구명조끼를

타이타닉호의 바이올린. 2013년 10월 19일, 영국의 한 경매장에서 낡은 바이올린 하나가 90만 파운드(한화로 15억 5천만 원)에 낙찰되었다. 1912년 타이타닉호의 침몰 당시 밴드 리더인 윌리스 하틀리가 사용했던 바이올린이다. (인터넷 캡처)

거절하고 대신 턱시도로 갈아입고서 현지처와 하녀가 무사히 구명보트를 탄 것을 확인한 후 자신을 따르는 하인과 함께 "우리는 가장 근사한 예복을 입고 신사답게 갈 것이다"고 하며 마지막까지 시가와 브랜디를 즐기다 배와 함께 최후를 맞이했다. 그가 죽은 후 스물한 살에 엄청난 재산을 상속받아 수많은 현대미술품을 수집하였다가 구겐하임미술관에 기증하고 죽은 전설의 컬렉터 페기 구겐하임은 그의 둘째딸이다. 또한 그의 형으로 광산재벌이자 철강사업가인 솔로몬 구겐하임 역시 대단한 현대미술품 수집가로 뉴욕 구겐하임미술관을 건립하였다.

배의 설계자인 토머스 앤드류스는 승객들의 구명보트 승선과 뜰 만한 물건들을 던지는 것을 돕다가 1등실 흡연실에 조용히 들어가서 배와 함께 최후를 맞이했다. 이때 흡연실에 고귀하게 남기로 한 사람은 앤드류스뿐만이 아니라 다른 1등실 승객들도 있었다. 어떤 승객들은 카드 게임을 계속했으며, 당대 저명한 언론인이었던 윌리엄 T. 스티드는 조용히 독서를 하고 있었다.

감리교회 신자인 월리스 하틀리가 바이올린 연주와 지휘를 맡은 8명의 연주대는 대혼란에 빠진 승객들을 안정시키고자 침몰하기 10분 전까지 찬송가를 연주하였다. 그러고는 서로에게 행운을 빈 후 헤어졌으나 비극적이게도 그들 모두는 죽었다. 월리스 하틀리의 시신을 건졌을 때 예의 바이올린이 그의 몸에 묶여 있었다고 한다. 구명보트로 탈출한 승객들은 배가 침몰하는 마지막 순간에도 바이올린 연주 소리를 들을 수 있었노라고 증언했다.

영화 〈타이타닉〉의 한 장면. 침몰 10분 전까지 그들의 연주 소리가 들렸다고 한다. (인터넷 캡처)

토머스 바일스 신부는 기독교 성직자의 양심으로 구명보트 승선을 거절하고, 사람들의 구명보트 승선을 도왔다. 구명보트를 타지 못하고 죽을 운명만을 기다리는 사람들에게 죄를 고백함으로써 하느님께 용서를 받는 성사인 고해성사를 집전하여 위로하였고, 갑판 위에서 많은 사람들과 함께 미사를 드리다가 선종하였다.

접이식 구명보트가 내려지기 직전에 두 사람이 몰래 탑승한다. 그 중 한 명은 화이트라인사의 사장이자 배의 선주였던 브루스 이스메이였다. 그로 인하여 이스메이는 구조된 후 대중들의 비난을 면치 못하다가 결국 사장직을 사임한다.

정원에 비해 절대적으로 부족했던 구명보트! 당연한 이야기지만 구명보트에는 어린이와 여성이 먼저! 일본인 탑승객 호소노는 잽싸게 여자로 변장한 후 10번 보트에 몸을 구겨넣었다. 귀국

후 이 사실이 드러나 모든 신문과 여론으로부터 공개적으로 비난받아 수치와 후회로 가득한 삶을 살다가 10년 뒤 마감한다.

기관장인 조지프 G. 벨을 포함한 많은 기관사들과 화부, 전기 수리노동자 등 기관부 선원들이 배가 완전히 침몰하기 2분 전, 그러니까 배의 불이 완전히 꺼질 때까지 자리를 계속 지키면서 배의 전기를 작동시키는 작업을 하며 배와 함께 최후를 맞이했다. 기관장을 포함한 기관사들은 전원 순직했다. 은퇴를 앞두고 마지막 항해에 나섰던 에드워드 존 스미스 선장 역시 구명보트에 오를 수 있었음에도 불구하고 끝까지 타이타닉에 남아 승객들의 탈출을 돕다가 배와 함께 갔다.

그밖에도 많은 선원과 승객들이 생사의 갈림길에서 자신의 직분에 맞는 태도적 가치를 지니고 인간존엄성을 확보함으로써 참혹한 비극 속에서 남긴 미담들이 끝없이 회자되고 있다.

2 침몰한 것은 '세월호'만이 아니었다

2014년 4월 16일, 진도 앞바다. 유사 이래 그 어떤 사고도 세월호 참사만큼 국민을 참혹하게 절망시킨 적은 없었다. 충격도 충격이고 분노도 분노지만 도무지 이해가 가지 않는 답답함 때문일 테다. 이보다 더 끔찍한 사고라 해도 그 원인이 일단 상식적으로 설명되고 납득이 되어야만 분노도 하고 체념도 하련만 그게 안되다 보니 희생자 가족의 통한은 말할 것도 없고 국가 전체가 공황 상태에 빠졌었다.

침몰의 원인과 사후 대책의 미숙함이 속속 밝혀지고 있고 해외 전문가들까지 나서서 이 전대미문의 사고에 대해 이런저런 의견을 내놓았지만 모두 원론적인 얘기의 반복일 뿐, 누구도 이 사건에 대한 명쾌한 설명을 해주지 못하고 있다. 오죽했으면 한국의 유교적 관습 때문일 것이라는 조롱 섞인 진단까지 내놓는 해외 언론까지 있었다. 장유유서(長幼有序)! 어린 학생들을 버려두고 나이 많고 가장 높은 선장(69세)부터 먼저 빠져나왔으니 그런 소리를 듣고도 남겠다. 비록 어이없는 사건이지만 이전부터 한국에서 일어나는 대형 사고들이 으레 그랬지 않았느냐고 넘기고 갈 수밖에 없겠다.

세월호 침몰로 깊은 슬픔에 빠진 한국인들을 위로하기 위해 미국의 오바마 대통령이 백악관 뜰에 있는 '잭슨목련'의 묘목을 들고 한국을 찾았다. 추모의 의미를 담은 그 특별한 목련은 단원고 교정에 심겨졌다. 그리고 교황까지 방한하여 위로해 주었으며, 한국을 떠날 때 "한국인들은 아직 품격을 잃지 않았다"며 용기를 가질 것을 당부하였다. 지나치게 상심하여 서로의 책임을 물으며 한풀이하는 모습이 안타까워 품격을 잃지 말 것을 에둘러 그렇게 말씀한 것이리라. 그럼에도 불구하고 한국인들은 기어코 세월호의 아픔을 정치적으로 승화(?)시켜 대통령 탄핵으로까지 몰아갔다.

자연재해든 인재든 관재든 사고는 사고일 뿐, 상처가 아물도

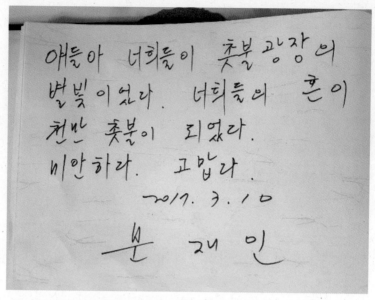

애들아 너희들이 촛불 광장의
별빛이었다. 너희들의 혼이
천만 촛불이 되었다.
미안하다. 고맙다.
2017. 3. 10
문 재 인

세월호 사고로 소중한 목숨을 잃은 아이들에게 고맙다? 무지 무식 속에 기회주의자적 사악함이 드러나 보인다. 비록 실수라 하더라도 제대로 정신이 박힌 나라였다면 그날로 정계 퇴출은 물론 사회에서 완전 매장됐을 것이다. 그렇지만 한국에선 아무렇지도 않은 일이었다. 도리어 그 덕에 대통령이 되었다. 한국인들, 한국의 리더들, 한국 지성들의 품격이랄 것도 없는 수준을 상징적으로 드러내고 있다. ⓒ팽목항분향소

록 위로하고 달래어서 하루빨리 일상으로 돌아가기는커녕 도리어 한국인들은 그 상처를 끝없이 헤집어 아픔을 더욱더 깊게 만들어 가며 희생양을 찾아나섰다. 그리고 그 한풀이는 지금도 끝나지 않았다. 세월호 사건으로 인해 한국인들은 잃은 것이 너무 많다. 살면서 겪게 되는 재난에 대한 태도적 가치가 준비되지 못한 탓이리라.

타이타닉호의 침몰은 선장과 항해사들의 자만에 의한 실수에

서 기인한 해난사고였다면, 한국의 세월호 침몰은 한국인들의 나태와 무책임의 총합체적 해난사고라 하겠다. 선장 한 사람만 제정신을 차렸더라면 충분히 다 구조할 수 있었던 상황인데도 불구하고 수백 명의 멀쩡한 생목숨이 수장되는 것을 온 국민과 세계인들이 발을 구르며 지켜만 봐야 했던 그 안타까움과 끔찍함, 그리고 수치스러움은 세계 재난사에 다시없을 것이다.

세월호 침몰에서도 친구를 구하고 대신 죽은 영웅적인 학생들, 끝까지 학생들을 구하다 함께 죽은 교사와 선원 등 숭고한 희생들이 있었지만 안타깝게도 한풀이 푸닥거리에 휩쓸려 가버려 아무도 기억해 주지 않는다. 천만 촛불 중에 그들을 위한 촛불은 없었다.

3 태도적 가치를 잃은 한국인들

선원, 항공기 승무원, 운전사, 소방관, 경찰관, 군인 등 세상에는 수없이 많은 위험한 직업군이 있다. 그들은 이미 그러한 직업을 선택하였을 때 유사시엔 국민이나 시민, 승객의 안전을 위해 자신의 목숨도 걸어야 한다는 사실을 분명히 인지하고 있고, 또 그렇게 훈련받는다. 그런 직분에 대한 각오가 바로 '태도적 가치'이다.

2003년 2월 18일, 대구지하철의 어이없는 방화사건 때 전동차 문을 잠그고 혼자서 내뺀 정신나간 기관사 때문에 192명의 희생자를 냈다. 한데 2005년 1월 5일 홍콩지하철 해저터널 구간에서 대구지하철과 똑같은 방화사건이 발생했지만 기관사와 다음역 역무원들의 신속하고 적절한 대응으로 14명의 경상자만 내고, 28분 만에 화재를 완전 진압하였다.

2014년 4월 16일, 진도 앞바다에서의 세월호 침몰 때 불특정 다수인 수백 명의 어린 양들을 사지에 몰아넣고 먼저 빠져나온 선장과 선원들은 태도적 가치에 대해 한번도 생각해 본 적이 없었을 것이다. 그들은 불과 2년 전 승객 300명을 버리고 탈출한 이탈리아 유람선 코스타 콩코디아호 선장의 사례에서 경험적 가치 또한 배우지 못하였다. 평소 자신의 행동이 불특정 다수에게 어떤 결과를 가져다 줄지에 대한 인식 훈련이 안 된 탓이다. 선장의 행태는 단순한 무능도 실수도 아닌 고의라고 볼 수밖에 없다. 그냥 둬도 각자가 살겠노라고 튀어나갔을 상황에 자신들만 구원받겠다고 승객들에게는 안심하라며 선실에 가두었으니 악마가 모는 배를 탄 거다.

주인 의식 부재!

자신의 직무에 대한 기본적인 책임과 의무조차 인식하지 못하는 자들이 그런 직책을 맡았다는 사실이 불행이라면 불행이겠다. 그리고 그런 것이 허용되는 한국 사회의 구조적 시스템과 허접한 매뉴얼이 문제라면 문제일 테다. 공인 의식, 공공 공간에 대한 개념조차 없다 보니 불특정 다수에 대한 끔찍한 대형사고 가능성이 우리 모두에게 항상 열려 있다 하겠다.

불시착으로 화재가 난 여객기에서 노약자나 부상자를 들쳐업고 나오기는커녕 자신의 짐을 챙기느라 거구의 몸집으로 통로를 막아 뒷사람들의 탈출을 방해해서 국민 밉상이 된 러시아 승객. ⓒ타스

2019년 5월 5일, 모스크바 셰레메티예보 공항에서 아에로플로트 항공사의 여객기 한 대가 불시착중 동체 뒤쪽에서 시작된 화재로 41명이 숨졌다. 한데 당시 이 사고기의 생존자 가운데 드미트리 클레부시킨이란 승객이 촌각을 다투는 그 절체절명의 순간에 자신의 백팩을 찾아 메느라고 거대한 몸집으로 통로를 막아 다른 승객의 탈출을 방해했다는 의혹을 받았다. 실제로 10C석에 앉아 있던 그의 뒷열 중 단 3명만이 살아남았다고 한다. 그는 언론의 집중 질문에 "나도 살고 싶었다"고 했다.

4 상유십이(尙有十二) 순신불사(舜臣不死)!

　　각 나라마다의 화폐를 보면, 그 민족의 성향을 어느 정도 엿볼 수가 있다. 우리나라는 세종대왕·이퇴계·이율곡 등, 모두 문(文)의 인물에 공교롭게도 이(李)씨 성을 가졌다. 성웅으로 받들던 이순신 장군도 어느 순간 밀려나 버리고, 100원짜리 동전엔 웬 이름 없는 양반 얼굴 하나만이 달랑 남았다. 고(故) 정주영 회장이 1971년 울산 바닷가에 조선소를 짓기 전에 영국의 바클레이은행 사장을 만나 거북선이 그려진 500원짜리 지폐를 보여주며 설득한 끝에 선박을 수주하고 차관까지 도입한 일화가 있다. 왜구를 물리치고 조선입국의 선봉장이 되었던 그 거북선마저도 소리 소문 없이 슬그머니 치워 버렸다. 이제 독도는 누가 지키나? 물시계만도 못한 것이었나? 성리학이 그토록 이 민족에게 중요한 학문이었고, 두 유학자가 과연 그렇게까지 추앙받을 만한 인물인가?

　　예나 지금이나 역사가들은 한결같이 문(文)의 시각으로 역사를 기술한다. 팔은 안으로 굽는 법, 물론 그들도 문인(文人)이었을 테니 당연한 이치일 것이다. 하여 항상 무사(武事)에는 냉담하거나 심지어 가혹했고, 문사(文事)에는 지나치게 관대하고 미화하는 습성이 있다.

　　고려의 무신 정권에 비하면 조선은 문신 정권이었다. 무치(武治)로 건국 초기의 기반을 다진 태종에 대해서는 냉담하고, 문치(文治)의 기틀을 세운 세종은 역사상 최고의 성군으로 받들고 있다. 이후 왕은 꼭두각시로 만들어 놓고, 문신들의 입씨름에 바람 잘 날이 없었다. 결과는? 한번 제대로 싸워 보지도 못하고 나라를 팔아먹지 않았는가? 그 덕에 수많은 백성들을 도탄에서 구해낼 수 있었노라고 기술하지 않은 것이 그나마 천만다행이다.

이순신 장군이 그렇게 매를 맞고도 고작 13척의 배를 이끌고 다시 싸우러 나간 것은 태도적 가치를 따랐기 때문일 테다. 경험적 가치를 따랐다면 도무지 승산이 없으니 내던지고 도망쳤어야 마땅했다. 심정적 가치를 따랐다면 너 죽고 나 죽자며 들고 일어나 먼저 선조부터 때려잡았을 것이니, 아무렴 그랬으면 조선은 그때 망하고 새로운 왕조가 탄생하지 않았을까?

5 이순신 장군의 진짜 차별적 경쟁력, '창조적 가치'

진정한 용사는 유불리에 상관없이 패하거나 죽을 수밖에 없는, 세상의 경험 법칙상 1%의 가능성조차 없는 전투임에도 나가 싸운다. 13척마저도 없었다면? 뗏목이라도 엮어 타고 나가 싸웠을 것이다. 그게 군인의 본분이다. 스파르타 레오니다스 왕의 3백 용사도 페르시아의 10만 대군 행렬에 맞서 그렇게 싸웠고, 기드온의 3백 용사도 강 건너 모래와 같이 많은 적군을 기습하여 승리를 거두었다.

일본 유학중 사람을 구하기 위해 전차가 달려오는 선로에 뛰어든 고(故) 이수현 군도 태도적 가치를 따른 것이다. 역사상 수

많은 강호 협객, 제도권 무사, 기사, 민간의 자원봉사, 열사, 지사들이 그렇게 목숨을 바쳤던 것도 태도적 가치를 추구했기 때문이다. 소크라테스도 그래서 기꺼이 죽음을 받아들였다. 인간존엄성, 자신의 정체성을 지키기 위함이다. 안중근은 그래서 의연했다. 무혼(武魂)이야말로 태도적 가치의 전형이라 하겠다.

덕(virtue) 없는 가치(value)는 없다. 가치 없인 품격(品格)도 없다. 태도적 가치 없인 창조적 가치도 없다. 진정한 글로벌 리더란 창조적 가치를 구현해낼 수 있는 자를 두고 이르는 말이다. 이순신 장군이나 성주영 회장의 진짜 차별적 경쟁력은 창조적 가치에서 나왔다고 할 수 있겠다. 당연히 태도적 가치나 창조적 가치는 주인 의식에서 나온다. 그게 진정한 리더십이다. 조선 선비가 신사가 될 수 없었던 것은 바로 이 주인장으로서의 태도적 가치의 부재에 있었다.

여담이지만, 만약 《난중일기》가 없었더라면 역사는 이순신을 어떤 인물로 기억하고 있을까? 만약에 칭기즈칸·알렉산더·나폴레옹·항우·유비·관우·장비·노부나가·히데요시…… 이런 영웅호걸들이 이 땅에 태어났었더라면 어떤 역사적 평가를 받았을까? 아마도 대부분 임꺽정 이상으로 대접받기는 힘들었을 것이다. 산천을 피로 물들이고, 백성을 도탄에 빠지게 한 도적놈 정도로. 이 땅에서의 전쟁이나 난(亂)은 역사의 오점이자 전염병! 영웅은 한낱 문제아로 취급될 뿐이었다. 그래서 국사(國史)가 재미없는 것이다. 역동적인 힘[力]을 느낄 수 없는 역사책이 국민을 맥

빠지게 하고, 그 어떤 가치도 전하지 못하고 있다. 하여 오늘도 우리 아이들은 학교에서 철학 없는 역사를 외우고 있다.

6 신사들의 약속

영국과 독일의 제1차 세계대전이 한창이었던 그때 프랑스에 주둔중이었던 로버트 캠블 부대는 후퇴하던 중 붙잡혀 독일 마그데부르크 포로수용소에 수감됐다. 부대의 대대장이었던 로버트 캠블은 탈출을 우려한 수용소의 삼엄한 감시하에 2년 동안 포로생활을 하고 있었다.

그러던 어느 날, 빌헬름 2세가 로버트를 석방하라고 명했다. 전쟁중 적국의 포로를 풀어 주는 것은 전례가 없는 일! 로버트가 쓴 편지 한 장 때문이었다. 어머니가 위독한 상황이라는 소식을 들은 로버트가 자신을 풀어 주면 영국에 돌아가 어머니의 임종만 지키고 독일로 되돌아오겠다고 빌헬름 2세에게 간청했던 것이었다. 결국 로버트는 영국으로 건너가 어머니의 임종을 지켰으며, 빌헬름 2세에게 한 약속을 지키기 위해 1916년 독일 마그데부르크로 돌아가 수용소 생활을 계속하다가 종전 후에야 석방되었다.

적과도 지켜야 할 신의(fides cum hoste servánda)! 포로와 황제 간의 서신을 통한 소통 매너! 경청과 신뢰, 그리고 약속 이행! 문명 사회 신사들의 약속에 대한 태도적 가치를 잘 보여준 사례라 할 수 있다.

그렇다면 빌헬름 2세는 무얼 믿고 로버트를 석방시켰을까? 아무 포로나 그렇게 간청하면 풀어 줄까? 편지의 내용이 절절해서? 효심에 감동해서? 적국에 연락해서 사실 여부를 확인하고? 아닐 것이다. 신사(紳士)란 곧 신사(信士)! 신사가 신사를 알아보는 법! 편지글의 품격만 보고도 그가 신사임을 알아보는 것은 그리 어려운 일이 아니다.

7 '피데스 세르반다(fides servanda)!'

1505년 6월 로마 교황 율리우스 2세가 자신의 신변 경호를 위해 스위스에 용병을 파견해 줄 것을 요청하자 150명 용병들이 이듬해 1월 22일 로마에 도착한다. 이것이 바로 바티칸의 군대이자 교황의 경호대인 스위스 근위대의 시작이다.

1527년 '로마 약탈'에서 그들의 용맹이 증명된다. 당시 스페인 국왕이자 신성로마제국의 황제였던 카를 5세가 교황 클레멘스 7세와 프랑스 연합군을 공격하는 과정에서 로마를 침탈하는 일이 벌어졌다. 이때 다른 나라 용병들은 모두 항복했는데도 스위스 근위대만큼은 끝까지 교황을 보호하여 피신시키는 데 성공한다. 하지만 그 대가는 처절했다. 스위스 근위대 187명 중 147명이 전사하였다. 목숨을 구한 클레멘스 7세는 자신의 출신 가문인 메디치가를 상징하는 노랑과 파란색 줄무늬 군복을 입힘으로써 이들에 대한 감사와 신뢰를 표시하였다. 이후 교황청 근위대는 전원

스위스 용병들로만 조직된 로마 교황청 근위대. ⓒ연합뉴스

스위스 용병들로만 구성되는 전통이 생겨나 지금까지 이어지고 있다.

　그런가 하면 스페인 왕위계승전쟁에서는 서로 전쟁을 벌이고 있던 프랑스와 네덜란드군에 속한 각각의 스위스 용병들이 플랑드르의 말프라케 전투에서 격돌하는 비극을 겪기도 하였다. 이 전투에서 베른주 출신의 마이가 지휘하는 스위스 연대와 같은 베른주 출신의 슈툴러가 지휘하는 스위스 연대끼리 격돌한 끝에 쌍방 모두 거의 괴멸되었다.

　스위스의 휴양 도시인 루체른의 한 작은 호숫가 절벽에는 화살이 박힌 채 꺾여진 프랑스 부르봉 왕가의 방패를 껴안고 고통스

스위스 루체른에 있는 〈빈사의 사자상〉. (인터넷 캡처)

럽게 죽어가는 사자의 모습이 조각되어 있다. 〈빈사의 사자상〉으로 불리는 이 작품은, 루이 16세의 근위대였던 스위스 용병들을 기리기 위해 1821년에 완성된 기념비이다.

　프랑스대혁명이 절정으로 치닫던 1792년 8월 10일, 루이 16세와 마리 앙투아네트는 시민군에게 포위된 상태였고, 다른 근위대들은 모두 도망가 버리고 스위스 용병들만이 남아 성을 지키고 있었다. 이미 상황이 절망적이라고 판단한 루이 16세는 이 스위스 용병들에게 "그대들과는 상관없는 싸움이다. 고향으로 돌아가라"고 권하였지만, 스위스 용병들은 "신의(信義)는 목숨으로 지킨다"며 끝까지 항전하다가 786명 모두 전사하였다. 이후 이 호수는 용병으로 나가는 스위스 전사들이 각오를 다지고 서약의 의식을 치르는 신성한 장소가 되었다.

자원 없는 나라가 무엇으로 먹고 살겠는가?

절박함이다. 불과 2백 년 전만 해도 스위스는 용병이 아니고선 생계를 유지하기가 힘든 나라였다. 따라서 자신들이 신뢰를 잃으면 후손들의 생계가 어려워질 수밖에 없는 일! 제아무리 용맹한 사자라 해도 굶어죽을 수밖에 없음을 잘 알기에 끝까지 싸우다 죽기를 택한 것이다.

8 신사의 자격, 스위스 명품시계

헨리 그레이브스 파텍 필립 슈퍼컴플리케이션. 2014년 11월 제네바 경매에서 275억 원에 낙찰되었다. (인터넷 캡처)

2014년 11월 12일, 스위스 제네바 소더비경매장에서 '헨리 그레이브스 파텍 필립 슈퍼컴플리케이션'이라는 긴 이름이 붙은 명품 수제 회중시계가 시계 경매 사상 최고가인 275억 원을 기록하며 익명의 수집가에게 넘어갔다. 세계에서 가장 비싼 시계로 등극한 이 시계는, 1925년 미국 뉴욕의 부호 헨리 그레이브스가 주문해 무려 5년 동안의 제작 기간을 거쳐 완성된 것이다.

만약 이 명품시계를 한국의 대기업 오너가 낙찰받았더라면 기업 이미지 업그레이드에 상당한 기여를 하였을 것이다. 그 10배인 2,630억 원을 들여 광고한다 해도 결코 얻을 수 없는 품격이 이 시계 하나에 다 담겨 있기 때문이다.

오늘날 스위스를 시계의 나라로 만든 원동력은 목숨을 신의와 맞바꾼 용병 정신에서 나온다. 서양 법 정신을 한마디로 표현해 주는 라틴어 명제 'fides servanda, 신의는 지켜져야 한다'라는 정신이 체화된, 정확·약속·신뢰가 생명인 시계는 스위스의 상징인 것이다. 세계의 신사들이 굳이 스위스 명품시계를 차는 이유가 반드시 돈 자랑하기 위한 것만이 아니다. 스위스 용병들의 신뢰를 사는 것이다.

어디 시계뿐인가? 은행 역시 신뢰가 밑천이다. 세계의 부자들이 이자를 바라고 스위스은행에 돈을 맡기는 것이 아니다. 게다가 요즘 웬만한 다국적 연구소, 각종 IT산업 데이터 저장소, 세계 유명 보석 기업들의 비밀 창고도 스위스에 들어서고 있다. 신뢰가 생명인 제약업 역시 스위스가 세계 시장을 거머쥐고 있다.

신뢰를 고부가가치 안전 산업으로까지 확장시킨 것이다. 1인당 국민소득 9만 불로 세계 최상위에다 다음 천년의 먹거리까지 이미 다 준비해 놓은 것이다.

신의는 무덕(武德)의 으뜸이요, 매너의 끝은 신뢰이다. 당연히 그것은 말로 얻어지는 것이 아니다. 스위스가 1815년 비엔나 회의에서 유럽 열강들로부터 영세중립국으로 보장받을 수 있었던 것도 누천년 동안 용병들의 피로써 굳혀 온 신뢰가 있었기 때문에 가능했던 일이다. 간혹 한국의 분수 모르는 식자들이 한반도 통일과 영세중립국 선언을 주창하는데, 그렇다면 한국은 주변 나라들로부터 신뢰받고 있는가? 저들끼리도 못 잡아먹어 안달하는 민족을 누가 신뢰한단 말인가?

9 군인본분(軍人本分)

1950년 6월 25일, 한국전쟁이 발발하자 UN안전보장이사회는 유엔연합군을 한국에 파견하기로 결정했다. 프랑스 역시 유엔군의 파병이 결정되었지만 한국에 파병할 여력이 없었다. 당시 프랑스는 인도차이나·알제리 등지에서의 식민지 전쟁으로 병력 보충에 어려움이 많아 고작 12명의 시찰단만 한국에 파견하기로 결정했다.

이 결정에 반기를 든 한 사람이 있었다. 바로 랄프 몽클라르 (Ralph Monclar, 1892~1964) 중장이다. 부족한 병력을 채우기 위해

랄프 몽클라르 중장. (인터넷 캡처)

몽클라르 장군은 직접 전국을 순회하며 모병(募兵)에 나서 1,300 여 명을 모았다. 그런데 생각지도 못한 문제가 발생했다. 막스 르 젠 국방차관이 "미국의 대대는 육군 중령이 지휘하는데, 중장인 당신이 대대장을 맡는다는 건 말이 안 된다"고 반대했기 때문이 다. 이에 몽클라르 장군은 중장 계급장을 떼고 중령의 신분으로 한국전쟁에 참전해 경기도 양평의 지평리전투에서 탄환이 떨어져 총검으로 싸우기까지 하면서 파죽지세로 내려오던 중공군을 물리쳐 승리로 이끌었다.

만삭의 부인과 아들을 두고 한국에 왔을 때 그의 나이 58세였다. 프랑스 신사가 죽음을 두려워하지 않고 지키고자 한 것은 무엇이었던가? 바로 군인의 태도적 가치, 군인의 본분일 것이다.

10 신념은 '태도적 가치'에서 나온다

작금의 한국 사회 곳곳이 썩어내려 낭패스럽기 짝이 없다. 정계·경제계·언론계·문화계·교육계·연예계·체육계·법조계…, 심지어 의료계까지, 분야를 가리지 않고 성공한 리더급 인사들의 성추행·청탁·갑질이 봇물처럼 터져나오고 있다. 학자가 학자답지 못하고, 선생이 선생답지 못하고, 판검사가 판검사답지 못하고, 언론이 언론답지 못하고, 부자가 부자답지 못하고, 어른이 어른답지 못하고, 교수가 교수답지 못하고, 의사가 의사답지 못하고, 신사가 신사답지 못하고, 군인이 군인답지 못하고, 스포츠맨이 스포츠맨답지 못한 사회! 말 그대로 아수라장이다.

고작 그딴 짓하려고 죽도록 공부해서 출세했던가? 그렇게 땀 흘려 얻은 그 직위와 명예가 고작 그따위 저속한 변태짓과 바꿀 만큼 하찮은 것이었나? 자신이 택한 직업과 학문에 충실하지 못하고 끊임없이 정치판을 기웃거리는 교수들, 법조인들, 언론인들! 부정이나 청탁, 유혹에 쉬이 넘어가는 것은 자기 완성적 삶이나 태도적 가치에 대한 인식의 부재에서 빚어진 불행이리라.

신사는 자기 완성을 위해 살지만, 하인은 자기 생존에 천착한다. 하인에게 대의(大義)나 공(公)에 대한 태도적 가치를 기대할 수 없는 것도, 명예에 대한 존경심이나 욕구를 기대할 수 없는 것도 그 때문이다. 하인에겐 공사(公私)를 구분하는 능력은 물론 경험조차 없다. 당연히 공(共)에 대한 책임 의식도 희박하다. 스스로 판단하고, 결정하고, 실행하는 권한도 경험도 없기 때문이다.

태도적 가치 추구란 또한 건강한 정체성의 확립이다. 그리하여 자신의 정체성과 그에 따른 선택이 우리의 삶을 결정하는 것이지 점수나 스펙 등 계량적 결과의 수집이 삶의 목표나 척도가 될 수는 없음에 대한 인식이 공유될 때에야 비로소 성숙한 사회로 진입할 수 있다.

11 덕(德)이란 무엇인가?

서양에서 말하는 윤리학(倫理學, ethics)은 원래 '습속' '성격'이라는 뜻의 그리스어 ethos에서 유래하였으며, moral philosophy라고도 한다. 개인적으로는 좋은 에토스의 실현을, 사회적으로는 인간 관계를 규정하는 규범과 원리의 확립을 목적으로 하는 학문을 말한다. 그리고 덕(德)이란 윤리(倫理)의 원칙을 따를 때 취하는 태도와 성향을 뜻한다.

소크라테스는 "덕(德)은 곧 지(知)"라고 하여, 명확한 이해와 자각으로 뒷받침된 덕이 아니면 덕의 이름에 값할 수 없다고 하였다.

　플라톤의 윤리 사상은 개인 윤리의 단계에 머물지 않고 사회 윤리로서의 국가학 혹은 정치학에 귀결한다. 그는 《국가》를 통해 인간의 영혼이 이성(理性)과 의지(意志)와 정욕(情欲)으로 나누어지듯이 국가를 구성하는 계급도 이성에 해당되는 지배 계급, 의지에 해당하는 방위 계급, 정욕에 해당하는 직능 계급으로 나누고, 이들 각자에 해당되는 덕이 지혜(智慧), 용기(勇氣), 절제(節制)라고 주장하였다. 그리하여 이 세 가지 덕이 조화를 이루었을 때 정의(正義)가 실현된다고 하였다.

　아리스토텔레스는 진정한 의미에서 체계적인 덕(德) 이론을 세운 사람이었다. 그는 《니코마코스 윤리학》에서 덕을 교육으로 습득할 수 있는 '지성의 덕'과 습관으로 성립되는 '습득적인 덕'의 두 종류로 나누었는데, 후자를 '윤리적인 덕'이라 불렀다.

　고대 로마의 스토아학파는 자연법을 존중하고, 인간이 의지로 자연 법칙과 도덕 법칙을 합치시키는 삶의 방식을 이상으로 했다. 키케로는 저서 《의무에 관하여》에서 "정의의 근저는 말과 약속에 대한 충실성, 거짓 없음, 곧 진실성이다"라고 하였다.

　서양 중세 윤리학은 그리스도교의 윤리신학이 그 전형이 되었다. 토마스 아퀴나스는 《신학대전》에서 아리스토텔레스의 체계적 덕론을 기초로 그리스도교적 덕론을 체계화하였는데, 정의(正義)·절제(節制) 등 이전의 것들은 인간적 윤리덕(倫理德)이라 하고, 신(神)에 대한 덕(德)으로서 믿음·소망·사랑을 들었다.

이와 같은 과정을 거치면서 신중(愼重)·절제(節制)·용기(勇氣)·정의(正義)·믿음·소망·사랑이라는 서양의 일곱 가지 덕(德, virture)이 정립되었다. 이외에도 박애(博愛)·관용(寬容)·의무(義務)·책임(責任)·봉사(奉仕) 등의 여러 덕목이 있다.

동양 정신의 주류는 유가(儒家)의 이성주의 철학이며, 유가 철학의 객관적인 본체는 바로 현실적인 윤리다. 윤(倫)이란 바로 등급 무리의 순서를 말하며, 리(理)란 바로 이 등급과 순서에서 준수해야 할 규율이라 했다. 그리고 현실적인 윤리 정신의 최고 이상은 바로 덕(德)이다.

그러나 동양과 서양에서의 덕(德)에 대한 관념에는 뚜렷한 차이가 있다. 서양에서는 인간을 이성(理性)과 의지(意志)를 갖춘 개인적 주체로서의 인격이 존재한다는 사실을 중심으로 하고 있는데 비해, 동양에서는 인간 관계에서 이상적인 상태를 추구하는 개념을 주요 덕목으로 꼽았다. 유가오덕(儒家五德) 중 지(智)를 제외한 인(仁)·의(義)·예(禮)·신(信)은 모두 대인 관계에서 비롯된 사회적인 덕목들이다. 반면에 서양의 신중·절제·용기·정의는 동양의 병가오덕(兵家五德: 智·信·仁·嚴·勇)과 오히려 흡사해 무덕(武德), 즉 무인(武人)이 갖춰야 할 덕목 그대로인 것을 알 수 있다. 그리고 바로 이 네 가지 덕이 중세에는 기사도(騎士道) 정신으로 이어지며 오늘날의 신사도(紳士道) 정신, 즉 유럽 정신의 뿌리가 된 것이다. 고대 그리스는 분명 무(武)의 나라였다. 비록 문(文)의 성향이 강한 위대한 철학자들에 의해 정립되었지만, 무(武)

의 정신으로 계승되어 진취적이고 합리적이며 실천적인 덕목으로
서 서양 문화를 선도하고 있는 것이다.

12 충(忠)과 효(孝)는 덕(德)이 아니다

충(忠)은 오직 신(信)을 위해서만 존재한다. 신(信)이 없으면
충(忠)도 없다. 충(忠)은 목적 추구의 행위다. 오직 군신(君臣) 또
는 주종(主從) 간에서만 존재하는 이것은 일종의 목숨을 담보로
한 계약으로서, 신(信)에 대한 반대 급부적인 성격을 지닌다. 때
문에 의롭고 선한 충(忠)도 있지만, 의롭지 못하고 악한 충(忠)도
존재하게 된다. 심지어 간신(奸臣)도 충(忠)을 바치지 않는가! 물
론 주군(主君)보다 자신의 이익을 먼저 챙기는 것이 다를 뿐이지
만. 많은 사람들이 충(忠)을 바치기 위해 안달하지 않는가. 어쨌
거나 충(忠)만으로는 보편적 덕목이 되지 못한다. 그래서 삼강오
륜(三綱五倫)은 물론이고 유가오덕(儒家五德), 심지어 무덕(武德)에
도 들지 못하는 것이다. 충(忠)은 곧 신(信)에 대한 보답이자 종속
된 개념이기 때문에 굳이 따로 나눌 필요가 없다. 계약이 성사되
면 충(忠)은 곧 신(信)이요, 불충(不忠)은 곧 배신(背信)이기 때문이
다. 신(信)이 먼저 깨어지든, 충(忠)이 먼저 깨어지든 그것은 곧 계
약 파기인 셈이다.

효(孝) 역시 그 자체로는 보편적인 덕목에 들어가지 않지만,
거기에 따르는 의무와 규범은 있다. 효(孝)는 보답이며, 충(忠)은

거래다. 따라서 충(忠)을 받는 자는 반드시 그 대가를 지불해야 한다. 그리고 충(忠)을 바치는 자는 자신의 충심(忠心)을 증명해야할 의무를 지닌다. 그건 말이나 글로써 증명되는 것이 아니다. 전쟁에 나가 공(功)을 세우는 것은 당연한 일, 죽을 자리에서는 죽을 줄 알아야 한다. 비겁하게 목숨을 부지하려고 하거나, 책임을 회피하면서 구차하게 자리에 연연하는 일은 없어야 한다. 죽일지언정 욕되게 하지 말라고 했듯이, 반대로 욕되게 사느니 차라리 죽을 줄 알아야 진정한 무인이라 할 것이다. 당연히 불사이군(不事二君)! 충(忠)은 독점 계약이다. 몸과 마음 모두 끝까지 한곳에 바치는 계약이다.

13 인(仁)은 만덕(萬德)의 으뜸이다

흔히 우리가 덕(德)이라고 할 때는 보통 이 인덕(仁德)을 말한다. 용도 폐기된 지 이미 오래되어 누구도 거들떠보지 않는 낡은 빨래판만큼의 대접도 못 받고 있지만 유가(儒家)든 무가(武家)든 불가(佛家)든 도가(道家)든 인덕(仁德)을 중히 여기지 않는 곳이 없다. 인(仁)은 혼자만의 덕이 아니고, 타인에 대한 배려이다. 어질고 베푸는 것은 곧 남을 위하는 행위이다. 선천적으로 타고나기도 하지만, 또한 후천적으로 길러져야 하는 덕목이다. 배워서 안다는 것만으로는 의미가 없다. 반드시 행해서 드러나야 하는 덕목이다.

인(仁)은 화(和)이다.

인(仁) 자체는 특별한 능력이 아니어서 그것으로 어떤 눈에 보이는 성과를 만들어 내지는 못한다. 그렇지만 인(仁)이 없으면 만덕(萬德)이 반죽되질 않는다. 어떤 일을 도모하되 조화를 이끌어내지 못한다는 말이다. 유비가 아니면 관우·장비·제갈량을 한 배에 태울 수가 없고, 급시우(急時雨) 송강(松江)이 아니면 천하의 도적놈들을 양산박에 모을 수 없다는 말이다. 인(仁)이 아니면 용(勇)이든 충(忠)이든 의(義)든 한곳에 잡아두질 못한다.

인(仁)이란 편협하지 않은 정(情)이다.

인(仁)한 자만이 마음〔天心, 人心〕을 얻을 수 있다. 또한 인(仁)만이 선(善)으로 이끌 수 있다. 인(仁)하지 못한 지도자를 선택했을 때 우리가 어떤 고통을 당하였는지 생각해 보라. 그들을 우리는 독재자라 부른다. 인(仁)하지 못한 벼슬아치를 탐관오리라 부른다. 무인(武人, 軍人)이나 판검사, 그외에 특수한 직책을 가진 이들은 사람들의 생명을 다루거나 신체적 제재를 가할 수 있는 권한을 가진다. 따라서 남다른 엄중한 도덕심을 요구한다. 칼을 휘두르고 법을 집행하되, 항상 인(仁)을 놓쳐서는 안 된다. 의사라는 직업은 사람을 살리는 더할 수 없는 숭고한 일이지만, 때문에 그를 빌미로 과다한 이익을 취할 수도 있는 직업이다. 그래서 의술(醫術)을 인술(仁術)이라 했다. 모으는 게 아니라 베푸는 것이다. 당장 눈앞의 성공(돈)만을 바라보는 자에게 인(仁)이란 쓸데없는 것일지 모르나, 진정 멀리 보는 지도자에게 인(仁)은 없어서는 안 될 덕목이다.

세상의 모든 덕(德)이 다 선(善)하지는 않다.

인(仁) 없이는 그 어떤 덕(德)도 선(善)이 되지 못한다. 악덕(惡德)이 될 수도 있다는 말이다. 인을 갖추지 못한 무인들이 권력을 쥐었을 때 어떤 일이 벌어지는가를 5 · 18 광주 시민 학살사건이 잘 말해 주고 있다. 이 땅의 부자들이 존경은커녕 끊임없이 질시의 대상이 될 수밖에 없는 것도 바로 인이 부족하기 때문이다.

인(仁)이 없을 때 신(信)은 금이 가고, 충(忠)은 원성을 부른다. 또한 예(禮)는 위선에 지나지 않으며, 지(智)는 이기심을 낳는다. 의(義)는 바로서지 못하고, 엄(嚴)은 반발을 부른다. 성(誠)은 비루해지며, 절(節)은 교만해진다. 용(勇)은 야만스러워지고, 명(名)은 존경받지 못한다. 공(功)은 그 빛을 잃고, 부(富)는 필시 미움을 산다. 승(勝)은 원한을 사고, 검(劍)은 결코 그 피를 씻을 수가 없다.

14 엄(嚴)과 용(勇)

예로부터 엄(嚴)은 병가오덕(兵家五德)의 하나로서 아주 중히 여기는 덕목이다. 특히 군중(軍中)에서는 더욱 그러하다. 군(軍)은 국가 권력의 모체로 국가 구성에 없어서는 안 될 중요한 것이지만, 동시에 다루기가 힘들고 위험하기 짝이 없는 조직이다. 나라 국(國)자에서 무(武)는 밖으로부터 외적을 막는 수단이지만, 언제

안[口, 궁성]으로 향할지 모른다. 무(武)는 생명을 다루기 때문에 반드시 엄격하게 통제되어야 한다. 상하 구분이 명확하고, 공과 (功過)와 상벌(賞罰)이 분명하며 공평해야 한다. 공(公)과 사(私)의 구분이 확실해야 하고, 신(信)과 정(情)의 구별도 할 줄 알아야 한다. 특히 지도자라면 남에게는 관대하고 인자하다 해도 자신에게는 더없이 엄격해야 한다. 그래야만 아랫사람이 믿고 따른다. 중세 유럽의 기사들이 지켜야 할 가장 주요한 도덕 규범이 바로 신중(愼重)과 절제(節制)였다.

예로부터 무신(武臣)이 역모를 꾸미거나 가담하면 반드시 극형에 처하였지만, 문신(文臣)은 대개의 경우 관직을 삭탈하고 유배를 보내는 형벌로 그쳤다. 문신에겐 절(節)은 있으나 용(勇)이 없음을 잘 알기 때문이다. 따라서 잠시 귀양을 갔다가도 임금의 마음이 바뀌면 언제든 다시 벼슬할 수가 있었다. 설령 그렇지 못한다 해도 최소한 꿋꿋이 선비의 절개를 지킨 충신으로 역사에 남을 수도 있었다. 그리하여 귀양을 가면서도, 귀양을 가서도 원망은커녕 일편단심 임을 향한 시(詩)를 지어 임금님 귀에 들어갈 때까지 끊임없이 읊어댄다. 반대로 무신(武臣)은 죽으면 죽었지 그런 짓은 못한다. 글을 몰라서 그런 시(詩)를 남기지 않은 것이 아니다. 이순신 장군이 백의종군하면서 임향시를 남긴 적이 있던가? 신(信)이 없으면 충(忠)도 없는 법. 구차하게 목숨을 구걸하지 않는다.

용(勇)은 실천하는 힘이다. 이것이 부족하면 그 어떤 덕목도 제구실을 못한다. 용(勇)이 없는 인(仁)은 퍼지지 못하고, 충(忠)은 마음뿐이다. 의(義)는 일어서지 못하고, 엄(嚴)은 지켜지지 않는다. 절(節)은 흐느적거리고, 지(智)는 비겁을 낳는다. 신(信)은 헛되며, 공(功)은 이루어지지 않는다. 반대로 덕(德)이 없는 용(勇)은 만용(蠻勇)이 된다. 길들여지지 않은, 다듬어지지 않은, 어리석은, 몰염치한, 욕심에 찬 용(勇)이다. 하여 지(智)·인(仁)·절(節)·의(義)의 반려를 받지 못한 용(勇)은 비참한 결과를 부른다.

15 기사도(騎士道)와 신사도(紳士道)

기사(騎士)란 중세 유럽의 상층 사회에서 활동하던 기마무사(騎馬武士)를 가리킨다. 귀족 가문 출신의 자제가 기사가 되기 위해서는 7, 8세가 될 무렵, 출신에 따라 등급이 높은 영주의 집에 들어가 영주나 그 부인의 시중을 들어야 한다. 그러다가 12세쯤 되면 견습기사가 되어 주인을 따라 전장에 나가 방패잡이나 종자 역할을 하면서 전문적인 무예와 기사 훈련을 받는다. 21세가 되면 그 능력을 인정받아 기사 작위를 받는다. 작위 수여식은 여러 형태가 있는데, 대축제일 또는 왕실에서 행해질 때에는 굉장한 의식을 치르지만 전쟁터에서는 간단히 행하였다. 이때 수여식을 받는 기사는 스스로 원하는 의식의 방식을 선택할 수도 있었지만, 대개는 칼을 평평하게 뉘어 어깨에 가볍게 대는 방식을 사용했다.

이같은 기사 제도에서 생겨난 기사 문화는 확실히 폐쇄적인 상층 사회의 귀족 문화였다. 그것의 문화 정신 역시 귀족 문화 정신이 될 수밖에 없었다. 기사 제도 가운데 기사와 평민은 왕래할 수 없다는 규정이 이를 잘 말해 주고 있다. 그것은 신분을 중히 여기고, 자기 수양에 힘쓰며, 맹세를 지키고, 법규를 존중하는 사회 등급의 문화 정신이었다. 기사 신분을 갖게 되는 것은 무사가 상류 사회에 진입하게 되는 표시였으며, 이는 일반적으로 세습되었다.

11~13세기에 가장 왕성했는데, 기사 제도가 발전하면서 그리스도교도로서 이상적인 기사상(騎士像)이 널리 퍼졌다. 교회를 존중하고, 영주와 군대의 상관에게 충성하며, 자기 명예를 지키는 이가 기사의 이상형이었다. 이런 이상에 가까운 기사들이 나타난 것은 11세기말부터 유럽 그리스도교 세계의 기사들이 교회를 보호한다는 공동 대의 아래 모였던 십자군 전쟁 때였다. 특히 예수의 무덤에서 작위 수여식을 치른 기사를 성묘기사(Knights of the Holy Sepulchre)라 불렀다. 십자군 전쟁 때 최초의 기사단들, 즉 예루살렘의 구호기사단과 성전(聖殿)기사단이 생겼다. 이후 여러 가지 목적과 형태를 띤 기사단들이 생겨났다. 그들은 교회를 존경하고 영주에 충성하며, 용맹함과 명예심 그리고 예의바름을 기사가 반드시 갖추어야 할 덕목으로 삼았다. 그러다가 십자군 운동이 시들해지고 백년 전쟁을 치르면서 돈을 받고 싸우는 용병(傭兵)들이 늘어나면서 기사들은 차츰 줄어들었다. 14~15세기에 걸쳐 대포의 발달과 중앙집권제가 강화되면서 전통적인 기사 제도

가 완전히 무너졌다. 16세기에 들어서면서 군사적 의미를 완전히 상실한 기사 작위는 국왕이 마음내킬 때 수여하는 명예 지위로 전락하였다. 군주의 측근인 고위 귀족들 사이에서 이같은 명예 작위를 갖는 것이 유행하였다. 중세말부터는 종교와 관계 없는 세속적인 기사 작위들도 많이 생겨나 귀족이나 정부 관리, 각종 직업과 예술 분야에서 훌륭한 업적을 이룬 사람들에게 명예로 수여하게 되었다.

　서양 기사의 인격 정신, 즉 기사도는 의무를 가장 우위에 두는 가치 관념이었다. 기사의 모든 것은 제도를 통해 보장되고 규범화하였다. 그것은 법률과 유사한 형식으로 기사와 각급 봉건 통치자와의 관계를 사회화시켰으며, 종교적 신성함을 부여하였다. 기사와 영주의 관계는 채읍선서(采邑宣誓)나 재산 목록 등의 서류를 통해 확정되고, 또 합법화되었다. 이들 문서는 기사와 영주의 관계에 변화가 생기면 반드시 다시 교환하였다. 그리고 기사에게는 영주를 위해 봉사해야 하는 의무 규정이 있었다. 또한 기사들의 문제는 대개 기사 법정을 설치해 즉결 심판하였다. 기사는 또 교회에서 보호하는 선교사 · 참배자 · 과부와 고아를 보호한다는 선서를 하여야 했다. 이리하여 기사는 심리적으로 주종 관계를 초월하는 사회적 의무감을 갖게 된 것이다. 그것은 인격 평등의 관념을 구현했을 뿐만 아니라, 사회 정의가 상징하는 종교 정신의 행동 준칙이었다. 비록 자신의 주인을 위해 봉사하였지만, 정의를 지키고 남을 위해 봉사하는 것을 기사의 좌우명으로 삼았다. 이같은 추상적이며 초월적인 정의 · 진리에 대한 충성과 의무감은 후대 유럽 정신의 이성주의와 인도주의의 기원이 되었다. 바로 이런 점에서 기사 정신은 무조건적이고 절대적인 동양의 충(忠)과 확연히 구별된다.

서유럽의 문명 중 보편적인 문화 성격에 가장 깊은 영향을 준 것은 분명 중세 기사도의 인격 특징들이다. 기사도는 개인의 명예감이 기초가 된 인격 정신인 동시에 기사 준칙을 자각적으로 준수함으로써 자신의 행동 방식을 규범화하였다. 그것은 기사에게 직무에 충실하고, 용감하게 전쟁에 참가하며, 허락한 말은 반드시 지키고, 약자를 도와줄 것을 요구하였다. 만약 그들의 명예가 모욕이나 의심을 받게 되면 결투의 방식으로 자신의 명예를 회복하였으며, 궁중 예절을 앞다투어 배워 고상한 기풍을 소중히 하였다. 또한 귀부인을 위해 봉사하고 사랑하는 기사도적인 사랑을 하기도 했다. 기사 정신은 상층의 문화 정신으로 개인 신분의 우월감이 기초가 되어 높은 곳에 위치하고 있는 도덕과 인격 정신이다. 또한 여기에는 서양 민족의 고대 상무 정신의 적극성이 응집되어 있다. 이는 신라의 화랑 정신과 지극히 유사했다.

기사도 정신, 그리고 신사도. 현대 유럽인들은 이를 통해 개인의 신분과 명예를 중시하여 기품과 예절, 겉으로 드러나는 행동거지에 대해 신경을 쓰며, 정신적인 이상을 숭상하고, 여자를 존중하는 낭만적인 기질을 동경하도록 했다. 또한 공개 경쟁, 공평 경쟁이라는 페어플레이 정신을 형성케 했으며, 약자 돕기를 좋아하고, 이상과 명예를 위해 희생하는 호쾌한 무인(武人)의 기질과 품격을 물려받은 것이다. 오늘날 스포츠를 통해 구현하고자 하는 이상적인 인간 정신인 스포츠맨십 역시 이 기사도 정신에 다름 아닌 것이다.

16 승마는 리더가 익혀야 할 필수 종목

흔히들 한민족을 스스로 기마민족이라고 하지만, 조선 시대만을 두고 보자면 과연 그랬을까 하는 의구심이 생기기도 한다. 예로부터 각 민족마다 말타기를 해왔는데, 그리스 고대올림픽에도 네 마리의 말이 끄는 전차경주와 경마 종목이 있었다. 중국에서도 주나라 때에 귀족의 자제들이 필수적으로 배워야 할 과목을 육예(六藝)라 하였다. 예(禮)·악(樂)·사(射)·어(御)·서(書)·수(數)로, 여기서 어(御)는 수레를 모는 마술(馬術)이다. 서양의 폴로와 비슷한 격구(擊毬)도 있다. 우리나라에는 조선의 국기였던 십팔기(十八技) 교본인《무예도보통지(武藝圖譜通志)》에 마상재(馬上才)와 함께 군사오락으로 부록되어 지금까지 전한다.

서양의 귀족들도 마찬가지였다. 전통적으로 상류층의 자제들은 일찍부터 라틴어나 불어 등 외국어 두세 개와 고급 사교 매너 외에도 댄스·수영·사격·승마를 반드시 익혀야 했다. 평소에는 우아하게 살지만 전쟁이 나면 곧장 지휘관으로 나가 적과 싸울 수 있는 체력과 리더십을 스포츠를 통해 항상 유지하고 있어야 했다. 해서 고대로부터 전차경주를 위시해서 격구·폴로·경마·승마 등, 말을 이용한 각종 스포츠가 성행했었다. 오늘날에는 승마와 경마가 가장 대표적인 스포츠와 오락으로 자리잡고 있다.

17 왜 하필 승마였던가?

옛날 우스갯소리에 임금이 미운 신하가 있으면 코끼리 한 마리를 하사했다고 한다. 임금이 내린 코끼리이니 잡아먹을 수도, 팔아 버릴 수도 없다. 잘 키워야 하는데 그러자면 코끼리가 하루에 먹어치우는 양식이 이만저만이 아니다. 결국 그 신하는 몇 년 못 가서 가난해진다는 얘기다. 아무렴 코끼리뿐이겠는가? 누가 당장 말 한 마리를 선물로 내준다면 그걸 어찌 키우겠는가? 특히 경주마나 승마용의 비싼 말이라면 더더욱 그렇다. 목장을 하지 않는 사람이라면 거저 줘도 못 가져갈 것이다. 박근혜 대통령 탄핵의 시초도 실은 이 말 때문이었다.

최순실은 자신의 딸을 이화여대에 특기생으로 입학시키기 위해 딸에게 승마를 가르쳤다. 우선 우수한 말이 필요했다. 뛰어난 코치도 있어야 하고, 말을 맡아 관리해 주는 사람도 고용해야 했다. 그렇게 해서 전국체전에 나가면 대개는 은메달이나 금메달을 딸 수 있었다. 왜냐하면 엄청 부자가 아니면 말을 가질 수가 없기에 전국적으로 출전 선수가 몇 명 되지 않아 일단 참가만 해도 메달권이다. 문화체육부의 누군가가 최순실에게 그런 정보를 일러

주었을 것이다. 알려진 대로 10억이 넘어가는 말 값과 제반 비용을 삼성그룹에서 뜯어내었다. 때맞춰 이화여대에서는 특기생 입학 조항에 승마 종목을 추가했다. 그렇게 해서 딸을 이화여대생으로 만들었다. 거기까진 잘했는데 문제는 학과 성적이었다. 결국 이것이 터지면서 사태가 일파만파로 퍼져 나가 대한민국을 홀라당 뒤집어 놓았다.

18 리더십은 자세가 만든다

그렇다면 승마와 경마는 어떻게 다른가?

오늘날의 경마는 사행성 게임으로 스포츠 종목에는 들어가지 않는다. 그렇지만 승마는 올림픽 종목이다. 근대 승마는 14,5세기 이탈리아에서 체계화되었으며, 1900년 제2회 파리올림픽대회에서 정식 종목으로 채택되었다. 경마는 무조건 달려서 일등만 하면 되지만, 승마는 장애물비월·높이뛰기·멀리뛰기·마장마술 등 몇 가지 코스를 제 시간 내에 완주해내어 점수를 매기는 경기이다. 승마의 채점 기준은 기수가 가장 적은 동작으로 가장 섬세하게 말을 다루는 것이다. 따라서 경기 내내 기수의 흐트러짐 없는 꼿꼿한 자세가 채점의 주요 포인트가 된다.

그럼 누가 경마를 하고, 누가 승마를 하는가?

전통적으로 경마는 그 말 주인인 귀족집 하인 중 몸이 가벼운 자가 기수가 된다. 그에 비해 승마는 귀족과 그 자제들이 즐긴다.

유럽 최대의 경마 축제 로열 에스콧. 1711년 앤 여왕 때부터 시작된 왕실 주체 경마대회로서, 해마다 6월 중순에 런던 근처 에스콧에 있는 왕실 경마장에서 5일간 열린다. 그곳에는 왕실 목장이 있다. ⓒKensingtonRoyal

평소에는 우아하게 살고 있지만 유럽의 귀족들은 전쟁이 나면 즉시 사령관이 되어 자신의 영지 내에서 모집한 병사들을 이끌고 싸우러 나간다. 당연히 그 아들들도 지휘관이 되어 함께 전쟁에 나간다. 해서 귀족들은 평소 승마와 사냥을 통해 그 자질을 연마해 놓아야 했다.

전장에서 기병돌격대는 죽어라고 빨리 달려나가 적진을 흩뜨러 놓는 것이 임무이지만 지휘관은 높은 말 위에 앉아 전장의 형세를 파악하고 부대를 지휘해야 한다. 당연히 모든 부하들에게 잘 보이게끔 모자나 제복에 특별한 장식으로 표시를 내고, 꼿꼿

엘리자베스 여왕 생신 기념 퍼레이드. 왼쪽부터 찰스 왕세자, 윌리엄 왕세손, 앤드류 왕자, 앤 공주. ⓒKensingtonRoyal

한 자세를 유지해야 한다. 화살이나 총알이 날아와도 엎드리거나 기우뚱거릴 수가 없다. 만약 지휘관이 그런 흔들리는 모습을 보였다간 부하들이 지레 겁을 먹어 전투를 제대로 치러 보지도 못하고 진이 와해되고 만다. 그러니까 승마는 지휘관의 자세, 그러니까 리더십을 기르기 위한 스포츠였던 것이다. 최소한의 동작, 최소한의 말로써 섬세하게 그리고 정확하게 집단을 통제하고 이끌어나갈 수 있는 리더십을 승마를 통해 익히는 것이다.

만약 그때 최순실이 승마의 본디 목적을 제대로 알고 딸에게 승마를 가르쳤더라면, 어쩌면 딸을 훌륭한 인재로 키우지 않았을까? 뜻도 모르고 잔꾀로 승마를 가르치는 바람에 본인은 물론 대통령을 비롯해서 재벌 총수 등등 셀 수 없이 많은 사람들을 감옥으로 이끌었다. 아무려나 말의 힘은 참으로 대단했다. 진정한 상류의 삶 속에 내재하는 철학과 문화, 태도적 가치를 모르고선 말이 아니라 코끼리를 타도 리더십을 못 기른다.

그렇게 박근혜 대통령이 탄핵되고 난 직후 어느 식사 모임에서 한 연로한 보수계 인사가 잔뜩 얼굴을 붉히고 "박근혜가 무슨 죄가 있느냐?"며 탄핵의 부당성을 토해냈었다. 그러자 다른 참석자들도 덩달아 한마디씩 보태기 시작했다. 그 광경을 지켜보던 모회장님이 잠시 한마디 하겠다고 나섰다. "박근혜 대통령이 죄가 없다고? 그럼 죄가 없는데도 불구하고 쫓겨났다는 얘기가 되는데, 대통령으로서 그보다 더 큰 죄가 어디 있느냐?"며 호통을 치자 좌중이 찬물 끼얹은 듯 조용해져 버렸다. 지금쯤 박근혜 전 대통령은 자신이 왜 탄핵됐는지 알고나 있을지 모르겠다. 대통령의 태도적 가치에 대해 한번쯤 생각해 봤으면 어떨까 싶다.

19 시진핑 중국 국가주석의 누이가 성(性)이 다른 이유

시진핑 중국 국가주석의 부친인 시중쉰(習仲勳) 서기는 자녀들에게 특별한 교육을 시키지 않았다. 딸인 차오차오(橋橋)가 초등학교 졸업 후 하북의 북경중학에 합격했다. 학교가 집에서 한 정거장 거리밖에 되지 않았지만 딸이 친구들과 어울릴 수 있도록 시중쉰 서기는 차오차오를 계속 학교에 기숙하며 친구들과 함께 먹고 자고 공부하도록 하여 평범한 사람들의 모습을 잃지 않도록 했다. 당시에는 학교의 숙식 환경이 지극히 열악하였는데 식당 밥은 잡곡이 70%였다. 당시 시중쉰 서기는 국무원 부총리직을 맡고 있었기 때문에 이름이 항상 신문에 오르락거렸다. '시(習)' 성이 드물었기에 사람들은 부총리의 딸일지도 모른다는 연상을 하기가 쉬웠다.

이에 시중쉰 서기는 학교 선생과 학생들이 딸의 신분을 파악하지나 않을까 염려하여 딸에게 부인인 치신(齊心)의 성을 붙여주고, 가정 성분 역시 '혁명간부'에서 '직원'으로 바꿨다. 그렇게 지어진 치차오차오(齊橋橋)라는 이름을 지금까지 쓰고 있다. 시중쉰 서기는 항상 아이들에게 자신의 능력으로 먹고 살도록 교육했고, 고생스러운 곳, 기층민이 있는 곳, 조국 건설을 위해 가장 필요한 곳에 가서 일하도록 권했다. 시중쉰 서기의 엄격한 교육 덕분에 아이들은 매우 자립적이며 강한 인물로 성장하여 어떤 상황에서도 시련을 이겨낼 수 있는 인재가 되었다.

오래전 30대에 전북지사를 지낸 분이 있었다. 둘째아이가 초등학교에 입학하게 되자 부모가 학교에 바래다 주었는데, 날마다 교장선생이 교문에서 기다렸다가 아이의 손을 잡고 들어갔다. 교장에게 그러지 말라고 해도 소용이 없자 고민 끝에 아이를 전학시키기로 하였다. 한데 다른 학교로 가도 역시 똑같이 아이를 특별하게 대우할 것 같아 아예 화교학교로 보냈다. 그러다가 고등학교 2학년이 되어서야 일반 한국학교로 다시 전학시켰다. 그렇게 큰 아이는 중국어에 능통해서 1992년 한중수교에서 통역을 맡는 등 훌륭하게 임무를 해냈다고 한다.

20 다 자란 나무와 모자란 지도자들

중국 갑골문에 사람이 무릎을 꿇고 두 손으로 어린 나무를 심는 모양을 그린 상형문자(埶)가 바로 '예(藝)'자의 기원이다. 나무를 심는다는 건 고대로부터 그만큼 숭고한 행위로 여겨졌었다. 왕이 어느 지역에 나무를 심는다는 건 그 지역을 돌보고 다스리겠다는 의미였을 것이다. 이후로도 이 '藝'자는 최고권력을 위해서만 사용되었고, 민간에서 함부로 사용할 수 없었다. 그토록 많은 한자 단어 중에 육예(六藝)와 무예(武藝) 이외에 '藝'자를 사용한 예가 거의 없다. 민간에서는 '술(術)'자를 사용하였다. 오늘날 우리가 사용하는 '예술'로서의 '藝'는 근대에 들어와서 일본인들이 서양의 'Arts'를 번역하면서 사용하기 시작하였다.

요즘도 국가 최고지도자가 어디를 행차하면 기념식수를 하곤 한다. 한데 재미있는 일은 언제부터인가 우리나라 대통령들은 묘목이 아니라 커다란 성목을 기념식수하기 시작했다. '식수'라기보다는 '이식'이라 해야 적확한 표현이 되겠다.

이에 한국인들은 그게 뭐가 문제냐며 대수롭지 않아 한다. 식수나 이식이나 어차피 그게 그거지! 이왕 튼튼하고 자랄 만큼 자

마크롱 프랑스 대통령의 국빈 방문 기념식수인 '우정의 떡갈나무'. 2018년 4월 미국을 국빈 방문한 마크롱 대통령과 함께 미국으로 옮겨진 떡갈나무는 프랑스 북부 벨로 숲 인근에 있던 것이었다. 벨로 숲은 제1차 세계대전 때 미국 해병대가 독일군을 격퇴한 곳으로 당시 미 해병 1,811명이 전사했다. ⓒ 백악관-연합뉴스

란 멋있는 나무를 옮겨심는 게 더 폼나고 좋지! 아무려나 한국인다운 발상이라 할 수도 있겠다. 한데 만약 외국인들이 한국인들의 이런 광경을 본다면 고개를 갸우뚱거리며 '저 친구들, 진짜 웃긴다'며 속으로 비웃을 가능성이 매우 크다.

기념식수의 목적은 조경이 아니다. 해서 어린 묘목을 심는 것이 정격이다. 물론 해외나 먼거리에 큰 나무를 가지고 가기에는 어려움이 따른다. 하지만 그보다는 어린 묘목을 심어 놓고, 그 나

무가 자라듯 두 나라의 우정을 잘 가꾸어 나가 신뢰가 점점 깊어
지고 굳건해지기를 바라는 의미가 담겨 있기 때문일 것이다. 귀
빈의 방문을 두고두고 기념하기 위함만이라면 굳이 기념식수가
아니어도 방법은 많다.

21 첫술에 배불러야 하는 한국인들!

세계에서 가장 황당한 기념식수 퍼포먼스! 전 세계인이 보는 데서 초대형 기념식수하고 있
는 김정은 위원장과 문재인 대통령. 남이 이미 다 키운 나무를 옮겨심어 놓고 흙을 퍼넣고
있다. 인격적 터치를 배제시킨 위생장갑까지! 염치없어 보이는 식수에 진정성이 느껴지지
않는다. ⓒ청와대

평화와 번영을 심다? 평화와 번영은 심는 것이 아니라 가꾸어 기르는 것이다. 어마하게 큰 표시석도 난센스! 반독재 투쟁했다는 사람들이 과연 '민주주의'의 의미를 제대로 알고나 있는가? 스스로 묘목을 가꾼 적도 없고, 그저 다 큰 성목을 사다 심어 놓고는 평화가 왔다 며 박수 치고 춤추는 사람들이 과연 자유민주주의의 의미를 제대로 알까? ⓒ청와대

    문재인 대통령이 판문점에서 북한 김정은 위원장과의 정상회담을 기념하기 위해 심은 다 큰 정원수를 보면 참 어이없다는 생각이 절로 든다. 족히 3,40세가 넘어 보이는 반송이다. 그래 놓고는 첫만남에 바로 '봄이 온다'며, '평화가 왔다'며 부둥켜안고 오두방정을 떠는 모습을 전 세계에 중계했었다. 경망스럽고 성급함을 고스란히 드러내 보이는 기념식수 퍼포먼스라 하겠다.

    어린 묘목을 심어 놓고 그 나무가 추위와 더위, 눈과 비바람을 견뎌 가며 해마다 조금씩 조금씩 자라듯 남북 관계도 그렇게

인내로 신뢰를 쌓아 나가야 하는 것임에도 불구하고, 쇠뿔 뽑듯 단김에 평화를 이룰 것처럼 동네방네 떠들고 다니다가 국제적으로 개망신만 당했다.

기념식수는 왜 하는가? 어떤 나무를 심는가?

철학이 없는 민족은 과정이 싫다. 해서 철이 없다. 해서 분수를 모른다. 해서 염치가 없다. 뜻도 모르고, 멋도 모르고 기념식수! 기본을 우습게 알고, 과정을 무시하고, 결과만 중시하는 한국인의 습관을 그대로 보여주고 있다 하겠다. 짝퉁과 사이비, 부나

노무현 대통령의 평양 방문 기념 초대형 식수. ⓒ평양–청와대 사진기자단

2018년 4월 5일, 청와대 정원에서 식목일을 기념하여 정3품쯤 되는 대형 낙락장송을 이식하고 대견한 듯 박장대소하고 있는 대통령 내외. 이 사진을 보고 따라 웃어야 할지 울어야 할지 시민들이 참 난감하겠다. ⓒ연합뉴스

비가 판치는 우리 사회 병폐의 근본 원인이 바로 여기에 있지 않을까? 벼가 어떻게 생긴지도 모르고 쌀밥을 먹는 도회지 아이가

농사의 의미를 어찌 알까? 비료만 많이 주면 나무가 쑥쑥 자란다
든가? 청년 일자리 만든다며 수십조를 쏟아붓고도 허탕인 이유를
알기나 할까? '자유'와 '민주'는 우리 한민족이 만든 용어가 아니
다. 어린 묘목처럼 심어 놓고 긴 인고의 세월을 보내며 돌보고 가
꿔 나가야 그 진정한 의미를 알 때가 온다.

22 참 싸가지 없는 대한민국?

2019년 6월 1일, 싱가포르에서 열린 제18차 아시아안보회

이브 모알릭 상병의 인식표. (국방부 제공—연합뉴스)

의(일명 샹그릴라 대화)에 참석한 정경두 국방부장관이 프랑스 플로랑스 파를리 국방장관에게 6·25전쟁 프랑스 참전용사 고(故) 이브 모알릭 상병의 인식표를 전달하였다. 이 인식표는 지난달 7일 화살머리고지 일대에서 발견한 것이다. 모알릭 상병은 1951년 12월 프랑스 제6증원 파견단 일원으로 한국전쟁에 참전했다가 화살머리고지 일대 전투에서 전사했다. 다행히 그의 유해는 이듬해 고국으로 돌아가 프랑스 쁠루이넥(Plouhinec) 지역에 안장됐다.

국방부에서 이번 인식표 전달을 언론에 사진까지 배포한 것으로 보아 내부적으로는 제법 가상한 일을 해낸 양 자랑스럽게 여긴 모양이다. 거기에 덧붙여 정경두 장관은 또 2019년 봄 서아프리카 부르키나파소에서 진행된 프랑스군의 한국인 인질 구출에 대해서도 감사를 표하고, 작전 과정에서 희생된 2명의 프랑스 군인 유가족에게 깊은 위로의 말을 전해 달라고 당부했다 한다. 한데 이 인식표를 건네받은 프랑스 국방장관이나 소식을 들은 프랑스 국민들이 과연 흔감했을까? 혹 내심 한국 정부에 대해 실망하거나 분개하고, 나아가 한국인들을 경멸하지는 않았을지?

자원해서 이국 만리를 날아와 위기에 빠진 제 나라를 구하기 위해 싸우다 죽은 우방국 용사의 인식표를 고작 여러 나라 국방부장관들이 모이는 국제회의장에서 만나 마치 기념품 건네듯 넘기다니? 그것도 제3국에서? 군인의 인식표는 그 군인의 생명이자 명예, 인격을 대신하는 상징물이다. 따라서 신체의 일부처럼 인격적으로 다루는 것이 예의다. 이번 일로 '한국인들 참 쉽게 산

대한민국을 위해 목숨 바친 프랑스 영웅의 인식표를 한갓 개인적 이벤트성 기념품(?)으로
이용한 정경두 국방부장관. 2019년 6월 1일. (국방부 제공–연합뉴스)

다!' '한국인들 참 편하게 산다!' '한국은 아직 한참 멀었어!'라는
탄식이 들리는 듯하다.

　　인식표를 국방부장관이 그렇게 개인적(?)으로 건넬 것이 아
니었다. 유해와 똑같이 태극기를 접어 위에 올려 진중하게 고국으
로 들고 갔어야 했다. 거기다 무공훈장까지 얹어서! 그리고 국군
의장대원과 군악대원 몇 명이 따라나서고, 국방장관이나 차관이
직접 프랑스로 들고! 아니면 주프랑스 한국대사가 들고서 그가 잠
든 묘지를 찾아 추모행사를 가지고 전하였어야 했다. 당연히 그
자리엔 고인의 유족, 생존한 6·25 참전용사들과 그들의 후손들
을 초청, 그리고 프랑스에 살고 있는 한국 교민들이 함께해서 헌

화하며 용사의 거룩한 희생 정신을 기리고, 지난날 한국을 구해 준 은혜를 잊지 않고 있음을 프랑스 국민들에게 알렸어야 했다.

그리고 부르키나파소에서 한국인 인질을 구출하다 전사한 2명의 프랑스 군인 유가족에게 깊은 위로의 말을 전해 달라고 했다는 당부도 그렇게 싸가지 없는 입발림으로 끝낼 일이 아니었다. 해군 특수대원인 두 군인의 죽음이 한국인 여성 인질 때문일 수 있음은 부인할 수 없다. 애초에 그들은 한 명의 자국민을 구출하기 위해 나섰다. 당연히 그에 맞춰 작전을 짰을 것이다. 한데 전혀 예상치 못한 다른 인질들이 함께 갇혀 있었다. 더구나 여성이! 당연히 작전에 차질을 빚게 되었고, 그럼에도 불구하고 긴박한 순간 그들까지 구하는 바람에 두 요원이 몸으로 인질을 보호할 수밖에 없었을 것이다.

프랑스 대통령은 인질 귀환을 맞으면서 "한국 정부는 그 여성이 왜 거기에 있었는지 명확히 설명해야 할 것"이라며 따끔하게 질책하고는 더 이상의 군말을 달지 않았다. 그랬다면 한국 대통령이나 국방부장관이 그렇게 입발림으로 감사할 일이 아니다. 두 영웅의 장례식에 특사나 한국대사를 보내어 훈장과 함께 한국 대통령의 진정성이 담긴 감사와 위로의 편지를 유가족에게 전달하는 예를 갖추었어야 했다. 그랬더라면 세계에서 가장 장중하고, 가장 슬프고, 그 어떤 영화보다도 감동적인 프랑스 국장을 직접 참관해서 그들이 어떻게 인간존엄성을 확보하고 태도적 가치를 존중하고 실천하는지를 배울 수 있었을 것이다. 당장 유튜브에 올라 있는 두 영웅들의 국장 영상을 보라! '아, 저런 게 프랑스의 존엄이로구나!'라는 경탄이 절로 나올 것이다.

23 비뚤어진 주인 의식과 참을 수 없는 종복 근성

2014년 12월 5일, 뉴욕 케네디 공항에서 이륙을 위해 활주로를 향하던 대한항공 여객기가 갑자기 리턴하여 수석승무원(사무장)을 내려놓고 한국으로 날아가 버렸다. 일등석에 탑승한 조현아 대한항공 부사장이 기내 땅콩(마카다미아) 서비스를 문제삼아 승무원과 사무장을 호통치다가 자신의 착각을 인정하지 않고 오히려 승무원 무릎을 꿇리는 등 난동을 피워 비행기를 탑승구로 리턴시키는 바람에 이륙을 20여 분이나 지체시켰다.

한데 사건이 외부로 알려지고, 그 과정에서 회사가 책임을 두 승무원에게 떠넘기고 거짓 진술을 하도록 회유·협박했다는 사실까지 들통나는 바람에 사태는 걷잡을 수 없이 커져 버렸다. 오너 가족의 갑질로 국민적 분노를 불러온 이 사건으로 조현아 부사장이 해임되고, 그리고 항공기진로변경죄, 승무원폭행죄, 위계에 의한 공무집행방해죄 등으로 고발되었지만 결국 공무집행방해만 인정되어 징역 10개월에 집행유예 2년으로 대법원 확정 판결을 받았다. 미국에서라면 징벌적 배상으로 비행기 한 대는 고스란히 갖다 바쳤어야 할 사건임에도 불구하고 박창진 사무장의 2억 원 손해배상청구 소송은 기각되고 말았다.

그러자 분이 풀리지 않은 민심은 계속해서 오너 일가의 집안 구석구석까지 뒤져 그 동생인 조현민의 물컵 갑질, 명품 밀수, 그 모친의 필리핀 가정부 불법 고용 및 인부들에 대한 욕설과 손찌검 갑질을 찾아내어 망신주기를 계속했다. 그 와중에 조현아 남편의 이혼 소송 제기로 인해 모녀의 집안 내 폭언과 히스티리적인 욕설 녹음까지 공개되어 완전 국민적 개망신을 당하기까지 했다. 이에 많은 사람들은 "그렇게 살 바에야 뭣하러 부자가 됐냐?"며 분노하다 못해 불쌍해서 혀를 차기도 했다.

결국 2019년 3월말, 대한항공 주주총회에서 조양호 회장이 사내이사 연임에서 탈락하는 바람에 경영권이 박탈당했다. 횡령 및 배임 때문이라지만 총수 일가의 갑질 때문임을 모르는 국민은 없을 것이다. 제가(齊家) 잘못한 책임을 물은 것이다. 그리고 얼마 후 조양호 회장은 지병이 도져 미국에서 사망했다. 뭐 그렇다고 해서 회사를 빼앗긴 것도 아니지만, 어쨌든 그로써 대한항공 땅콩 리턴 사건으로 시작된 부잣집 막장 대하드라마가 막을 내렸다.

승객의 난동이나 응급 상황, 또는 비행기를 잘못 탑승하는 승객 등 갖가지 사유로 비행기가 이륙 전에 리턴하거나, 심지어 이륙 후 한참 날아가다가 회항하는 경우도 있다. 그렇지만 대한항공 땅콩 회항 사건과 같은 어처구니없는 문제로 리턴한 경우는 항공 역사상 초유라 하겠다. 돌이켜보면 이 사건의 발단과 사후 처리가 처음부터 뭔가 본질을 벗어난 것 같은 미심쩍은 부분이 있다. 그게 뭘까?

24 잘못 꿴 첫 단추

단도직입적으로 질문 하나 해보자! 만약에 땅콩 리턴 사건이 한국 국적 항공사가 아닌 외국(특히 선진국) 국적 비행기 안에서 일어났다면, 조현아 부사장과 박창진 사무장 중 누가 비행기에서 내렸을까? 누가 내쫓겼어야 옳은가? 그 많은 언론이나 국민들 중 누구 한 사람이라도 이런 질문을 해본 적이 없다. 하나같이 오너 패밀리의 갑질에 분개하고, 비행기에서 쫓겨 내린 힘없고 불쌍한 사무장을 동정하기에 바빴다. 약자를 편드는 게 정의인 것처럼!

비행기 사무장은 승객의 안전과 서비스를 총괄하는 직책이다. 만약 그때 시비를 걸고 난동을 부린 자가 회사의 오너 가족이자 부사장이 아닌 일반 승객이었다면 어찌되었을까? 당연히 자신의 권한으로 비행기를 회항시키고, 공항경찰을 불러 승객을 끌어내게 했을 것이다. 마땅히 그랬어야 했고, 사무장은 그럴 권한을 가지고 있다. 한데도 대한항공의 그 부사장이나 그 사무장이나 공히 공(公)과 사(私)를 구분할 줄 몰랐고, 주인 의식과 책임 의식이 뭔지조차 몰랐다. 그러고선 한 사람은 갑(甲)질을, 한 사람은 을(乙)질을 한 것이다. 물론 그 갑질도 뒤집어보면 을질보다 못한 등신질이지만!

갑이 갑답게 갑질하는 게 뭔 잘못이 되겠는가? 진정 주인 의식을 가진 오너 가족 부사장이면 비행기를 타자마자 사무장에게 "쉿! 나 신경 쓰지 말고 다른 손님들 잘 모시라!"고 하는 게 정상일 테다. 그리고 웬만하면 자기네 회사 항공기를 이용하지 않을 것이다. 차라리 다른 선진국 비행기를 타서 그들의 보다 나은 서비스를 경험하고 한 가지라도 더 배우려 하는 것이 주인장다운 자세라 하겠다. 한데 그 오너 부사장은 탑승하자마자 자신이 그 비행기와 관계 있는 특별한 신분임을 주변 승객들에게 과시하려는 듯 승무원을 제 집 종 다루듯 닦달해댔다. 갑은 갑인데 근본이 천한 졸갑이었던 거다.

제2차 세계대전이 끝난 어느 날 윈스턴 처칠이 의회 연설을 하러 가던 중 지각할 처지에 놓이자 운전사가 신호 위반을 하여 순경에게 걸렸다. 운전사가 수상이 타고 계신데 의회에 급히 가야 하니 그냥 보내 달라고 하자, 순경이 뒷좌석을 힐끗 쳐다보더니 "비슷하게 생기셨지만 수상은 아니시군요. 우리 수상 각하는 신호를 위반하실 분이 아닙니다"며 딱지를 끊었다. 관저에 돌아온 처칠이 기특하게 여겨 경시청장에게 전화를 걸어 그 순경을 특진시키라고 하자 경시청장이 난색을 표하면서 거절하였다. 순경이 신호 위반 딱지를 끊었다고 특진시킨 사례도 규정도 없다고. 세계적으로 이와 유사한 갑질 에피소드는 참으로 많다. 을질이 없으면 당연히 갑질도 없다.

25 졸부 근성과 노비 근성

대부분의 한국인들은 공(公)과 사(私)에 대한 분별력이 떨어지고, 주인 의식이나 주동 의식이 뭔지에 대해 제대로 성찰해 본 적이 없다. 하여 그로 인한 혼동과 비합리적인 사고, 부적절한 처신은 인간 관계에서 매번 갖가지 모순과 갈등을 일으킨다. 갑질은 그 대표적인 사례 가운데 하나라 하겠다.

가령 크거나 작은 회사를 운영하는 사장들이 종종 직원들을 모아 놓고 주인 의식을 강조하면서 회사가 자기 것인 양, 회사 일이 내 일인 양 애정을 가지고 일해 달라고 훈시를 하는 광경이 그리 낯설지 않다. 한데 만약 이런 말을 서구 사람들에게 한다면 어찌될까? 아마 십중팔구 사장의 머리가 좀 이상해졌나 보다고 갸우뚱할 것이다. 회사를 우리한테 준다는 거야 뭐야?

직원은 노비가 아니다. 한국의 막장 드라마처럼 회장이 맘대로 시킨다고 무작정 따를 의무가 있는 건 아니다. 직책에 맞는 책임만 다하면 그만이다. 승무원이든 사무장이든 기장이든 사장이나 부사장의 시중 드는 비서가 아니다. 조현아가 아니라 조양호 회장이 탔어도 비행기 안에서는 한 사람의 승객일 뿐이다. 당연히 조현아 부사장이 끌려 나갔어야 했다. 서비스에 문제가 있으면 조용히 돌아가 회사에서 담당자를 불러 지적하고 시정을 지시할 일이다. 그리고 사무장은 승객의 안전과 서비스를 위해 자신에게 주어진 권한을 행사해서 끝까지 직무를 완수하였어야 했다. 불이익이나 해고를 당할지도 모르지만 그건 그 다음의 일이다.

박창진 사무장이 부사장의 갑질에 주눅들어 250여 명의 승객의 안전을 무시한 채 비행기를 내린 건 분명한 직무 유기다. 기수를 돌려 사무장을 내리게 하고 떠난 기장은 더 큰 책임을 져야 했다. 승객들의 집단 소송이 없었던 것은 천만다행(?)이겠다. 상식적인 나라의 상식적인 회사였으면 즉시 징계위원회를 열어 난동을 부린 부사장과 자신들의 책무를 저버린 기장과 사무장에 대해 중징계를 내렸어야 마땅했다. 그러니 주주총회의 결과에 마치 자신이 승리한 양 환호하는 그 사무장의 모습은 결코 영웅적이라 할 수가 없다. 자신이 억울하게 당했다고만 생각했지 본인의 직무 유기 과오에 대해서는 한번도 반성해 본 적이 없었던 것 같다. 주체 의식, 주동 의식을 가진 존엄한 인격체로서의 한 개인이라기보다 어쩔 수 없이 미운 주인 밑에서 일을 해서 먹고 살아야 하는 노비적인 직원의 모습이 영 안쓰럽다. 운좋은(?) 기장은 예의 막장 드라마에서 쏙 빠져나갔다.

희대의 사건을 두고 외국인들은 하나같이 기장과 사무장의 행동을 어이없어하는 데 비해, 한국 언론과 한국인들은 한결같이 불쌍한(?) 사무장을 두둔하며 대기업 오너를 욕보이는 데 줄기차게 진력을 쏟았다. 직분에 해당하는 태도적 가치에 대한 인식조차 없는 비문명인임을 전 세계에다 확실하게 보여준 것이다.

26 서비스도 품격이 있어야!

아무려나 땅콩 회항 외에도 음주 난동, 라면 상무 등 비행중 갑질 사건은 종종 있어 왔다. 비싼 일등석에서 기껏 술 한 잔 더,

라면 하나라도 더 끓여먹어 본전 뽑겠다는 졸부적 근성도 한심하지만, 왜 그같은 한국인의 추태가 굳이 한국 국적기 안에서만 일어난단 말인가? 왜 차라리 중국인들처럼 남의 나라 여객기에서는 난동 부리지 못하는 걸까? 그랬다면 소통에 문제가 있어 오해가 있었던 것 같다는 최소한의 변명이라도 할 수 있을 텐데 말이다. 서양인 스튜어디스 앞에서는 눈도 제대로 못 뜨면서 말이 통하는 동포 스튜어디스는 그렇게 만만하던가? 그토록 관심 끌고 싶으면 갑질 대신 신사도를 발휘해야 하는 것 아닌가?

그리고 얼마 후 대한항공은 알레르기를 가진 승객을 보호하기 위해 기내에서 제공해 오던 땅콩을 없앴다. 왜 땅콩뿐인가? 진즉 라면부터 없앴어야 했다. 아니면 김치찌개, 부대찌개까지 끓여 주던가? 라면이 너무 퍼졌네 덜 퍼졌네 하며 승무원을 성가시게 부려먹는 진상들. 라면 맛에 까다롭다는 건 그만큼 라면을 많이 먹고 살았다는 건데 그게 뭐 그리 자랑스러운가? 라면이 고급한 음식이던가? 라면 먹는 꼴을 곁에서 지켜본 점잖은 외국인 신사 숙녀라면 다시는 대한항공을 이용하지 않을 것이다. 제발이지 일등석에 탔으면 잠시 본색을 감추고 신사인 척, 숙녀인 척이라도 좀 하자.

부자만이 세상의 주인이 아니다. 그렇다고 가난한 민중들만의 나라도 아니다. 아무려나 나라의 흥망은 필부에게도 책임이 있다 하였다. 갑답지 않은 갑, 을질을 부끄러워하지 않는 을들이 있는 한 한국인들의 갑질 추태는 멈추지 않을 것이다. 어쩌면 에

피소드로 지나칠 수도 있었던 사소한 사건이 한국 졸부들의 천박한 민낯을 세계인들 앞에 고스란히 드러나게 했다. 우리는 언제 이 질긴 된장독 근성을 떨쳐 버리고 성숙 사회로 진입할 수 있으려나? 품격경영이 그 답이겠다. 가세(家勢)와 가풍(家風)은 별개! 가난하다고 비굴해지는 것도 조롱받을 일이지만, 부자가 존경받지 못하는 것 역시 부끄러운 일이다. 부자를 부자답게 하는 건 갑질이 아니라 덕(德)질이다.

27 사소하지만 고의적인 실수

어느 가난한 중국인 젊은이가 프랑스로 유학을 갔다. 지하철로 통학을 하는데 며칠을 타고 다니자 곧 중국인다운 꾀가 났다. 아주 오래전부터 프랑스는 물론 대부분의 유럽 국가에선 지하철은 물론 철도에서도 승차권 개찰을 하지 않는다. 대신 무작위로 아무 날 아무 역을 불시로 개찰하는데 역의 입구마다 모조리 경찰들이 막고 전수 조사를 벌인다. 이때 무임승차로 걸리면 꼼짝없이 상당한 벌금을 물어야 한다. 그 유학생이 생각하기에 매일 표를 사는 것과 어쩌다 전수 조사에 걸려 무임승차로 벌금을 내는 것과를 예상 비교했더니 벌금 내는 것이 더 이익이겠다는 결론이 났다. 해서 그는 무임승차로 유학비를 절약해 가며 무사히 학업을 마쳤다.

꽤 좋은 성적으로 졸업을 한 후 그는 프랑스 유수의 기업에

원서를 냈다. 자신의 성적이면 능히 합격할 줄 알았다. 한데 불합격이었다. 이에 회사를 찾아가 자신이 불합격된 것이 이해가 가지 않는다며 따졌다. 그러자 그 회사 담당자가 "서류 심사로는 충분히 심사 기준을 넘어선다. 그런데 신원 조회를 해본 결과 당신은 지하철 무임승차에 세 차례나 걸렸더라. 한 차례면 우발적인 실수라고 인정할 수 있다. 혹 두 차례까지도 그럴 수 있겠다. 하지만 세 차례라면 고의라고 볼 수밖에 없다. 그런 사람은 우리가 원하는 기준에 맞지 않는다"란 답변을 듣고 쫓겨났다고 한다.

서울 여의도에 있던 어느 외국계 보험회사에 다니는 한국 직원 모씨가 임원급 진급 심사에서 떨어졌다. 그동안 쌓은 실적으로 자신은 물론 동료들도 당연히 그가 진급될 줄 알았는데 충격이 컸다. 해서 그는 외국인 지사장에게 올라가 자기가 왜 진급이 안 됐는지를 따졌다. 그 지사장이 말하길 "잘 안다. 당신의 실적이 다른 동료들에 비해 월등하다는 것을. 그런데 평소 내가 여기 창문을 통해 저 아래를 내려다보다가 당신이 저 아래 건널목 신호등을 무시하고 건너는 걸 자주 보았다. 해서 이번 심사에서 당신의 진급을 내가 막았다"고 했다. 그 직원이 그것과 진급이 무슨 상관이냐며 따지자 "이제까지처럼 당신이 평사원이라면 그만 일이 대수로운 일이 아닐 수 있다. 하지만 책임이 막중한 임원이라면 문제가 다르다. 당신이 아무 때고 건널목을 건너거나 운전을 할 때 교통 신호를 지키지 않아 사고를 당하면 그 피해가 당신 개인한테만 마치는 게 아니다. 당신을 진급시킨다면 우리 회사는 당신으로 인해 언젠가 큰 낭패를 볼 것이다. 안타깝지만 그런 위험성을 안고 갈 수는 없다"고 하였다. 결국 그 친구는 예의 회사를 그만 두었다.

천하의 고수라도 술 먹고 뻗으면 천하의 하수한테 목을 베인다. 제아무리 좋은 학교 나오고 좋은 직장에서 출세를 한 사람일지라도 신호 위반하다가 아차한 순간에 저나 동반인의 인생을 망치고, 가족을 불행하게 만들고, 자신이 다니던 회사를 곤경에 빠뜨릴 수 있다. 신사는 친구를 사귀어도 그렇게 길게 본다.

28 베어링스은행 파산 사건

1995년 영국 베어링스은행의 싱가포르 주재 파생상품 거래 담당 직원이던 닉 리슨은 불법 거래를 통해 14억 달러의 손실을 끼쳐 은행을 파산시켰다.

런던의 빈민가 출신으로 고졸 학력의 닉 리슨은 당시 경영진들도 잘 모르던 고위험의 파생금융상품 거래에 손을 대 엄청난 수익을 올렸다. 1993년에는 싱가포르지점 수익의 20%를 혼자서 벌어들여 베어링스의 최대 스타로 떠올랐고, 최고경영진의 신임을 한 몸에 받아 한때 30만 파운드의 연봉과 수백만 파운드의 보너스를 받기도 하였다.

그렇게 선물거래에서 큰 재미를 보았던 리슨은 점점 간이 커져 1995년 일본 닛케이 주가지수 선물에 일생일대의 도박을 걸었다. 그런데 하필 그해 1월 고베 대지진이 일어나고, 덩달아 미국의 금리정책 변경으로 예측이 빗나가면서 14억 달러라는 천문학적인 손실을 입었다. 그로 인해 232년 전통의 명문 베어링스은행은 한순간에 파산해 단 1달러에 ING에 매각되는 최후를 맞았다. 그리고 닉 리슨은 사기와 서류 위조 등의 죄목으로 6년형을 선고받아 싱가포르 타나메라 특별 감옥에 수감되었으며, 이혼까지 당했다.

29 사소하지만 사소하지 않은 것

룸살롱에서 호기를 부린 팁 때문에 합작 사업이 깨어진 경우도 있다. 15년 전 광화문 서울파이낸스센터에 입주해 있던 한국의 모 벤처기업가는 거의 성사 단계에까지 이른 물경 1,500억 원 규모의 일본 오사카 상인자본 투자가 전격 취소 통보받는 불상사를 당하였다.

일본측은 투자 손실 마지노선으로 총 300억 원 손실까지는 감내하며 적극 도와주려 했었다가, 한국의 CEO가 지난날 미국 출장중 룸살롱에서 여종업원에게 1,000달러 팁을 준 사실이 일본측의 전 세계 신용카드 사용 내역 조회 결과 발각된 것이다. 그러면서 일본 투자자측의 대리인은 윗어른들의 뜻이라며 그 젊은 CEO의 인생 장래를 위해 취소 이유를 상세히 설명해 주고는 돈가방을 도로 들고 떠났다고 한다. 글로벌 비즈니스 세계가 얼마나 치밀한지, 그리고 어떻게 처신해야 할지를 잘 보여주는 사례라 하겠다. 기실 비즈니스 세계에서 사소한 것이란 없다.

30 신호등은 양심의 등

상대방이나 불특정 대중에 대한 배려심과 소통 매너가 부족한 사람들의 나라에선 법원에 고소 고발이 넘쳐나고, 교통사고율 또한 비상하게 높다.

자동차 등 공공 교통수단 사용 문화의 역사가 그리 오래되지 않은 한국에서는, 운전이나 교통 습관을 그저 각자의 개성 혹은 취향이려니 하고 그다지 중요하게 여기지 않는 바람에 끔찍한 사고가 많이 일어난다. 하지만 서구 사회에선 운전 습관을 테이블 매너 이상으로 상대방에 대한 평가 도구로 여긴다. 운전이 곧 인격! 운전은 매너의 기본이라는 인식이 어릴 적부터 길러져 있기 때문이다.

선진국 사람들은 교통 법규를 잘 지킨다고들 말한다. 심지어 한적한 변두리의 건널목에서 다른 차들이 안 다니는 한밤중에도 신호등 앞에 서서 녹색 불이 들어올 때까지 기다리는 것을 볼 수 있다. 차 안에도 운전자 저 혼자뿐이다. 아무도 보지 않아 신호등을 무시하고 그냥 지나가도 아무 문제가 없는데도 말이다. 운전자든 보행자든 똑같이 그렇게 한다.

이를 두고 한국 사람들이 해석하기를, 그들은 어렸을 적부터 배운 준법 정신이 남달라 그렇단다. 맞는 말이다. 간혹 선진국에서 살다 온 사람들이 그 나라들에서는 교통 법규를 위반하면 벌금이 어마어마하게 많이 나오기 때문에 잘 지킨다고들 말한다. 아무렴 그도 그럴 것이다.

한데 그 깜깜한 밤중 아무도 없는 교차로이지만 누군가가 지켜보고 있다. 누구겠는가?

단 한 사람! 바로 자기 자신이다. 하늘이 보고 있고, 땅이 알고 있다. 그리고 자기가 자기를 보고 있다.

교통 신호는 약속이고, 약속은 지키자고 만든 것이다. 그리고 그 약속이란 남들과의 약속이기도 하지만, 자기 자신과의 약속이기도 하다. 남이 나를 안 볼 때는 있어도 내가 나를 안 보는 경우란 없다. 그러니까 다른 사람이 안 본다고 해서 신호를 무시하는 것은 자기와의 약속을 깨는 것이고, 이는 곧 스스로를 모욕하는 짓이다. 아무려나 자기가 자기를 속이는 사람이 남을 속이지 못할까? 언제든 기회가 생기면 규칙을 위반하고, 자기를 속이고 남을 속이고 회사를 속일 것이다. 해서 부정부패와 쉬이 결탁해 타락해질 것이다.

남들이 신호를 무시하고 건넌다고 따라 건너는 것도 비겁한 일이다. 매사를 남들 하는 대로 따르는 것은 하인(민중)들의 근성! 그러다가 잘못되면 남 탓을 한다. 양심이란 자기 신뢰! 주인장 의식을 가진 사람은 스스로의 판단에 따라 행동하고, 그 결과에 책임을 진다. 그게 성숙한 시민의 태도다.

31 신사는 자기부터 존중한다

어느 나라든 사정이 비슷하지만 사회 초년병인 파리지엥의
월급 역시 많지 않다. 그나마 절반이 세금과 보험금, 연금으로 무
자비하게 잘려나간다. 게다가 나머지의 반이 다시 바캉스 때 쓰
기 위해 미리 떼어진다. 나머지, 고작 반의반으로 집세까지 내며
한 달을 살아야 하기 때문에 제대로 먹기조차 힘들다. 그럼에도
그들은 길거리서 샌드위치로 끼니를 때워 가며 돈을 모은다. 저
축하기 위해서가 아니다.

그렇게 모은 돈으로 일주일에 딱 한 번은 옷매무새를 새로이
하고 그다지 고급하지 않은 식당에서라도 제대로 된 저녁을 먹는
다. 애피타이저, 메인, 하우스 와인, 디저트 및 에스프레소 커피,
풀코스 요리로 자신의 인생을 셀리브레이팅한다. 만약 모은 돈
이 디저트까지 주문할 만큼 되지 않으면 그 주에는 외식을 포기한
다. 대신 다음주, 아니면 그 다음주까지 미루어서라도 반드시 풀
코스 식사를 즐긴다.

찰리 채플린이 주연한 코미디 영화의 한 장면인가? 그까짓
외식 안하면 그만이지 왜? 답은 사람답게 살기 위해서다. 일주일
에 적어도 한 끼는 웨이터의 서빙을 받으며 디저트까지 포함된 2
시간 이상의 저녁식사를 푸근히 즐기고자 하는 것이다. 저 혼자
서라도 자신의 인간존엄성을 지켜 주려는 것이다. 그 한 끼를 위
해 나머지를 굶거나 샌드위치로 때운다.

프랑스에는 나이 많은 노인들도 아주 말끔하게 정장을 차려 입고 외출을 하거나, 카페에서 차를 마시는 풍경을 자주 본다. 뒷모습만 보고는 젊은 멋쟁이인 줄 착각하는 경우도 더러 있다. 굳이 젊어 보이고 싶어 멋내려고 그러는 것이 아니다. 한국인들처럼 늙었다고, 가난하다고 해서 함부로 막살지 않는다. 그 또한 인간 존엄성을 지키기 위한 것이다. 옛날 조선의 선비 역시 그렇게 살았다.

그렇게 자기를 존중할 줄 아는 자만이 남을 존중할 줄도 안다. 더 나아가 고객을 존중할 줄도 알고, 고객의 심리 상태를 잘 알기 때문에 물건을 잘 팔아 고객의 돈을 빼내는 능력을 지니게 되는 거다. 한국의 가게는 목 좋은 곳을 잡는 것이 최우선 조건이다. 하지만 그런 건 진정한 비즈니스의 진수가 아니다. 목 좋은 곳에서야 누군들 장사 못하랴! 목이 좋지 않은 곳이라 해도 인간 존엄성으로 고객과의 소통을 통해 물건을 팔 줄 알아야 한다.

32 신사가 되지 못한 조선 선비

한국은 요즘 인성 교육과 선비 정신이 화두다. 마치 그게 부족해서 나라꼴이 이 모양이 된 양! 과연 그래서일까? 기실 우리가 선비 정신을 제대로 알고나 있는가? 그리고 그것이 이 시대에 진정 필요한가? 누천년 전 유교적 세계관이 대한민국 미래에도 이정표 혹은 나침반이 되어 줄까?

조선에서의 선비(士)란 샌님(生員), 유생(儒生), 즉 문사(文士)를 일컫지만 일본이나 유럽에선 무사(武士), 즉 기사(騎士)를 이르는 말이다. 장기판에서도 사(士)는 왕의 최측근 호위무사를 말한다. 중국과 한국을 제외한 근대 이전의 모든 왕조에서 문사(文士)는 사(士)가 아니었다. 그저 살림살이 맡아 관리하는 집사(執事)였을 뿐으로 사(士)가 될 수 없었다. 신사(紳士)처럼 띠를 두를 수 없다는 말이다. 당연한 일이지만 그들에겐 전장에 나가 공을 세울 기회조차 주어지지 않았다. 하여 평생을 월급(녹봉)쟁이로 살아야 했다. 그래서 권력을 이용하여 치부하는 것을 부끄러워하지 않았다.

판사(判事) · 검사(檢事) · 변호사(辯護士) · 교사(敎師) · 의사(醫師) · 간호사(看護師) · 건축사(建築士) · 미용사(美容師) · 법무사(法務士) · 세무사(稅務士) 등, 오늘날의 각 직능별 호칭에 붙이는 '사(士, 事, 師)'에서 그 혼동이 고스란히 드러난다. 대체로 기능직 종사자나 하급 군인들에게 사(士)자를 붙이고 있다. 낫 놓고 기역자도 모른다더니 장수가 사(士) · 병(兵) · 졸(卒)도 구분 못하고 있는 꼴이다. 그나마도 저잣거리에선 군인을 '군바리'라 하여 양아치 집단인 양 낮잡아 부른다.

선비라는 말을 사전에서 찾아보면 '학식은 있으나 벼슬하지 않은 사람'을 일컫는 우리말이라 한다. 순우리말인지 고려 때 들어온 몽고말인지 그 어원이 분명치는 않지만, 아무튼 한자 '士' '儒' '彦'을 '선비'로 훈독한다.

고대 갑골문에서 '사(士)'는 남성의 생식기를 형상화한 것으로 사내를 지칭하게 되었다. '유(儒)'는 떨어지는 물과 팔을 벌리고 선 사람을 그려 제사를 지내기 전 목욕재계하는 제사장의 모습을 그린 데서 나왔다. 제사장은 그 집단의 지도자로서 경험과 학식을 갖춘 남자여야 했으니, 이후 자연스레 학자나 지식인을 통칭하는 개념으로 쓰이게 되었다. 고대의 제사란 곧 통치 수단이자 예법의 기준이었으니 유학(儒學)이란 예학(禮學), 즉 봉건시대의 매너학이라 할 수 있겠다. '언(彦)'은 아이가 태어났을 때 얼굴에 문신을 새긴 데서 비롯된 글자로 나중에 재덕이 출중한 사내를 가리키는 글자가 되었다.

장군은 선비가 아닌가?

한국에서 이순신이나 강감찬·안중근·윤봉길은 선비라 부르는 경우는 없다. 양반은 문반(文班, 東班, 鶴班)과 무반(武班, 西班, 虎班)을 일컫는 말임에도 불구하고 우리는 선비를 문사(文士)로만 인식하지 무사(武士)로는 선뜻 수긍하질 못한다. 가령 교수나 교사는 당연히 선비라 여기지만, 군인이나 경찰에게는 선비란 말을 붙이지 않는 것이 한 예가 되겠다. 이공계 출신들도 마찬가지다. 그래서인지 어떤 이들은 퇴직을 하면 사군자 그리는 법이나 서예 등을 배워 선비인 척한다.

조선시대 숭유억무(崇儒抑武)의 영향 때문에 선비란 말을 문과가 독점하게 된 것이다. 아무튼 이처럼 문무(文武)를 나누는 한국인의 사유방식과 행동거지, 태도적 가치에 지대한 영향을 끼쳐 왔다. 이 왜곡된 선비의 의미를 바로잡으려면 당장 고등학교에서 문과와 이과의 구분부터 없애야 한다.

33 사군자(四君子)는 문인 정신이 아니다!

흔히들 문인 정신을 선비 정신이라 여겨 선비의 덕목으로 의
리 · 지조 · 청백(清白) · 청렴(清廉) · 청빈(清貧)을 나열하고 있다.
그리고 사군자(四君子)에 빗대어 선비의 덕목을 강조하기도 한다.
그런데 사군자가 의미하는 바를 가만히 뒤집어 보면 이것들은 결
코 학문을 통해 습득할 수 있는 문인(文人)의 정신이 아님을 알 수
있다.

매난국죽(梅蘭菊竹)으로 표현하고자 하는 절제 · 강직 · 솔선
수범 · 희생 · 절개 등은 실은 모두 무덕(武德)에 다름 아니다. 글
읽는 선비, 즉 문인들이 지니지 못했거나 부족해지기 쉬운 실천
철학이다. 하여 평소 곁에 두고 본받기를 바라는 뜻에서 사군자
(四君子)를 선비의 벗이라 하지 않았겠는가?

매화는 검은 철괴(鐵塊)에서 골수를 뽑아내어 가지를 만들어
꽃을 피우고, 장부는 검(劍)으로 겨울 바람을 가르며 엄(嚴)으로
자신을 단련한다.

난(蘭)은 연약하나 그 향을 천리 밖에까지 날려보내니, 사습
(射習)은 모름지기 선비의 지(智)에 비할 만하다 하겠다.

대나무는 꺾어짐을 두려워하지 않고 하늘로 뻗어오르니, 창
을 잡고 맹렬하게 적진으로 돌진하는 병사의 용(勇)이 그러하다.

국화는 찬 서리를 맞으며 꿋꿋하게 제 계절을 지켜내니, 대도(大刀)를 짚고 변방 성곽을 지키는 장수의 신(信)이겠다!

애초에 인간은 비겁한 사람으로 태어나는 것은 아니지만, 규율·도덕·윤리·재난·사건·사고·경쟁 등의 학습과 경험을 통해 차츰 겁쟁이가 되어간다. 매일 아침 신문을 보면서, 매일 저녁 텔레비전을 보면서, 매일 누군가에게 굽신대면서 우리의 영혼이 양심의 가책과 불량한 양심, 그리고 눈치보기와 못난 생각 때문에 괴로움을 당하고 있는 것을 그대로 내버려두면서 말이다. 옛 문인들이 검(劍)을 곁에 두고 사군자를 그려 가며 글공부를 했던 뜻은 고아한 멋스러움의 추구가 아니라 나약함과 비겁함을 경계코자 함이었을 테다.

34 왜곡된 선비의 개념과 이중인격적 민족성

덕(德)은 행(行)이지 말(言)이 아니다.

학문을 한다고 해서 반드시 선비가 되는 것이 아니듯 선비 정신을 지식인(文人)의 정신이라 할 순 없다. 오히려 병가오덕(兵家五德, 智信仁嚴勇)이 무사(武士)의 덕목에 가깝다. 기백(氣魄)이니 사기(士氣)니 하는 말은 곧 무혼(武魂)이다. 유가오덕인 인의예지신(仁義禮智信)은 지닌 척할 수 있는 덕목이지만, 엄(嚴)과 용(勇)은 실천으로밖에 증명할 수 없는 덕목이다. 예로부터 문(文) 속에 무(武)가 있고, 무(武) 속에 문(文)이 있다고 했다. 문사(文事)에 종사하든 무사(武事)에 종사하든 모름지기 선비란 상무숭덕(尚武崇德), 문무겸전(文武兼全)의 온전한 인격체여야 한다는 말일 테다.

게다가 청백, 청렴, 청빈이라니? 도무지 이 시대의 가치관과 맞지 않을뿐더러 수도승이 아닌 다음에야 그걸 입에 담는다는 건 위선에 다름 아니다. 아마도 벼슬 못한 조선 선비를 달래려고, 또 녹봉이 적더라도 탐욕 부리지 말고 자족하며 살라는 뜻으로 가난한 조선 왕조가 내세운 궁여지책이겠다. 예의염치는 별개의 문제이다. 조선 5백 년 동안 지속된 억무숭유(抑武崇儒)로 인한 왜곡된 선비의 개념과 그 정신이 기형적이고 이중인격적인 민족성을 만들어낸 것이리라.

그토록 우리가 자랑해 마지않던 선비의 나라 조선! 그렇지만 힘없는 지식이란 얼마나 무모하고 답답한 것이던가! 기둥과 대들보까지 다 썩은 집이 잔가지 몇 개 받친다고 바로설 리 없다. 마땅히 엎어 버리고 새로 지었어야 했다. 개혁이 아니라 혁명을 하였어야 했다. 하지만 그건 칼 찬 무인의 몫이다. 방 안에 들어앉아 새는 빗물 피해 가며 책 읽던 샌님이 할 일이 아니었다.

문사들은 체질적으로 기존 체제를 유지하려고 한다. 기득권이 유지되는 틀 안에서 개혁하겠다고 고집한다. 목숨 걸고 승부할 배짱이 없기 때문이다. 어느 시대나 그건 무사(武士)의 몫이다. 그렇지만 불행히도 조선의 무(武)는 씨가 말라죽은 지 오래였다. 비록 무인들이 있었지만 모두 기개가 꺾인 지 오래인 거세된 내시 같은 존재에 불과했다. 그저 마네킹처럼 녹슨 창 들고 서서 늙고

병든 왕의 임종을 지키는 늙은 시종에 지나지 않았던 것이다. 새로운 시대를 열어 나갈 영웅은 끝내 나타나지 않았다. 일본이 메이지유신에 성공한 건 사무라이(武士)들이 주도했기 때문이고, 조선이 실패한 건 사대부 샌님(文士)들이 나섰기 때문이다.

동서양을 막론하고 고대에는 문인은 사(事)나 리(吏)이지 사(士)가 될 수 없었다. 당연히 군자도 아니었다. 사군자는 선비가 갖춰야 할 태도적 가치의 표상이다. 거칠게 말해서 오늘날의 문인 정신이란 논문 표절하지 않는 것! 그뿐이다. 아무튼 문인이든 무인이든 선비이고자 하면 모름지기 칼을 벗삼을 일이다.

35 닐 암스트롱과 한국전쟁

1969년 7월 20일, 전 세계인이 미국의 아폴로 11호가 달에 착륙하여 선장 닐 암스트롱(1930~2012)이 인류의 첫 발자국을 찍는 역사적인 장면을 텔레비전으로 지켜보았다. 하지만 전투기 조종사로, 공학도로, 연구자로 조용한 삶을 원했던 그는 달을 다녀온 후 엄청난 대중적인 인기와 관심에 상당한 스트레스를 받았다고 한다. 자신의 사인과 이발한 머리카락이 천문학적인 가격으로 경매에 나온 것에 충격을 받아 그후로는 사인조차 거부했다. 자신의 인격이 물격화되고 상품화되는 것을 차마 견딜 수 없었기 때문이리라. 그리하여 말년엔 오하이오의 작은 농장에서 은둔적인 삶을 살다가 갔다.

한데 그 닐 암스트롱은 한국과의 인연 또한 깊었다. 한국전쟁에 참전해 전투기를 몰고 78차례나 출격했다 한다. 그의 전기《퍼스트맨》에 따르면, 암스트롱의 주요 임무는 정찰기 호위 및 철로·다리 등에 폭탄을 투하하는 일이었다. "어느 날 팬서 전투기를 타고 비행을 하던 암스트롱은 비무장 상태인 북한 군인들이 막사 밖에서 아침 체조를 하는 장면을 목격했다"며 "기관총 사격으로 그들을 죽일 수도 있었으나 방아쇠를 당기지 않았다. 스스로를 보호할 수 없는 이들을 죽일 수는 없었기 때문이었다"고 했다.

20대 초반의 나이에 전쟁에 투입되어 한 명의 적이라도 더 죽여 공을 세우고자 야수와 같이 핏발을 세우고 서로를 죽이고 죽는 상황에서의 그러한 행동은 분명 예사로운 일이 아니다. 평소 인간존엄성에 대한 태도적 가치가 내재적으로 굳게 다져지지 않았더라면 그렇게 행동하지 못했을 것이다.

36 독립투사들의 후손은 왜 가난해야 하는가?

서울 지하철 전동차 안, 한 광고가 눈에 들어온다. '독립유공자 후손 주거 개선 캠페인'이란 글귀 아래 #70798150을 누르면 2,000원이 후원된다고 한다. 허름해 보이는 초로의 유공자 후손의 지친 듯 피곤한 모습을 배경으로 깔았다. 전형적인 동정심 유발 코스프레처럼 보인다.

삼일절이나 광복절이면 매스컴 여기저기에서 빠지지 않고 등

장하는 기사가 독립투사 후손들의 가난한 삶에 대한 이야기다. 이미 수없이 보았던 터라 새삼 관심을 끌 소재도 아니건만 그래도 해마다 빠지지 않고 또 나온다. 그리고 시민들도 '그래 독립운동에 재산 다 바치고 자식들 돌보지 못했으니 가난할 수밖에…'라며 그들의 가난함을 당연시하고 있는 것 같다.

도대체 왜? 언제까지? 독립투사들의 후손은 가난해야 하는가? 그들은 부자로 살면 안 되는가? 부자로 살 순 없는가? 모든

포스터를 이렇게 너절하고 구차스럽게 만들었어야 했을까? 그렇게 상상력이 부족한가?
(서울 지하철 전동차 안 광고판)

아니 대부분의 독립유공자 후손들이 가난한가? 그 가난이 반드시 훌륭한 조상을 둔 때문인가? 독립운동에 재산 다 바친 유공자들의 후손 중엔 잘사는 사람이 없는가? 독립운동에 재산 바치지 않았더라면 그 후손들이 현재 모두 잘살고 있을까? 당시 독립유공자들과 그들 후손들만 가난했던가? 그보다 더 가난한 보통 사람들도 수없이 많지 않았던가? 설마 이 나라의 가난한 이들 모두가 독립투사들의 후손이란 말인가? 독립운동하지 않은 부자들의 후손들은 지금 모두 부자로 잘살고 있는가? 매국노와 친일파 후손들이라고 다 부자로 살던가? 그 후손들만큼 못 배운 사람들 중에서 재벌도 나오지 않았던가?

아무려나 독립운동을 해서 가난하고 박해를 받고 제대로 배우지 못해 남들보다 여러 면에서 불리하고 뒤떨어져 가난의 한 요인이 될 수는 있다. 하지만 언제까지 그래야 한단 말인가? 후손들이 가난하면 할수록 조상의 공적이 더욱 빛난다던가? 그리고 그 가난을 굳이 독립운동을 한 조상 탓으로만 돌린단 말인가? 되레 독립운동했던 조상의 투쟁 정신을 이어받아 악조건을 극복하고 더 굳세게 일해서 조국 번영에 이바지하고 잘살아야 하지 않은가? 그런 게 진정한 독립 정신이 아니겠는가?

독립운동과 그 후손들의 잘살고 못살고를 인과 관계로 묶는 것은 지나친 감이 없지 않다. 물론 그들이 가난하게 사는 건 우리 사회의 부끄러움인 것만은 사실이다. 그렇다고 언제까지 자자손손 지원할 수도 없는 일이 아닌가? 이미 보훈처에서는 독립운동

유공자와 그 후손들에 대한 갖가지 지원을 해오고 있다. 그 제도를 더 강화시키든지, 그도 아니면 청년실업수당 챙겨 줄 생각만 하지 말고 가난한 유공자 후손들에게도 지원하는 것이 어떨지? 정부기관이나 지자체에서 제도적으로 지원할 일이지, 시민을 상대로 모금운동할 일이 아니란 말이다. 최저임금은 아무리 올려도 최저임금일 뿐이듯 어떤 지원이라 하더라도 그것은 최소한일 뿐이다. 나머지는 본인의 노력으로 개선할 수밖에 없다. 그리고 양심에서 우러나 남을 도우더라도 제발 생색내지 말고 구차스럽지 않은 모양새로 그분들의 자존감을 지켜 줬으면 좋겠다.

37 품격 떨어지는 지원 캠페인

옛글에 "부귀한 자를 대할 때 예의를 갖추기는 어렵지 않으나 체면을 유지하기가 어렵고, 빈천한 사람을 대할 때 은혜를 베풀기는 어렵지 않으나 예의를 갖추기는 어렵다"고 하였다.

아무려나 지하철 광고판에 인물 사진을 등장시켜 시민들의 동정심을 유도해 가면서까지 모금을 하여야 했을까? 그런 운동을 꾸미고서 가난한 독립유공자 후손들을 도운 공적만으로도 독립운동을 한 양 뿌듯한가? 더없이 애국적인 일을 해서 스스로 기특한가? 이런 치적 쌓기 캠페인으로 다시 나라가 위기에 처하면 너도 나도 독립투쟁에 나설 것이라 믿는가? 그리고 그들도 다시 자자손손 가난을 물려주는 것을 영광으로 여기리라 생각하는가? 혹여

저런 광고가 독립투사들을 욕보이고, 독립 정신을 훼손하는 행위라고는 한번도 생각해 본 적이 없는가?

이런 얘기만 나오면 항상 내세우는 주장이 있다. 후손들이 가난하게 사는 걸 보고 어느 누가 다시 나라가 위기에 처했을 때 앞장서 투쟁을 하겠는가라는 논리다. 일견 타당한 것처럼 들리지만 실은 차원 낮은 억지다. 그건 독립투사들에 대한 모독이다. 누가 강요해서 독립투쟁했던가? 그따위 시시한 일이 걱정되면 독립투쟁 안하면 그만이다. 아무러나 그분들이 가난을 부끄러워했더라면 독립운동하지 않았을까? 이런 광고가 '독립운동을 하면 후손들이 자자손손 이렇게 가난을 면치 못한다'는 사실 아닌 사실을 선전(경고)해대고 있다고는 생각 못해 봤는가? 왜 독립투쟁과 그 후손들의 가난을 필연으로 묶어 시민들을 겁준단 말인가?

위국헌신군인본분(爲國獻身軍人本分)! 의병 활동이나 독립투쟁하다가 이름조차 남기지 못하고 스러져 간 조상을 둔 후손들도 적지않다. 자신의 할아버지나 아버지가 독립투쟁하다 죽었다는 사실조차 모른 채 살아가는 후손들도 있을 것이다. 한국전쟁에 참전해 스러져 간 수많은 무명용사들! 그들의 가족이나 후손은 대부분 그 사실조차 모른 채 살아가고 있다. 비록 가난해도 그런 동정이나 지원을 받지 않고 조용히 살아가는 유공자 후손들도 적지 않다. 독립투쟁에 대한 태도적 가치와 자선의 태도와 품격을 다시 한 번 되새겨볼 일이다. 역사란 거칠다. 그리고 더없이 비정하다.

낚시를 하다 보면 작은 물고기가 잡히기도 한다. 그럴 때면 대부분이 "에잇, 재수 없어!" 하면서 휙하니 멀리로 내던져 버리거나, 땅바닥에 내팽개쳐 버린다. 제가 기른 물고기도 아닌데, 원시시대처럼 수렵으로 먹고 사는 일도 아닌데, 그저 시간 때우기 취미일 뿐인데도 불구하고 자연(신, 조물주)이 기른 생명을 그렇게 함부로 죽인다.

사람 목숨만큼 다른 모든 생명도 똑같이 소중하다. 코끼리든 물고기든 벌레든 한 생명은 한 우주와 똑같은 존재다. 목장에서 기른 짐승을 도축하거나, 로빈슨 크루소처럼 외딴 섬이나 깊은 산골짜기에 조난당해 굶어죽을 지경이 되거나, 갑작스레 사나운 짐승과 맞닥뜨려 생명의 위협을 받게 되면 어쩔 수 없이 살생을 해야겠지만, 그건 자연의 섭리를 따르는 것이니 죄의식을 가질 필요가 없겠다.

분명 그 작은 물고기는 낚싯바늘에 주둥이가 걸려 요동치는 바람에 심하게 다치거나 정신을 거의 잃었을 거다. 그렇다면 미안한 마음을 가지고 물에 놓아 주어야 할 것이다. 먼저 조심스럽게 바늘을 뺀 다음 고기를 손 안에 뉘어 가만히 물에 담그고 잠시 기다린다. 그리고 살랑살랑 흔들어서 물고기가 제정신을 차려 스스로 아가미로 호흡을 시작한 다음 헤엄쳐 나가도록 도와줘야 한다. 그냥 내던지면 기절해 떠내려가다가 어처구니없게 익사해 버리거나 다른 큰 물고기에게 금방 잡아먹히고 말 것이다.

매너는 배려다. 그 배려는 생명에 대한 존중심에서 시작한다. 코끼리는 가는 길 앞 한참 밑 땅바닥의 새앙쥐도 알아차려 자기가 먼저 피해 간다고 한다. 생명을 귀하게 여기는 사람은 자기보다 어리고, 작고, 못나고, 가난하다고, 장애를 지녔다고 해서 무시하거나 함부로 대하지 않는다. 그런 사람이라면 당연히 애완동물은 물론 어린 자식을 함부로 학대하거나 버리는 일도 없겠다. 이 우주에 함부로 대해도 되는 생명이란 없다. 하찮은 생명은 없다. 풀 한 포기든 개미 한 마리든 생명이란 모두가 귀한 존재다.

39 인간에게 가장 중요한 것

안데르센의 단편동화 가운데 〈두 처녀〉라는 작품이 있다.

자갈돌로 길을 포장할 때 사용하는 '달구'라는 도구가 있었다. 단단한 나무로 아래쪽은 넓고 철끈으로 단단하게 둘러져 있으며, 가늘고 긴 꼭대기에는 두 개의 팔이 튀어나와 있다. 포장공들이 이 두 팔을 잡고 들었다 놓았다를 하며 자갈을 다진단다. 옛부터 무슨 까닭인지 덴마크 사람들은 이 달구를 '처녀'라고 불렀다.

한데 어느 날 도로국에서 이 '처녀' 대신 '달구'라는 정식 명칭으로 부르기로 하였다. 그러자 연장 창고에 있던 두 처녀는 이 새 이름이 마음에 들지 않는다며 불만을 터뜨렸다. "처녀는 사람한테 붙이는 이름이고, 달구는 물건에 붙이는 이름이지. 우린 물건 취급을 받을 수 없어. 이건 모욕이야! 그럴 바에는 차라리 쪼개져서 땔감이 되는 게 나아!"

　같은 창고에 있던 수레며 측량기 등이 새 이름을 받아들이는 것이 순리라고 설득했지만, 두 처녀는 자기들끼리 부를 때에는 항상 "처녀!"라는 이름으로 불렀다. 그 중 나이 어린 처녀는 '달구'라는 이름으로 바뀌는 바람에 항타기(杭打機: 말뚝 박는 데 쓰는 커다란 망치)와의 약혼까지 깨어져 계속 처녀로 남았다고 한다.

　40 인격 존중과 인간존엄성 확보

2007년 버지니아공대 총기 난사 사건의 당사자인 조승희 학생의 영혼을 위로하기 위해 교정에 만들어 놓은 꽃무덤. (인터넷 캡처)

2007년, 미국 버지니아공대에서 한인 학생 조승희의 총기 난사로 32명이 숨지는 끔찍한 사건이 있었다. 한데 사건 후 교정 한 켠에 희생자의 영혼을 위로하는 꽃을 놓는 자리가 마련되었는데, 조금 떨어진 곁에 가해자인 조승희 씨의 자리도 함께 만들어져 꽃이 놓여 있었다. 한국인들에겐 너무도 생소한 광경이었지만, 같은 학교 학생으로서 그 역시 희생자라는 것이다. 우리가 그에게 조금만 관심을 보였더라면 그 같은 극단적인 선택을 하지 않았을 터라는 거다. 해서 그의 영혼도 함께 위로하는 것이 인간으로서의 당연한 도리란다. 그걸 미국인들의 용서나 관용으로만 볼 것인가? 그와 같은 죽음에 대한, 사자에 대한 생자의 편견 없는 매너는 어디서 나오는 것일까? 이 인간존엄에 대한 태도적 가치를 이해하지 못하면, 우리는 결코 선진시민 대열에 합류할 수 없을 것이다.

미국은 한국전쟁 때 전사한 군인들의 유해를 60년이 지난 지금도 찾고 있다. 심지어 엄청난 비용을 지불하고서 북한에 들어가 발굴해 찾아가기도 한다. 이런 미국의 집착을 두고 대부분의 사람들은 미국이 애국심을 고취시키기 위해 그러는 것이라고 간단히 치부하고 만다. 과연 애국심만으로 그럴 수 있을까? 인간존엄성에 대한 확고한 인식이 없는 민주주의, 평화주의, 인권주의가 어떤 것인지는 온몸으로 겪어 온 이 시대의 한국인들이 다른 누구보다도 더 잘 알고 있다 하겠다. 고도경제성장, 민주화, 그리고 지금은 인권을 화두로 물고 늘어지는 한국인들이지만 인간존

2015년, 미국 찰스턴의 흑인교회 총격 사건 희생자들을 추도하기 위해 주민들이 꽃을 가져다 놓은 곳에 행색이 남루한 어린아이가 뭔가를 놓고 있다. ⓒ연합뉴스

위의 어린이가 희생자들을 위로하기 위해 꽃 대신 바친 골판지. 비록 가난하여 돈이 없어도 인간으로서 마땅히 해야 할 태도적 가치를 실행하고 있다. ⓒ연합뉴스

외국인 여성의 태도적 가치 실천 사례. 2016년, 서울 강남역에서 일어난 묻지마 살인사건 현장에서 자동 모드로 맨땅에 그대로 무릎 꿇고 추도의 기도를 하고 있다. ⓒ연합뉴스

엄성에 대한 성찰의 기회를 가져 보질 못했다. 그러다 보니 남부러운 경제성장도 왠지 불안하기 짝이 없고, 민주니 인권이니 하는 구호에도 그다지 진정성이 있어 보이지 않는다.

뿌리 깊지 않은 나무처럼 한국인들은 바람에 쉬이 넘어진다. 돈이 없다고 쉬이 나쁜 짓을 하거나 처지를 비관해 자살해 버리는가 하면, 어떤 이는 너무 많이 가진 것 때문에 망가지기도 한다. 또 문인·연극인·판검사·의원·교수·의사·연예인·군인 등 부러울 것 없는 명예와 지위에도 불구하고 부정과 쉬이 타협하고 돈 앞에, 심지어 성(性)놀음에 무릎을 꿇는 일이 다반사이다. 인간 존엄성에 대한 확신을 가졌더라면 있을 수 없는 일들이다. 《소학

《小學》)에서도 "천지지간 만물지중 유인최귀(天地之間 萬物之衆 唯
人最貴)"라 하여 이 세상에서 인간만이 가장 귀한 존재라고 하였
다. 인격 존중과 인간존엄성 확보야말로 매너가 추구하는 궁극적
가치라 하겠다.

41 성숙한 인격체로서의 자기 완성

2013년 6월 7일, 미국의 유명 음식 칼럼니스트 필리스 리치
먼(74세) 여사는 1961년 자신이 하버드 디자인대학원 도시계획학
과에 입학 거부당한 것에 대한 답변을 《워싱턴포스트》지에 칼럼
을 통해 발표했다. 당시 입학 심사를 맡았던 윌리엄 도벨레 교수
는 그녀에게 보낸 편지에서 "똑똑한 학생조차 결혼하면 학과 공
부를 지속하는 데 어려움을 느끼고, 공부에 들어가는 시간과 노
력을 낭비라고 생각한다. 당신은 어떻게 공부와 남편, 그리고 가
정에 대한 책임을 양립시킬 수 있을지 구체적인 계획을 제출하시
오"라고 했다. 이에 그녀는 입학을 포기하고 말았다.

그후 아이 셋을 낳고 글쓰는 일에 성공한 그녀는 칼럼을 통
해 "당시 너무 겁을 먹어 교수의 말에 반박할 수 없었다. 결혼이
하버드 입학이나 경력에 방해가 될 줄 몰랐기 때문에 굉장히 낙
담했었다. 나와 동시대를 살았던 많은 여성들은 여러 장벽에 맞
서야 했다. 그럼에도 가정과 학업의 균형을 어떻게 맞출 수 있을
지 결정하는 것은 나의 몫이어야 했다. 이제는 당신도 열린 마음

이 되었을 것이라 생각한다. 문제는 당신이 아닌 시대의 편협했던 틀이었다"고 지적했다.

그렇게 해서 52년 전의 미흡했던 인생의 한 부분을 메운 것이다. 선진문명권의 성숙한 사람들은 이처럼 자기 완성을 위한 내면적 잠재적 욕구를 가지고 있어 끊임없이 자기를 성찰하고 노력한다.

안락한 노후가 자기 완성 아니다. 미국 시민들 중 평소 재소자나 사회적 소외자의 인간존엄성을 미처 인식하지 못했음에 대해 반성하는 사람들이 상당히 많다. 그리하여 자신의 공동체 의식 부족에 대해 참회하고 자원봉사나 도네이션에 적극 동참한다. 한국전쟁 때 수많은 서민들이 갹출해서 지원하고, 전쟁고아들을 돌보며, 청년들에게는 스칼라십으로 유학시켜 주는 것에 적극 나선 것도 이 때문이다. 그렇게 자기 완성을 향해 삶을 아름답게 가꾸는 것이다. 그래야 나중에 하나님 앞에서 당당하게 바로설 수 있기 때문이다. 글로벌 매너에는 자기 완성적 삶을 추구하는 서구인들의 태도적 가치가 녹아들어 있다.

42 부끄러움을 정리하는 용기

44년 전 역무원 몰래 550원짜리 기차표를 훔친 한 여성이 1천 배로 갚은 사실이 알려져 화제가 된 적이 있다. 2017년 5월 15일, 구미역에 "오랫동안 양심에서 지워지지 않았는데 갚게 되

용기 있는 편지. (코레일 대구본부 제공―연합뉴스)

어 다행"이라는 편지와 현금 55만 원이 든 봉투가 배달되었다. 편지에는 "44년 전 여고생 시절 (경북 김천) 대신역에서 김천역까지 통학하던 중, 역무원 몰래 550원짜리 정기권 1장을 더 가져갔다"는 사연이 적혔다.

　군이 미담이라고까지 할 건 아니지만 해외에서도 종종 있는 일이다. 학창 시절 빌려 가서 돌려주지 않았던 도서관 책을 수십 년이 지나 되돌려 주거나 변상하는가 하면, 심지어 아버지나 할아버지가 빌려 와 남긴 책을 반납하는 일도 있었다.

　어린 시절이나 어려운 환경에서 저질렀던 사소하거나 고의적인 실수로 상대방의 마음을 아프게 한 적은 없는가? 무임승차를 하거나 공공기물을 훼손한 적은 없는가? 그런가 하면 장학금 받아 공부했거나 어려울 때 누군가의 신세를 지고도 아직까지 보답하지 못한 일, 자신이나 주변에서 행해졌던 불합리나 모순에 대해 모른 척 외면했던 일, 마땅히 도와주었어야 함에도 그러지 못해 못내 미안했던 기억 등등 평생토록 마음에 걸리는 일 몇 개쯤 가지지 않은 사람이 있을까?

우리 주변에도 퇴직 후 안락한 연금 생활 대신 동남아나 아프리카에 가서 자신의 재주로 봉사하는가 하면, 지난날 베트남 전쟁 중에 한국군이 어쩔 수 없이 고통을 준 베트남을 찾아가 봉사의 노년을 보내는 이들도 있다. 단순히 교회나 사찰을 찾아 헌금 바치고 참회하는 것만으로는 자기 완성적 삶을 가꾼다고 할 순 없다. 삶은 누가 대신 살아 줄 수 있는 것이 아니다. 그러니 자기의 삶은 자기가 완성해야 한다. 그 어떤 처지든 삶은 고귀한 것이므로. 크리스천에게 자기 완성은 하나님과의 약속이다.

43 부자가 죽은 친구를 기리는 법

지금은 중국의 최고부자 가운데 한 사람이지만, 어렸을 적 마윈(馬雲)은 그저 가난한 학생 가운데 한 명이었다. 당시 중국은 개발도상국에도 들지 못하는 후진국이었다. 항저우에 살던 그는 영어를 배우고 싶었다. 해서 틈만 나면 서호로 나가 외국인 관광객

1980년 항저우 서호(西湖)에서 마윈과 켄 몰리. (인터넷 캡처)

에게 말을 걸어 영어를 독학했다. 그러다가 1980년 마윈이 16세 때 호주에서 여행을 온 켄 몰리라는 학생을 만나 그가 항주에 있는 동안 가이드를 자청하여 며칠을 같이 보내며 친구가 되었다.

그후로도 호주의 친구와 편지 왕래를 통해 연락을 주고받았는데, 그때마다 그 호주 친구의 아버지가 마윈의 편지를 읽고 교감을 해주면서 영어 편지 쓰는 법을 가르쳐 주었다. 그러다가 친구의 부친이 마윈을 호주로 초청하기로 하였다. 하지만 당시 후진국 공산정권인 중국에서 별볼일 없는 학생이 해외 여행을 간다는 건 꿈도 꾸지 못할 일이었다. 그러나 그 친구의 아버지는 포기하지 않았다. 7차례나 대사관에 편지를 보내는 등 끈질긴 노력 끝에 기어이 마윈을 호주로 초청하였다.

친구가 사는 곳은 시드니 바로 위 뉴캐슬이라는 조용하고 작은 도시였다. 그곳에서 한 달 가까이 머물며 호주 곳곳을 구경하였다. 그 여행을 계기로 중국의 한 청년이 세계를 향한 눈을 뜨게 되었다. 그리고 나중에 영어 학원을 차려 강사 생활을 하다가 우연한 기회에 미국으로 출장 가 인터넷이라는 단어를 주워듣고 와서 곧바로 회사를 차린다. 그게 바로 알리바바다.

그렇게 해서 세계적인 부자가 된 마윈이 친구이자 제 인생의 은인인 호주 친구를 잊을 리가 없겠다. 하지만 안타깝게도 그 친구는 2004년에 죽고 말았다. 이에 마윈은 2017년 그 친구의 고향에 있는 뉴캐슬대학에 친구의 이름으로 2천만 달러(230억 원)의 장학금을 기부하였다.

44 리더가 갖춰야 할 태도적 가치

흔히들 하기 쉬운 말로 반상(班常)의 구별이 없어졌다고는 하지만, 기실 문명 사회에서 사람과 사람 사이에 구별이나 차별이 없을 수가 없다. 그런 것 없이는 발전이니 진보니 하는 말이 성립되지 않기 때문이다.

세상에는 돈이 있는 사람들이 있고, 돈 자체인 사람들이 있으며, 명문 혈통의 후예들이 있는가 하면 교육과 교양, 세월의 기품, 매너와 세련미가 언제나 결핍된 옹색한 자들이 있게 마련이다. 신흥부자가 꽤 큰 희생을 치르고 배우는 것은, 부자라고 해서 기품이 있는 것은 아니라는 점과 돈이 많다고 해서 반드시 상류에 속하는 것이 아니라는 사실이다. 그저 성공한 개인일 뿐이고, 그것이 전부인데도 불구하고 상류층 사람들로부터 인정을 받고자 안달복달한다. 양반이 되고 싶은 거다. 그러기 전에 먼저 서구 주류 사회의 리더들이 추구하고 있는 태도적 가치를 살펴보자.

19명의 총리를 배출한 영국의 명문학교 이튼 칼리지의 교훈은 1)남의 약점을 이용하지 말 것, 2)비굴하지 않은 사람이 될 것, 3)약자를 깔보지 말 것, 4)항상 상대방을 배려할 것, 5)잘난 체하지 말 것, 6)다만 공적인 일에는 용기 있게 나설 것이다.

또한 오늘날 스포츠를 통해 구현하고자 하는 이상적인 인간 정신인 스포츠맨십 역시 기사도에 다름 아니다. 1)규칙을 지킬 것, 2)친구와의 약속을 지킬 것, 3)화를 내지 말 것, 4)건강을 지킬 것, 5)패했다고 낙심하지 말 것, 6)승리에 도취하지 말 것, 7) 건강한 정신, 냉정한 마음가짐을 지닐 것, 8)경기를 즐길 것으로 요약된다. 공정하게 경기에 임하고, 비정상적인 이득을 얻기 위해 불의한 일을 행하지 않으며, 항상 상대편을 향해 예의를 지키는 것은 물론 결과에 승복하라는 말이다. 스포츠를 통해 신사의 자질을 닦아 나가는 것이다. 따라서 스포츠맨이라면 메달로 존중받기 전에 신사임이 증명되어야 한다. 해서 스포츠의 모든 규칙은 매너에서 시작한다.

영국의 옥스퍼드대학에서 중산층을 판단하는 기준으로 1)페어플레이를 하는가, 2)자신의 주장과 신념을 가지고 있는가, 3)독선적으로 행동하지 않는가, 4)약자를 두둔하고 강자에 대응하는가, 5)불의 · 불평 · 불법에 의연히 대처하는가를 제시한 바 있다.

또 미국 공립학교에서 가르치는 중산층의 기준은 1)자신의 주장에 떳떳하고, 2)사회적인 약자를 도와야 하며, 3)부정과 불법에 저항하는 것, 4)그리고 테이블 위에 정기적으로 받아 보는 비평지가 놓여 있을 것이라고 한다.

프랑스 퐁피두 대통령은 중산층의 기준으로 1)외국어를 하나 정도 구사하여 폭넓은 세계 경험을 갖출 것, 2)한 가지 이상의 스포츠나 악기를 다룰 것, 3)자기만의 요리 하나 정도는 만들어 손님 접대할 줄 알 것, 4)일주일에 한 번은 가족과 외식을 할 것, 5)주급을 절약해 매주 이틀간 검소하게 즐길 것, 6)남의 아이를 내 아이처럼 꾸짖을 수 있을 것, 7)봉사 활동에 참여할 것, 8)공공의 분노에 의연히 참여할 것을 제시한 적이 있다.

중산층을 단순히 경제적 잣대로 규정해 온 한국인들에겐 매우 엉뚱해 보이지만, 신사의 기준이 곧 중산층의 기준인 거다. 이중 일주일에 한 번 외식을 한다는 건 그냥 밥을 사먹는 게 아니라 함께 연극이나 오페라 등을 보고 나서 식사하며 대화를 즐기는 것을 말한다. 이처럼 유럽 중세의 기사도(騎士道)는 젠틀맨십, 스포츠맨십, 시민 정신으로 지금까지 이어져 내려오고 있다.

2016년 10월에는 월드 디즈니가 현대에 걸맞은 새로운 '공주상 10대 원칙'을 제시했다. 1) 다른 사람을 보살피고, 2) 건강한 삶을 영위하며, 3) 외모로 판단해선 안 되며, 4) 자신을 믿을 것, 5) 신뢰할 수 있는 친구가 될 것, 6) 정직할 것, 7) 옳지 못한 것을 바로세울 것, 8) 최선을 다할 것, 9) 충직하면서 헌신적일 것, 10) 절대 포기하지 말 것을 이 시대 공주가 지녀야 할 덕목으로 꼽았다. 공주가 되는 것은 직함이나 왕관, 왕자와의 결혼이 아닌 신데렐라의 용기, 메리다 공주의 영웅심, 백설공주의 관용을 본받는 것이라는 바이다. 그러니까 외모나 특권보다 인격적 소양을 더 중요하게 여겨야 한다는 것으로, 이제는 여성도 기사도에 준하는 젠틀맨십을 가질 것을 강조하고 있다.

태도적 가치는 실천철학이다. 자세를 바꾸면 생각도 바뀐다. 그 어떤 거창하고 심오한 철학이나 사상도 태도적 가치에 기반하지 않으면 덕(德)이 되질 못한다. 우리가 혹여 '가치에 대한 확신'이 아닌 호불호에 따른 개인적인 고집과 편견을 신념이라 여겨 붙들고 살지는 않았는지 이쯤에서 자신의 삶의 태도를 한번 되돌아보아야 할 때이다. 자신의 분수에 맞는, 남을 대하는, 세상을 바라보는 '가치 있는 태도'에 대해 좀 더 고민해야겠다.

제2부

===

익숙함의 유혹, 익숙함의 함정

한국의 신의 직장에 속한 어느 기관의 중견간부들을 대상으로 한 해외 미니 MBA과정 연수에서 있었던 얘기다. 원래는 선진국 초등학교에서 가르치는 초보적인 학습법이다.

강사가 수강생들에게 문제를 낸다. 생수, 손거울, 양산, 비상식량! 사막에서 조난을 당하였을 때 생존에 가장 중요한 물건이 어느것인지 하나만 고르라고 한다면? 수강생들은 각자가 하나씩 택일한다. 그런 다음 강사는 다시 똑같은 문제를 낸다. 대신 이번에는 옆의 동료들과 함께 충분히 상의해서 택일하라고 주문한다. 연수생들이 저들끼리 몇 마디 얘기를 나누다가 각자가 그 중 하나를 고른다. 마지막으로 강사가 역시나 같은 문제를 놓고 이번에는 시간을 아주 충분히 주고 외부의 아는 사람들에게 전화해서 상의해 본 다음 그 반응들을 심사숙고해 택일하라고 한다. (학교에서는 집에 돌아가서 가족들과 상의한 다음 택일해 오라고 숙제로 내준다.)

짐작했겠지만 정답을 묻는 문제가 아니다. 문제풀이 과정에서 남의 의견에 얼마나 귀를 기울이고 자신의 생각을 수정할 수 있느냐에 관한 것이다. 개중에는 세 번 모두 한 가지만 고수한 사람도 있을 테고, 또 동료나 연수장 밖 주변인들의 의견에 따라 바꾼 사람도 있을 것이다. 2,3차 때 자신의 처음 생각을 꺾었다면 그 사람은 문제의 의도에 부합했다고 할 수 있다. 이 중에서 세번 다 같은 물건을 고집하는 사람이 문제다. 병아리며 오리 등속의 짐승들은 세상에 나와 처음 마주친 상대가 곧 자기 어미인 줄 안다. 남의 의견을 수용하지 않고 자기가 옳다고 생각하는 고집과 편협성이 의심되는 사람이겠다.

유럽 초등학교 교육 방식의 한 예에 불과하지만 한국인은 이런 기초적인 훈련을 받은 적이 없다. 오히려 매난국죽(梅蘭菊竹)이 어쩌고 하면서 지조·정절·기개가 마치 고상한 선비 정신인 양 가르치는 바람에 똥고집만 길러 왔다. 정몽주의 "이 몸이 죽고 죽어 일백 번 고쳐 죽어…!"를 먼저 외우고 나면 앞서와 같은 교육이 거의 불가능해진다. 한국인이 열린 사고, 나아가 합리적인 사고를 지니기 힘든 이유다. 현실은 왜 교과서와 다른지, 그리고 삶에 정답이 없음을 이해하지 못한다. 하여 평생 우물 안 세계관에서 벗어나지 못한다. 그런 걸 속된 말로 '꼴통'이라 한다.

한국인들은 그런 고집을 가진 지도자를 카리스마 있고, 소신 있는 훌륭한 지도자로 여긴다. 그렇지만 원칙이나 소신은 자칫 고집으로 굳기 쉽고, 신뢰 또한 인정(人情)이나 연정(緣情)으로 변질되기 쉽다. 비단 대통령뿐 아니라 한국인들 대부분이 정(情)적인 신뢰를 신용인 줄로 착각하고 산다. 매사를 정(감정)으로 판단하는 습관 때문일 테다. 글로벌 비즈니스 세계에서 신뢰란 곧 신용이다. 인간적인 신뢰가 아닌 상업적으로 철저히 검증된 신뢰를 말한다. 그리고 그게 매너로 표현되어야 소통이 가능해지고, 상대방도 즉각 수용이 가능한 솔루션 창출이 실현되는 것이다.

공적(公的)이란, 자기 생각을 버리거나 견해를 바꿀 줄 아는 것을 말한다.

끝까지 자기 주장만을 고집하는 것은 공(公)이 아니다. 전체의 이익을 위해 다수의 견해를 수용할 줄 아는 것을 공(公)이라 한다. 한국의 지도자들은 공적(公的)인 것과 사적(私的)인 것을 구분하지 못하는 경우가 많다. 공(公)이란 자기 이상을 실현하는 것이 아니다. 국가의 이상, 국민의 이상을 추구하는 것을 말한다.

45 관행·관례라는 된장독 근성과 민중주의

예전에 서울시향이 내부 갈등을 빚었을 때, 언론에서는 정명훈 예술감독이 출장 때 퍼스트클래스석을 타고 다녔다며 꼬집었다. 무슨 일이 불거지면 꼭 그런 걸 찾아내 서민들의 심사를 긁어 여론재판시키는 게 한국 언론의 구질한 습관이다. 그럼 한국을 대표하는 세계적인 지휘자가 이코노미석에 앉아 다니면 그 꼴이 뭐가 되겠는가? 아직도 한국은 후진국인가? 그런 게 자랑인가? 만약 한국 대통령이 전용기 없애고 국적기 이코노미석 타고 다니면 성군났다고 할 판이다. 정명훈 정도 되는 글로벌 신사라면 공적인 출장이든 사적인 여행이든 이코노미석이나 비즈니스석에 타는 게 한국을 욕먹이는 일이고 눈총받을 일이다. 신사 대접 제대로 못할 거면 애초에 모시지를 말았어야 했다.

작년엔 어느 탐사취재 전문언론이 유니세프 한국위원회의 내부 비리를 고발한다며 서대원 사무총장의 전횡(?)을 수차례 톱기사로 올렸었다. 내용인즉슨 해고한 직원 한 명이 시시콜콜 고자질한 모양새다. 인사권을 행사한 것이 무슨 전횡인가? 해고할 만하니까 해고한 것이겠지. 역시나 모금으로 운영되는 단체의 사무총장이 출장 때 비즈니스석을 이용한 것을 파렴치한 행위로 몰아붙였다. 전 세계 유니세프 친선대사나 사무총장들은 신사 중의 신사들이다. 세계적인 부자나 그 나라 최상위층들을 상대로 우아하게 돈을 뜯어내야 하는 직분이다. 당연히 그들과 같이 놀아 줘야 한다. 그런 사람이 이코노미석을 타고 다닌다? 모금은 고사하고 자존심 상해서라도 못해먹겠다. 비즈니스석이 아니라 퍼스트클래스석이 정격이다. 그래야 큰돈 뜯어내는 품격경영을 할 수 있다. 길거리에서 냄비 걸어 놓고 모금하는 것이 아니다. 만년 사무직원이나 홍위병 기자가 그런 세계를 알 리가 없겠다. 아무려나 한국인으론 드물게 보는 그 국제 신사는 미련 없이 그만두었다.

엊그제 또 예의 그 신문에선 카이스트 병역특례자들의 가짜 출근, 대리 출근을 다루면서 병역특례자들에 대한 관리의 난맥상을 고발하는 쾌거(?)를 올렸다. 그러자 일부 시민들이 분개하고, 담당 관청에선 철저한 관리를 약속하며 부산을 떨었다. 그들 특례자는 박사과정중인 전문 연구요원들이라고 한다. 관공서 방위병도 아니고, 공장에서 일하는 것도 아닌데 출석부 체크? 전자발찌 채우는 게 가장 확실한 방법이 되겠다. 이제 연구도 주 52시간을 지켜야 할 판이다. 며칠 밤 새워 연구하다가 병역특례 박탈당하는 일도 곧 생기겠다. 학 다리가 길다 하면 잘라 주는 나라다. 어디

다리뿐이겠는가? 부리든 날개든 꼬리든 길다 하면 그 즉시 자르고 보는 나라가 대한민국이다. 결국 남은 긴 목까지 자를 것이다.

46 신사에겐 지옥인 나라, 대한민국

한민족을 순수 백의민족이라고는 하지만 실은 상당히 폭력적인 민족 같다. 해방 후 자유당 정권 시절엔 건달주먹들이 마치 애국투사인 양 행세한 적이 있었고, 동네마다 양아치들이 있어 선량한 서민들을 뜯어먹고 살았다. 경제성장과 더불어 그런 주먹들도 조직적으로 활동을 했는데, 이른바 조폭이다. 그리고 병영 폭력, 학교 폭력, 연예계·체육계 등에서도 알게 모르게 폭력이 자행되어 왔다. 요즘은 조폭이 시들해지고, 새로운 폭력 조직이 무소불위의 힘을 발휘하고 있는데 바로 노조의 노폭이다. 그러니까 허가받은 조폭! 감히 대통령도 어쩌지 못하니 기업이나 시민들이야 입도 벙긋 못한다. 다행히 폭력에 익숙한 민족인지라 잘도 참고 지낸다.

몇 년 전, 어느 주요 일간지 칼럼니스트는 조선시대 어떤 인물을 폄훼(?)하는 글을 발표했다가, 그 후손 문중으로부터 명예훼손으로 고소당해 극심한 스트레스를 받은 나머지 이후 제대로 활동을 못하고 있다. 그런가 하면 사극드라마에서 실존 인물을 사실(?)과 달리 부정적으로 그렸다며 그 문중으로부터 고소·항의당하는 일이 비일비재하다. 같은 성씨라고 해서 다 저들만의 조상인가? 후손이면 그런 천부의 권한이 부여되는가? 한국에서만 있는 별난 현상이지만, 더 황당한 건 그런 걸 법에서도 받아 준다는 사실이다. 사자명예훼손죄! 그러니 그 시절 그 양반네한테 모함을 당했거나 노비로 착취당했던 조상을 둔 후손들은 문중에다 손해배상 청구라도 해야 하려나?

심심찮게 일어나는 일이지만 유력인사 자식들의 망나니짓 때문에 그 부모가 나서서 눈물까지 보이고 백배 사죄하는 광경이 한국에선 낯선 일이 아니다. 당연히 그래야 하는 일로 여겨지고 있다. 누구 한 사람이라도 그럴 때 "부끄럽지만 자식은 자식이고, 부모는 부모다. 미성년자도 아니니 부모가 간섭할 수도 없다. 법을 어겼으면 그에 합당한 처벌을 받게 되겠지!" 하고 냉정하게 선을 긋는 사람이 없다. 게다가 한때 부모의 빚 때문에 곤욕을 치르는 연예인들이 잇달아 '빚투' 붐을 일으키기도 했다. 제 자식이라고 제 마음대로 죽이는 부모, 제 부모라고 제 마음대로 때려죽이는 자식도 그래서 나오는가 보다. 이런 걸 연좌제라고 해야 하나, 달리 뭐라고 해야 하나?

청문회 도입 초기엔 국무총리 지명자도 위장 전입, 다운계약서, 논문 표절 중 하나만 걸려도 낙마했었다. 그러던 것이 슬슬 풀어지기 시작하더니 이제는 헌법재판관·대법관조차도 그딴 건 전혀 문제가 되지 않을 만큼 친숙해졌다. 국회에서는 이제 청문회를 해봤자 아무 소용이 없다. 국회 포토라인! 그저 망신주기 통과 의례일 뿐이다. 그렇다면 국회는 위장 전입, 다운계약서, 논문 표절한 사람은 공직에 임명될 수 없다는 법을 만들든지, 아니면 그런 것들이 죄가 된다는 법조항을 없애서 양심적이고 힘없는 사람들만 불이익을 당하는 일이 없도록 해야 할 것이다. 그전에 국회의원들부터 해마다 전수조사해서 민폐 끼치는 일이 없도록 해야겠다.

2018년 연말, 청와대 홍보수석 시절 '세월호 보도 개입'을 했다 해서 이정현 의원에게 1심 유죄가 선고됐다. 정치적 재판 성격이 강해서인지 뒤집어 보면 좀 어이가 없다. 그 혼돈의 와중에 충분히 항의도 하고 의견도 제시할 수 있는 일이고, 또 KBS 보도국장은 스스로 판단해서 들어 주지 않았으면 그만인 일이다. 더구나 개인사도 아닌 나랏일에 관한 것이었다. 그 일이 아니어도 언론이나 방송사에 대한 항의·협박·회유·청탁은 일상사다. 그랬다 해서 어떤 물리적인 압력을 가해 그 국장에게 불이익을 준 것도 아니다. 한데 정권이 바뀌자 적폐청산에 일조하겠다는 듯 방송 편성의 자유·독립에 간섭했다며 고발을 했다. 격한 말투에서 위협을 느꼈다고도 했다. 신참기자도 아니고 보도국장쯤 되는 사람이? 하긴 성추행도 당사자가 성적 수치심을 느꼈다고 하면 성립된다고 하니! 그 정도도 못하게 하면 정치를 어떻게 하나? 미국 트럼프 대통령도 한국에서라면 종신형을 피할 수 없을 테다. 동물원에서 태어난 짐승은 울타리 안이라야 자유롭다. 그렇지만 법이 있어 자유가 생긴 것이 아니다. 언론의 자유든 방송의 자유든 법으로 보호받는 것이 아니라 풍찬노숙하며 스스로 쟁취하는 것이다. 때로는 목숨까지 내놓고! 그런 게 진짜 자유다!

2019년 봄에 국민은행이 1일 파업을 했었다. 그러자 일부 언론에선 여론이라며 "평균 연봉이 9천만 원이 넘는 은행원들이 배부른 파업을? 최저임금에도 일자리를 못 구해서 난리인데!"라는 기사들을 올렸다. 현대자동차 등 대기업에서 파업을 할 때면 항상 빠지지 않는 상투적인 기사다. 아무려나 그걸 누가 모르랴만 상당수 시민들은 그런 상식 아닌 관행 기사에 선동되어 분개를 한다. 연봉을 많이 받는 직장인은 파업할 이유도 권리도 없나? 그럴 거면 아예 최저임금제처럼 일정 연봉 이상은 파업을 못하게 법으로 정하면 되겠다. 예전엔 '정도언론'이란 말을 자주 사용했는데, 요즘은 언론인들도 이 말을 별로 안 좋아하는 것 같다. 중심이 확고해야 균형잡기도 쉽다!

뜸할 때면 심심풀이 땅콩처럼 나오는 것이 교수들의 논문 표절이다. 연간 몇 편씩 강제된 숙제이다 보니 표절 않고는 다 채우기 쉽지 않다. 2019년에 재수 없이(?) 걸린 서울대 모교수는 그동안 인기 있는 저서도 많이 내고 방송이나 언론에도 나가 인문학 확산에 큰 역할을 했다고 한다. 일을 많이 했으니 흠도 많을 것은 당연지사! 그래서인지 매도 심하게 맞는 것 같다. 누군가가 그 교수의 표절에 대해 분개하기에 한마디 거들어 주었다. "아무렴 잘못했지! 하지만 그나마 열심히 한 사람이잖어? 다른 교수들은 그럼 뭘했지? 조용히 공부만 했나? 세계적인 논문이라도 발표했나? 표절을 못해서 쓰나마나한 논문으로 겨우겨우 연명만 했나? 그동안 뭐하다가 왜 이제야 문제가 터졌지?" 이참에 해방 후 나온

논문 전수조사를 하는 것이 어떨까? 금융감독원처럼 논문감독원을 만들든지? 논감원표절심사통과논문! 그럴듯하지 않은가?

관공서·은행·병원 등 민원 창구에서 늘상 듣는 소리가 있다. "왜 안 되죠? 전에는 그냥 해줬는데…!" "다른 데서는 해줬는데, 여기서는 왜 안해 줘요?" 교통순경에게 걸리면 "앞차가 가길래 나도 갔다. 왜 나만 잡느냐?"라고 항의하면 그냥 보내 주기도 한다. 도심이나 시골 사유지를 무단으로 사용하다가 제지를 당하면 "이전부터 계속 다녔는데, 이제 와서 왜 못 다니게 하느냐?"고 생떼 아닌 생떼를 쓴다. 물론 하나같이 자기 편하자고 할 때만 내미는 궁색한 논리다. 관행대로라면 수긍할 수밖에 없는 게 하인이다. 이전과 똑같이, 남들과 똑같이 대해 주면 불만이 없다. 전 국민에게 최저임금 대신 기본수당을 보장해 주면 태평천국이 될까?

47 꺼져 가는 동방의 등불!

노비가 기댈 건 주인밖에 없다. 해방된 노비가 기댈 건 관행과 법밖에 없다. 법으로 안 되는 일은 떼를 지어 생떼를 쓰면 되더라는 것도 관행이다. 해서 법 만능주의, 정치권력 만능주의, 민중주의가 판을 치는 것이다. 논리적 사고에 기반한 판단력, 도덕심, 책임 의식? 그런 건 주인의 것이지 노비의 것이 아니다. 진보란 익숙함에서 벗어나는 일이다. 하인은 그게 싫다. 신사가 되기 싫다. 익숙함이란 자기 함정이다!

오랫동안 한국에서 특파원으로 근무했던 전 주한 외신기자클럽 회장 마이클 브린은 2019년에 펴낸 《한국, 한국인》이란 책에서, 한국 민주주의를 비판하면서 한국의 가장 큰 문제는 '민심(民心)이 곧 민주주의라는 강한 믿음'이라고 하였다. 기실 믿음이 아니라 착각이겠다. 민심은 천심! 민중의 민심으로 대통령까지 끌어내려 감방에 보냈으니 이 확고한 착각은 강박증으로 굳어져 만법(萬法) 위에 군림할 것이다. 2018년 문재인 대통령은 프랑스를 방문해 광화문 시위를 촛불혁명이라 우겨 프랑스대혁명과 비교하며 자랑했다. 탄핵이라는 헌법적 절차에 따른 대통령 교체를 혁명이라니? 한국은 아직 중세인가? 프랑스 사람들이 너무 어이없어 웃지도 못했겠다. 한술 더 떠 서울시는 광화문 광장 바닥에 촛불 문양을 깔겠다고 했다가 여론의 질타를 받고 그만두었다. 이순신상·세종상 대신 촛불상을 세우고, 청와대 뒤 북악 암벽에도 크게 새겨넣지? 광화문 광장에 세월호를 끌어다 놓겠다고 하지 않은 것만도 다행이다. 아무려나 헌법도 바꾸고, 교과서 개편도 서두르고 싶을 것이다. 해서 '대한민국은 민중공화국이다!' '대한민국은 촛불공화국이다!'를 헌법에 명시하고 싶을 것이다.

48 악수는 우리의 전통 예절이 아니다

악수의 기원에 대하여는 여러 가지 추측이 있지만, 서양에서 온 것만은 분명하다. 그러면 한국인들은 언제부터 악수를 하게 되

사진 한 장으로 확정되는 국격의 차이. 중국을 방문한 이명박 대통령이 후진타오 주석의 손을 보며 악수를 하고 있다. ⓒ청와대사진기자단

일본식 인사법. 소프트뱅크 손정의 사장과 도요타자동차 도요타 아키오 사장의 제휴 조인식. 절과 악수를 분리하고, 상대방과 같은 각도로 굽히고 있다. ⓒAP-연합뉴스

이낙연 국무총리 임명장을 수여하는 자리에서 악수와 절을 동시에 하는 문재인 대통령. ©
청와대

일본 아베 총리를 예방하여 굽신배 악수하는 강경화 한국 외교부장관. ©연합뉴스

었을까? 아마도 조선말 개화기에 서양인들로부터 배웠을 성싶다.

문제는 한국인들이 정식으로 악수법을 배운 것이 아니라, 그저 서양인들이 하는 걸 보고 따라 했다는 점이다. 그러다 보니 인사(악수)의 본뜻도 모르고 손을 잡고 있다 하겠다. 대부분의 기억에도 학교나 집에서 악수하는 법을 배운 적이 없을 것이다. 한국에서 그나마 악수를 가르치는 곳은 사관학교가 유일했다. 해서 군인들은 꼿꼿하게 악수를 해야 하는 것으로 오해 아닌 오해를 하고 있다. 실은 그 군인들의 악수법이 서양인들의 일상적인 인사법인데도 말이다.

봉건계급 사회의 유산인 절(拜)을 아직도 소중하게 고수하고 있는 한국 사회에서 상대방, 특히 어른이나 상관을 똑바로 쳐다보는 것은 불경죄에 해당된다. 하여 인사를 할 적엔 짐승들처럼 눈을 내리깔아 항복이나 복종을 표현해야 한다. 그런 걸 공손이라 한다. 당연히 악수를 할 적에도 눈을 내리깔고 굽신대며 상대방의 손을 잡는다. 이미 우리끼리는 그렇게 굳어져 있어 문제가 없지만, 상대가 외국인일 경우 첫만남에서 첫인상을 구길 수밖에 없다.

한국인들은 악수를 할 적에 항상 상대방의 손을 본다. 아랫사람일수록 이런 버릇이 심하다. 높은 사람에겐 황송해하며 왼손으로 오른손을 받치거나, 옷깃을 여미는 행태를 보이기 위해 왼손을 배꼽 부위에 갖다대고 악수를 한다. 거기에 더해서 허리를 굽히고 고개를 숙이는가 하면, 어깨까지 움츠리고 턱을 내밀어 자

한국인이라면 당연해 보이는 악수 장면이지만, 글로벌 무대에선 더없이 굴욕적으로 보인다. 공직자라면 공적 행사에선 반드시 글로벌 정격 매너를 구사해야 한다. ⓒ연합뉴스

라목을 한다. 악수와 절을 함께 섞은 한국식이다. 세상에서 가장 공손한(비굴한) 인사법을 개발한 것이다.

그렇게 악수를 하면 서양인(세계인)들이 한국인을 기특하게 여겨 좋아할까? 천만의 말씀이다. 짐승이나 노예에 가까운 하인과 악수한 것 자체에 심히 모욕감을 느껴 불쾌해한다. 물론 겉으로야 미소를 띠고 아무렇지도 않은 표정을 한다. 아직 개화가 덜 된 미개한 사람들의 문화려니 하고 이해해 줄 뿐이다. 해서 피할 수 없는 공적인 자리에서야 웃고 넘어가지만, 사적으로는 절대 같이 놀아 줄 친구로 여기지 않는다. 애초에 악수는 신사들의 인사법이다.

인격에는 아래위가 없다. 어떻게 손을 잡든 그 본질은 눈인

사다. 인격체 간의 소통이 목적이다. 해서 반드시 눈으로 먼저 반가운 미소를 교환하고 인사말을 나누면서 악수하는 것이 정격이다. 손을 잡는 것은 부수적인 행위에 지나지 않는다. 따라서 악수를 할 적엔 바른 자세에서 상대방과 눈맞춤—방긋한 상태로 다가가 오른손을 내밀어 잡으면 된다. 이 쉬운 일이 등 굽은 한국인들에겐 무척 어렵다. 실상 인간의 신체 구조상 손을 내밀면 고개가 들리고, 배가 앞으로 따라 나가는 것이 정상이다. 그렇지만 굽신배가 몸에 밴 한국인들은 손이 나가면 자동적으로 배가 뒤로 빠지고, 등이 굽어지면서 어깨가 움츠러들고, 이마나 턱이 따라 나가

악수의 모델폼. 노무현 대통령의 평양 방문중 김정일 위원장과 유일하게 꼿꼿악수를 하여 남한의 자존심을 지켜낸 김장수 국방부장관. 다른 수행원들은 하나같이 굽신배 악수를 하였다. ⓒ청와대

는 바람에 세상에 다시없는 추악하고 비굴한 자세가 만들어진다.

49 굽은 나무가 산을 지킨들!

현대 한국 생활 예절의 상당 부분은 일본한테서 배운 것들이다. 대표적인 게 절인사다. 한데 한국인의 인사법과 일본인의 절인사에는 약간 차이가 있다.

먼저 한국인들은 인사를 나누는 두 사람의 상하 관계가 뚜렷이 드러난다. 상대에 따라 절하는 모양새가 같지 않은 것이다. 그러니까 상대적으로 낮은 사람이 더 낮게 숙이고, 높은 사람은 덜

정격 악수 모델폼. 상대방과의 눈맞춤 상태를 유지한 채 손을 내밀고 다가간다. ©AP-연합뉴스

숙이거나 아예 숙이지 않는다. 절을 바치는 사람과 받는 사람이 구별(차별)되는 것이다. 그에 비해 일본인들은 상호 숙이는 각도가 거의 동일하다. 서로 그렇게 맞추는 것이다. 해서 우리보다 덜 비굴해 보인다. 다음으로 대개의 일본인들은 우리처럼 절과 악수를 동시에 하지 않고, 따로 분리해서 인사를 나눈다. 먼저 고개와 허리를 숙여 전통식으로 인사를 한 다음 다시 다가가 악수를 하는 것이다. 한국인들처럼 절과 악수를 동시에 하는 일본인들도 있기는 하지만 많지 않다.

이제 우리도 악수와 절, 둘 중에 하나만을 선택해서 글로벌 기준에 맞추는 것이 바람직하겠다. 공적인 자리에선 악수만으로

정격 악수의 모델폼. 악수는 인격의 확인으로 남녀·노소는 물론 계급에 따른 구별이 없다. ⓒ백악관

인사를 해서 세계인들과 소통하는 데 걸림이 없었으면 한다. 절은 사적인 경우에만 사용하고, 그마저도 악수와 분리해야겠다. 공(公)과 사(私)로 분리하자는 것이다. 아이러니하게도 공자의 나라 중국에선 배례도 읍례도 없앤 지 오래다. 악수도 온전하게 서구식으로 하고 있다.

상대방 발등 보고 절하는 짓 이제 그만하자! 악수는 무조건 몸을 똑바로 세워야 한다. 그게 국본(國本)을 세우는 일이다. 굽히지 않으려면 대단한 용기가 필요하다!

50 정(情)의 문화, 한(恨)의 문화

사람은 누구나 나면서부터 정(情)이 있어서 그리워(思)하고 즐거워(樂)하며 분노(怒)하고 시름(愁)한다. 또한 좋아(好)하고 싫어(厭)하며, 사랑(愛)하고 미워(憎)하며 한평생을 살아간다.

흔히 우리가 국민성 혹은 민족성을 이야기할 때, 우리 민족만이 지닌 남다른 특징으로 타민족과 구분하려는 습관이 있다. 그것이 어찌 나라와 나라의 비교에서만이겠는가. 언급할 때마다 조심스러운 지역색(地域色)도 마찬가지 예에 들어갈 것이다.

대개 우리의 민족성을 이야기할 때 가장 먼저 배운 것이 바로 단군신화에서 나오는 곰의 끈기이다. 초등학교 때부터 배워온 이야기이다(해방 후 지금까지 일어난 이 땅의 온갖 사건들과 경박스럽기 짝이 없는 오늘의 세태를 보면 상당히 의문이 가지만). 그리고 그 다음으로 배운 것이 바로 정(情)과 한(恨)이다. 이 두 단어는 우리의 민족성을 이야기할 때뿐만 아니라, 이를 잘 표현하고 미화시켜야 한국적인 문학이나 예술로 대접받는다. 많은 학자들은 이 정(情)과 한(恨)을 우리의 민족성을 대표하는 말로 인정하기를 주저하지 않는다.

그런데 이 두 낱말은 원래 원천적으로 감정적인 말이어서 '마음 심(心, 忄)'변에 뿌리를 둔 한 자손들이다. 동전의 양면과 같이 하나이면서도 서로 등을 진 반대말이기도 하다. 문학작품이나 예술을 들먹이지 않더라도, 우리는 이 정(情)과 한(恨)이 서로 얽히고설킨 실타래들을 주변에서 흔히 볼 수 있다. 그리고 두 낱말은 곧 애(愛) · 증(憎)을 나타내는 말이기도 하다. 그렇지만 둘은 항상 서로 등지고 있기 때문에 절대 타협하지 못한다. 해서 정(情)이 깊으면 한(恨) 또한 깊어진다.

둘 중에서 정(情)이 먼저다. 한국인의 정(情)은 너무 끈끈해서 닿기만 하면 붙어 버린다. 너와 나가 금방 우리가 되어 버린다. 그렇지만 이것은 너무 예민해서 조금만 소홀하면 한(恨)으로 변질되어 버린다. 한(恨)은 정(情)으로 만들어지지만, 상한 음식처럼 정(情)으로 되돌리지는 못한다. 정(情)으로 꼬인 끈은 질기다. 여간해서 끊어지지도 않는다. 서툴게 끊거나 한쪽에서 일방적으로 잘라 버리면 한(恨)이 되어 양쪽을 옭아맨다. 일단 한(恨)이 되면 그 어떤 칼로도 끊을 수가 없다. 한국인의 한(恨)은 정(情)보다 더 끈질긴데다가 세월을 먹고 계속해서 자란다. 갈수록 풀기 어려워진다. 죽어서도 못 풀면 귀신이 되어서라도 꼭 풀고 만다. 한(恨)의 끈을 풀지 않고는 저승문으로 못 들어간다. 해서 저승과 이승 사이를 떠돈다. 그게 전설의 고향이다. 그게 원한(怨恨)이란 거다. 그런데도 이 정(情)과 한(恨)을 미화시켜 우리 민족만이 가진 대단한 미덕(美德)으로 승화시켜 어릴 적부터 가르치고 있으니, 이게 영 마뜩치 않다는 말이다.

이 정(情)을 줄기로 자라는 곁줄기들이 있는데, 바로 연(緣)이다. 혈연(血緣)·학연(學緣)·지연(地緣) 등 온갖 연(緣)들이 퍼져 나온다. 가장 흔한 예로 어떤 회사에서 필요한 사람을 친인척 혹은 학연으로 채용했을 경우, 먼저 채용한 사람의 입장에서는 '나하고는 특별한 관계니까 믿고 맡기면 남보다 잘하겠지,' 반대로 채용된 입장에서는 사장이 '남보다 더 잘 봐주겠지' 하는 마음을 가지게 된다. 물론 이것이 서로 잘 유지될 때에는 남보다 훨씬 좋은 관계를 유지하지만, 자칫 잘못되어 누군가가 소홀할 경우 남보다 더 큰 상처를 주게 된다. '내가 저한테 어떻게 해주었는데……' 그렇다고 당장 어쩌지도 못하고 속으로 곪을 대로 곪다가 터진다. 그리고 나면 서로 한을 품고 평생을 죽일 놈 살릴 놈 하면서 원수 아닌 원수로 지낸다. 당연히 이 연(緣) 또한 끊어지면 한(恨)이 된다(좋을 때는 한없이 좋지만). 이 정(情)과 한(恨)에서부터 온갖 곰팡이와 독버섯들이 생겨난다. 고질적인 지역 감정, 상호 불신, 청탁, 부정부패, 배신 등등. 코드 정치니 오기 정치니 하는 것도 따지고 보면 모두 이 뿌리에서 나온 것들이다.

51 정(情)은 덕(德)이 아니다

정(情)은 가늘고 가는 마음의 끈이다. 잘 갈무리하지 않으면 형클어져 버린다. 한 번 형클어지면 여간해서 풀어낼 수가 없다. 풀수록 더 엉켜들기 십상이다. 결국 끊어야 한다. 가까이 두면 언젠가 자기 몸을 옭아 묶는다. 신사라면 누구보다도 먼저 이 정(情)을 끊을 줄 알아야 한다. 알렉산더의 매듭풀기처럼! 공사(公私)와 진퇴(進退)를 분명히 하려면 과감한 결단력이 필요하다. 그래서 엄(嚴)과 절(切)의 덕(德)을 길러야 한다. 덕(德)이 없는 연(緣)은 결국 서로를 오염시키고 만다. 모든 것이 공정해야 하는데 자꾸 이 연(緣)이 끼어들어 부패와 불복, 그리고 한(恨)을 낳는다. 그래서 후진성을 못 벗어던지는 것이다.

한(恨)이 덕(德)이 될 수 없듯이, 정(情) 역시 덕(德)이 되지 못한다. 정감(情感) 혹은 정취(情趣)라 하여 예술가나 한가한 인생들이 기대고 즐기기에는 좋으나, 있는 그대로는 결코 사회적 도덕 규범으로 교육되어지고 길러져야 할 대상은 될 수 없다. 그렇지만 잘 가공하면 인(仁)이나 다른 덕목의 좋은 재료는 될 수 있다. 정(情)이란 부모 자식이나 남녀 사이에 생겨나는 지극히 개인적인 인간 본성이다. 흔히 우리는 어떤 사람을 이야기할 때 정이 많은 사람, 혹은 적은 사람이라고 한다. 그렇다고 훌륭한 사람이라는 말은 아니다. 물론 정(情)을 주고받은 당사자들끼리는 누구보다도 좋은 관계를 유지하지만 말이다. 그렇지만 사회 관계 속에서 지나치게 정(情)을 따르다 보면 욕(辱)을 당하기 십상이다. 사람과 사람은 신(信)으로 맺어져야 이상적인 인간 관계가 이루어진다. 신(信)은 절대 한(恨)을 낳지 않는다. 배신(背信)과 불신(不信)은 그냥 단호하게 잘라(切) 버리면 그만이다.

정(情)은 마음이다.

하루에도 열두 번씩 바뀔 수 있는 것이 마음이다. 이걸 그대로 두고는 어떤 개혁도, 어떤 제도도 이 땅에서는 제대로 성공할 수가 없다. 어떤 철학가가 정(情)을 미덕(美德)으로 승화시킨단 말인가? 언제까지 정(情)이나 연(緣)으로 덕(德) 볼 생각만 할 텐가? 온정주의(溫情主義)가 합리적이고 이성적인 판단 능력을 마비시키고 부정과 부패, 그리고 부조리의 밑거름이 되고 있다. 정(情)이 연(緣)의 뿌리가 되게 해서는 안 된다. 인간에 대한 보편적인 사랑, 즉 박애(博愛)와 관용(寬容)과 자비(慈悲) 등 인(仁)의 거름이 되어야 한다. 정(情)을 덕(德)으로 빚어내는 지혜, 정(情)을 잘 절제하고 다스려 사회적인 덕목으로 승화시킬 수 있도록 가르치는 것, 그것이 곧 '덕육(德育)'이다.

52 칼의 정신

칼로써 지면 남는 것이 없는데, 말로 지면 앙금이 남는다.

칼로 싸우면 승자만 남지만, 입으로 싸우면 아무도 죽지 않는다. 증오만 남는다. 그러니까 예나 지금이나 말싸움엔 승패가 없다는 말이다. 자존심만 상할 뿐이다. 그렇다고 이대로 물러설 수 없다. 명색이 선비인데 고집으로 버텨서 자존심이라도 지켜야 한다. 그것이 곧 선비의 절개다. 지고도 졌다 하지 않으니 이긴 자도 기분이 나쁘다. 결국 감정 싸움이 되고, 한(恨)을 남긴다. 아마 이런 점 때문에 공자님께서도 선비는 입을 조심해야 한다고 그토록 누누이 말씀하셨던가 보다. 그리하여 혼자서 못 이길 것 같으면 떼를 짓는다. 그렇지만 덕(德)을 따른 것이 아니라 정(情)이나 이념, 또는 유불리(有不利)에 따라 모였기 때문에 상황이 바뀌면 금방 쪼개진다. 정(情)은 상하기 쉽고, 생각은 언제든지 바뀔 수 있기 때문이다. 결국 배신이 따르고, 적보다 더한 원수지간이 된다. 그 바람에 이 땅 사람이면 벗어날 수 없는 혈연·학연·지연이 신(信)의 대용품으로 애용되었다.

연(緣)은 정(情)이다.

연이 닿는 사람에게는 지나치게 관대하고, 그렇지 못한 사람에게는 경계심을 늦추지 않는다. 같은 성씨, 같은 학교, 같은 고향 사람이면 믿을 수 있고, 그외의 인연은 불안하다. 정(情)과 신(信)을 구별하지 못한 데서 오는 어리석음이다. 그나마 그런 끈도 없는 사람끼리는 같이 술 마시고, 목욕하고, 놀러다녀서 연정(緣情)을 쌓아야 한다. 막말로 한통속이 되어 어거지 신(信)을 만드는 것이다. 연이 없으면 구호품 빵 한 조각 얻어먹기 힘들었다. 교회에라도 나가서 신을 중매자로 한 연을 만들어야 했다. 심지어 연이 없는 사람을 채용할 때에는 사주나 관상을 보고 판단했다. 스스로 당당하지 못하고, 어느 집 처마 밑에라도 붙어서야 안심입명의 근거를 보장받을 수 있었다. 근 1백 년 이래 굴곡의 역사, 5백 년 사대의 역사가 반도의 자손들에게 이같이 구차한 삶을 영위할 수밖에 없도록 만든 것이다.

더 이상 신(神)의 말씀만으로 신(信)을 세우기에는 인간들이 너무 약아져 버렸다. 사람(人)의 말(言)에는 믿음(信)이 있어야 한다. 신(信)에는 마음(心, 忄)이 없다. 그것은 오직 실천으로 증명할 수 있을 뿐이다. 신(信)과 의(義)는 무덕(武德)의 대들보다. 무예(武藝)를 되살려야만 하는 이유가 여기에 있다. 충분히 그만한 가치가 있다. 명분이 뚜렷하면 대의(大義)가 되고, 인(仁)의 인도를 받으면 정의(正義)가 된다. 대의든 정의든 협의(俠義)든 신(信)이 받쳐야 굳건히 설 수 있기 때문이다. 그래서 예로부터 신의(信義)라 하여 이 둘은 항상 붙어다녔다. 모름지기 뱉은 말(言)에 책임을 져야 하고, 의(義)를 위해선 희생을 각오해야 한다. 우리는 역사를 통해 신(信)과 의(義)를 위하여 아낌 없이 목숨을 바친 수많은 영웅호걸들을 알고 있다. 그들로 인해 역사가 빛나고 있는 것이다.

53 우정(友情)이 아니라 우의(友宜)

한국 사람들은 친구 간의 돈독한 정(情), 즉 우정(友情)을 이야기할 때 형제같이 잘 지내는 것을 이상적인 친구 사이로 생각하는 경향이 강하다. 따라서 친구를 사귈(고를) 때, 대개 상대의 취향·외모·환경(빈부·실력·집안 배경)과 함께 이런저런 연(緣)을 살피게 된다. 그야말로 마음에 드는, 혹은 도움(이익)이 될 것 같은 친구를 사귀고 싶어한다. 그런데 정(情)이란 것은 여름날 떡고물처럼 변하기 쉽고, 멀어지면 소원해진다. 그러다 보니 한평생 우정을 지켜 나가기가 쉽지 않다. 그럼에도 그런 우정을 무슨 대단한 미담처럼 이야기하기도 한다. 무(武)의 정신이 없다 보니 항상 신(信)에 대한 개념이 부족하다. 민족성 자체가 이성적이지 못하고 다분히 감정적이다. 애정(愛情)·우애(友愛)·우정(友情) 등 심정적(心情的)인 단어를 즐겨 쓰고, 우의(友誼)·우의(友義)·신의(信義)·의리(義理) 등 윤리적인 용어를 경시하는 풍조가 있다.

결국 정(情)을 중시하는 바람에 수많은 한(恨)을 만들어내고, 신(信)을 가벼이 여기는 바람에 배신(背信)이 난무하게 되었다. 또한 정(情)은 마음의 상태이지만, 신(信)은 행위의 규범이다. 신의(信義)를 내뱉었으면 반드시 지켜야 한다. 여기에는 책임이 따르고, 때로는 희생도 각오해야 한다. 바로 이 점 때문에 기피하는 것은 아닌가. 심지어는 정(情)과 신(信)을 구분조차 못하는 바람에 배신을 보고도 그저 그럴 수도 있겠거니 하며 의분을 일으키지 않는다. 우리 사회는 배신에 대해 부끄러워할 줄도, 분노할 줄도 모른다.

정(情)을 끊거나 버린다고 해서 지탄의 대상이 되지는 않는다. 가족이나 친척·남녀 사이에서 생긴 정(情)과 한(恨)에 대해선 제삼자나 사회가 간여할 문제가 아니다. 하지만 배신은 모든 사람들에게서 지탄받아 마땅하다. 왜냐하면 신(信)은 개인과 개인,

즉 타인과 타인 사이에서 지켜져야 할 사회적인 덕목이기 때문이다. 배신을 용서하고 묵인하는 것은 무책임하고 비겁한 짓이다. 불신과 배신은 문명 사회의 가장 큰 적이기 때문이다. 정(情)을 태도적 가치로 삼으면 격(格)이 서질 않는다.

54 백만 불씩 든 14개의 돈가방

2018년 어느 날, 미국의 유명 배우 조지 클루니는 14명 친구를 초대해서 각자에게 커다란 가방 하나씩을 선물했다. 가방을 열어 본 친구들 모두는 깜짝 놀랐다. 그 속에 현찰로 1백만 불이

조지 클루니와 그의 부인 아말 알라무딘. 그녀는 레바논 출신이며, 인권변호사로 활동하고 있다. ⓒ연합뉴스

들어 있었기 때문이다. 그렇게 선물로 돌린 것이다. 그 친구들 중엔 클루니 못지않은 부자도 있어 선물을 사양했지만 클루니가 극구 고집하는 바람에 돈가방을 받을 수밖에 없었다. 출세를 한 클루니가 갑자기 돈자랑을 하고 싶어서 그랬을까?

그 14명은 클루니가 할리우드 무명 시절부터 같이 고생하며 우정을 이어 온 친구들이었다. 대부분이 성공해서 남부럽지 않게 살고 있었지만, 그 중 두세 명이 아직도 금전적으로 힘들게 살고 있었다. 그걸 안타까워한 클루니가 그 친구들을 돕기 위해 돈가방을 마련한 것이다. 그렇지만 그 어려운 친구에게만 돈을 준다면 그들의 자존심에 상처가 될까봐 모든 친구들을 초청해서 똑같이 1백만 불씩 선물한 것이다. 물론 증여로 인한 세금까지 추가로 다 부담했다고 한다. 부자 신사는 자신의 친구가 가난하게 사는 걸 그냥 두고 못 본다. 그건 신사의 수치다. 신사란 그런 것이다.

55 대통령이 절을 해도 되는가?

유학(儒學)을 받들어 왔지만 대부분의 한국인들이 겸손과 공손을 제대로 구별하지 못하는 듯하다. 대충 얼버무리기 좋아하는 성향의 민족이라 그게 그건 줄 안다. 그러다 보니 우리의 일상 예절이 21세기 글로벌 시대에 선진 주류 사회에 드는 것을 막는 유리천장 역할을 하고, 나아가 메이드인코리아 부가가치 디스카운트에 결정적인 요소가 되어 엄청난 손실을 당하고 있지만 정작 한

일본 방문 후 귀국 비행기에 오르기 전 공항 인부들에게 절을 하는 문재인 대통령. (인터넷 유튜버 동영상 캡처)

국인들은 그에 대한 인식조차 못하고 있는 실정이다.

유학은 봉건시대의 처세학이라고도 할 수 있다. 사전은 겸손(謙遜)이란 '남을 존중하고 자신을 낮추는 태도 혹은 자세'라고 해설하고 있다. 유교 전통의 동양인(특히 한국인)들은 이를 예(禮)와 인(仁)의 근본이 되는 미덕인 양 누천년 동안 선양해 왔으며, 오늘날에도 겸손은 사람됨의 가장 기본적인 측정자가 되고 있다. 하여 어린아이가 말을 시작할 적부터 존댓말을 배워야 하고, 어린이집에 보내면 가장 먼저 배꼽인사부터 배워 온다. 그런 게 인성교육인 줄 알고 있다.

하지만 겸손에 대한 서구인들의 인식은 우리와 한참 다르다. 영어로는 'humility'가 되는데, 여기에는 겸손·겸양의 의미도 있지만 그보다 굴욕·굴종·치욕·부끄러움·허약·무기력과 같은 비천한 의미가 더 강하다. 서구 문명의 큰 축 가운데 하나인 헬레니즘에서 겸손은 '비굴(humiliation)'과 동의어였다. 당시 그리스인들은 으뜸이 되는 일에 매우 열정적이어서 자기 표현을 중요시했으며, 다른 사람과 비교해서 뛰어나기를 열망했었다. 그들에게서 겸손은 삶의 낙오자들에게서나 발견되는 혐오스런 특징이었을 뿐이었다. 그 시민 정신이 중세에는 기사도, 오늘날에는 젠틀맨십으로 이어져 오고 있다.

그리고 흔히 '겸손'을 '겸허(humble, humbleness)'와 동일한 의미로 사용하는데, 실은 약간 다르다. 겸허는 자신을 높이지도, 그렇다고 낮추지도 않는 것을 말한다.

낮추는 것과 굽히는 건 다른 의미다. 상체는 인격이다. 어린

2015년 3월, 반기문 유엔 사무총장이 일본 왕세자 나루히토와 부인을 예방할 때 문 밖에서 절을 올리고 있다. (인터넷 동영상 캡처)

이나 환자를 대할 때 상대방과 동격이 되기 위해 자신의 무릎을
꺾어 바른 상체로 마주하는 것과, 상대방에게 허리를 굽혀 상체
를 엎드리는 것은 전혀 다른 태도이다. 누구든 신(神) 앞에서만 엎
드릴 수 있을 뿐이다.

55 겸손은 비천한 자의 처세술

겸손과 비슷한 말로 '공손(恭遜)'이 있다. 겸손과 혼용되고 있
으나 기실 다른 개념이다. 우리말 사전에서는 '말이나 행동이 겸
손하고 예의바르다'라고 해설하여 겸손을 저변에 깔고 있다. 영
어에서 공손은 'courtesy' 'politeness' 'civility'로 정중·경건의 의

남북정상회담 공항 환영객들에게 절을 하는 문재인 대통령. 북한에선 이를 어떻게 해석하
고 홍보할까? ⓒ연합뉴스

전형적인 한국식 갑을(甲乙) 인사. ⓒ청와대

미가 들어 있다. 여기에는 겸손, 즉 상대방을 높이기 위해 자신을 낮춘다는 개념이 없다. 겸손은 노비나 하인의 태도였다. 당당하지 못한 사람이 용기가 있을 리 없고, 당연히 그런 사람을 신뢰할 수 없다는 건 인간 관계의 기본적인 인식이었다. 당당하면서도 정중하게 예(禮)를 지키는 것을 공손이라 한다.

바로 이 겸손과 공손의 두 개념이 서구 문명과 동양 문명의 차이점이다. 그리고 그 차이는 현대에 이르러 예절, 인간 관계, 철학, 정치 등 거의 모든 분야에서 극명한 차별과 차등을 낳았다. 용기 없고 책임질 자신이 없는 인간은 비굴해진다. 서구의 민주주의가 동양으로 밀려 들어온 지 한 세기를 넘겼지만, 기실 동양의 어떤 나라도 진정한 민주주의를 실천하고 있지 못하는 근본적인 이유도 바로 여기에 있다. 미국의 우산 아래에서 겨우 한국 정도가 민주주의를 향해 끝없이 허우적거려 보지만 아직 민주(民主)

의 의미조차 제대로 인식하지 못하고 있다. 비굴한 민주가 천민 자본주의를 낳고 있다.

57 국격을 팔아 자신의 겸손함을 챙기는 이상한 대통령

현재 세계적으로 유일하게 절을 하는 국가 최고지도자가 한국의 문재인 대통령이다. 그는 취임 이래 가는 곳마다에서 굽신배를 한다. 국내는 말할 것도 없고, 해외 순방중 연설을 할 때에도 공손(?)하게 고개와 허리를 숙여 절을 한다. 어느 나라에서든 비행기 트랩 위에서 상대국 국민을 향해 두 부부가 절을 한다. 심지어 일본을 방문했다 떠날 때에는 트랩을 오르기 전에 저 멀리 비행기 앞바퀴 근처에 모여 서 있는 정비공들에게도 굽신굽신 절

중국 방문 환영식에서 의장대 사열 끝에 멈춰서 뜬금없이 어딘가를 향해 절을 하는 문재인 대통령. (인터넷 유튜브 동영상 캡처)

아랍에미리트 방문 행사중 절을 하는 문재인 대통령. ⓒ연합뉴스

을 올리는가 하면, 평양에서도 시민들에게 깍듯하게 90도 절을 했다. 그런가 하면 해외 국빈 방문 때 의장대 사열 도중 멈춰서 (그 나라 국기를 향해?) 절을 올리는 바람에 황당한 장면을 연출하기도 했다.

　아마도 이 굽신배가 국내에서 그의 지지율을 받쳐 주는 가장 중요한 요소일 것이다. 본인도 그걸 알기에 끊임없이 절을 해서 겸손한 지도자의 이미지를 유지코자 하는 것일 테다. 평소 가진 자들의 갑질에 억눌려 온, 스스로를 을(乙)이라 여겨 온 한국인들은 수퍼갑의 갑(甲)질 아닌 을(乙)질, 즉 겸손질을 미덕으로 여겨 대통령의 굽신배가 마냥 싫지 않은 모양이다. 절만 받아먹어도 헛배가 불러 오는 참으로 별난 민족이다.

58 대통령에게는 사(私)가 없다!

대통령은 한 나라 국민의 대표이자 국기와 마찬가지로 그 국가의 상징적 존재이다. 따라서 제 나라 국민은 물론 전 세계 어느 곳, 누구에게도 고개조차 함부로 숙일 수가 없다. 가령 태극기를 아무에게나 내리거나 기울일 수 없는 거나 마찬가지겠다. 해서 대통령은 제 나라 국기 외엔 예를 갖추지 않는다. 그마저도 절을 하는 게 아니라 거수(擧手)로 예를 표할 뿐이다.

일국의 최고지도자가 겸손과 공손을 구분 못하고 세계를 돌아다니며 자신이 마치 양반(동양 신사?)인 양 자랑스레 굽신대고 있으니 이같이 참혹하고 창피한 일이 세상 어디에 또 있겠는가? 겸손한 대통령? 완전 착각이다. 그게 본인의 진심인지 가식인지 알 순 없겠으나, 자신의 바람과는 달리 세계인들 누구도 그를 양반이나 신사로 볼 이유도 도리도 없다. 그리하여 일국을 대표하는 최고지도자가 되고서도 그에 걸맞은 태도와 자세를 모르는 하층민 출신의 '이상한 대통령'으로 단정하고 속으로 비웃고 있다 하겠다.

대통령이라는 직분과 태도에 대한 인식도 없이 자신의 사적인 감정 혹은 판단에 따라 아무데, 아무나에게 굽신배를 올리는 것은 지극히 잘못된 행위라 하겠다. 본인의 겸손을 자랑하기 위해 국격을 심대하게 훼손한 월권적 비굴함이다. 국격을 팔아 자신의 겸손한 품격(?)을 자랑하는 것이 아닌가? 대국에 조공 바치러 간 사신도 아닌데! 대통령이 상대를 높이고 자신을 낮추면? 그게 바로 사대(事大)가 아닌가? 그게 아니면 아직도 피식민지배 시절 몸에 밴 비굴인가? 이런 사람이 과연 공(公)과 사(私)를 제대로 구분할 수 있을까?

국민의 대표로서 국민 혹은 누군가에게 경의나 감사를 전하기 위해 절을 할 수 있지 않느냐고 항변할 수도 있겠다. 아무려나 당연한 말씀이다. 하지만 그 표현법이 문제다. 다른 방법도 수없이 많을진대 왜 하필 굽신배란 말인가? 고민할 필요 없이 맨입에 몸으로 때우겠다? 조금만 논리적으로 생각해 봐도 대통령의 갑질 아닌 을질은 더없이 부끄러운 난센스 무지임을 알 수 있건만, 세계관이 아직도 한반도 밖을 넘어가지 못하는 국민이라 그런지 누

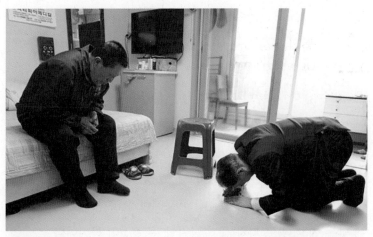

독립유공자의 후손을 찾아 엎드려 큰절을 올리는 문재인 대통령. 대통령이 굳이 이렇게 엎드려 큰절을 올려야 했을까? 다른 방법은 없었을까? ⓒ연합뉴스

구도 대통령의 이상한 행태에 의아한 생각조차 못하고 있다. 생각 없는 국민에 개념 없는 대통령! 덕분에 한국인은 세상에서 가장 비굴한 민족이 되고 말았다.

하여 언젠가 시진핑 주석이 트럼프 대통령에게 한국은 중국의 속국이었노라고 스스럼없이 해대도 한국인들은 입 꾹 다물고 눈알만 굴리고 있었다. 본디 자기네 속국을 미국이 가로챘다며 다시 돌려 달라고 불평한 겐가? 그러니 일본이 지난날 한국을 식민지배한 것을 세계인들은 당연하게 여길 것이고, 나아가 또 언젠가는 주변의 강대국이 한국을 속국으로 삼거나 식민지배해도 그다지 이상하게 여기지 않으리라. 당당하게 홀로 바로서질 못하는 노예나 하인을 거두어 다스리는 게 어찌 비난받을 일이겠는가?

우리는 평화를 사랑하는 민족이니 제발 건드리지 말아 주세요? 저는 착하고 겸손한 사람이니 잘 봐주십시오? 당신을 높이 받들고 알아서 모실 테니 거두어 주시고, 먹고 살 수 있도록 보살펴 주십시오? 자신을 낮추는 건 글로벌 무대에서는 결단코 매너가 될 수 없다. 겸손한 자를 비굴한 본심을 숨기는 기회주의자로 인식하기에 신뢰하지 않는 것은 물론 곰팡이와 같은 사회악으로 여겨 경멸할 따름이다. 하여 그런 사람을 보면 오히려 잔인하게 짓밟고 싶은, 다시 말해 갑질하고픈 충동 욕구를 일으킨다. 예(禮)를 생략하고 격식을 무시는 것은 무례이지 공손이 아니다. 직분에 맞는 예(매너)로 피차 품격을 지켜 주는 것이 공손이다.

59 대통령 굽신배의 마이너스 부가가치 견적?

　배(원가)보다 배꼽(이익)이 더 큰 것을 명품이라 일컫는다. 명품은 굽신대며 팔지 않는다. 배를 내밀수록 배꼽은 더 커진다. 작금 메이드인코리아의 가성비 경쟁력은 거의 상실되어 가고 있다. 대통령의 굽신배가 메이드인코리아 부가가치를 얼마만큼 떨어뜨리는지, 그로 인해 (눈에 보이지 않지만) 마땅히 돌아와야 할 이익과 수많은 일자리들이 사라진 것에 대한 계산을 할 줄 모르는 국민이다 보니 허리가 부러지고 손이 문드러지도록 일해도 결코 가성비를 넘어서는 명품을 만들어내지 못하는 것이다. 손꼽히는 명품 수입국이지만 기실 명품의 의미도 모르고 있다. 고부가가치 산업으로의 진입이 원천적으로 불가능하다는 말이다. 이게 작금의 대한민국이 처한 현실이자 한계다.

　명품은 품격으로 만든다. 품격 있는 국민이 만들고, 품격 있는 상류가 소비해 줘야 명품이다. 자기보다 아래로 깔아보는 굽신배 국민이 만든 상품을 제값 주거나 마진 더 얹어 주고 살 세계인은 없다. 최상의 매너는 신뢰와 존경! 최고의 자원이자 부가가치다. 굽은 나무가 산을 지킨들 아무도 우러러보지 않는다. 문대통령의 굽신배 겸손은 무지·무식·무례로 직무 수행 능력은 차치하고, 메이드인코리아 디스카운트에 기름을 붓고 있다 하겠다. 국가를 대표하는 최고지도자로서의 자격에 대해 심각한 의문을 가지게 한다. 선진문명국에서였다면 마땅히 탄핵감이다.

해외 순방중 방문국 공항에 도착하거나 떠날 때 비행기 트랩 위에서 절을 하는 대통령 부부. ⓒ연합뉴스

　공손은 배려의 매너다. 배려란 누구를 낮추고 높이는 것이 아니다. '모든 인간은 동등하다'는 기본 개념에서 상대를 인격적으로 존중하고 자신도 존중받아 인간존엄성을 확보하자는 것이다.

그렇지만 하인과 한 테이블에서 밥 먹는 신사는 없다. 인격은 동등하지만, 품격은 동등할 수가 없다. 밥맛 없는 한국인? 삼류 매너로는 선진주류들의 본선 무대에 발도 못 붙인다. 매너는 무형의 자원이자 기술이다. 전통예절 또한 글로벌 소통의 도구로 재해석되고, 그 형식도 시대에 맞게 다듬어져야 한다. 당연히 경쟁력 떨어지는 매너는 버려야 한다. 현재성이 없는 예(禮)는 굴레일 뿐이다. 글로벌 경쟁력을 상실한 '소중한 우리 것'은 박물관에 모셔두고, 하루빨리 최전선 최첨단의 매너를 받아들여야 한다.

흔히 우리는 정장을 신사복이라 부른다. 신사복은 제복과 마찬가지로 굽신거리지 말라고 입히는 옷이다. 신사복을 입고 굽신배를 하는 것은 자신이 짝퉁 신사임을 선전하는 행위이다.

60 절대적인 사진 한 장!

박근혜 전 대통령이 취임하고 얼마 되지 않아 미국 마이크로소프트의 빌 게이츠 회장이 한국을 방문했었다. 그리고 박근혜 대통령을 예방하였는데, 이때 언론에 공개된 주머니 악수 사진 한 장 때문에 아닌 밤중에 홍두깨격으로 봉변을 당했다. 감히 대통령, 그것도 여성 대통령과 왼손을 바지 주머니에 넣은 채로 악수를 하다니! 한국인, 한국 관습을 무시한 처사라며 사람들은 지루하게 성토를 해댔다. 그에 대하여 청와대나 빌 게이츠 회장은 아무런 대응을 하지 않았지만, 약소국 국민들은 강대국의 일개

기업인으로부터 업신여김을 당했다며 분기충천했다.

급기야 미국의 《워싱턴포스트》 인터넷판에서 공개적으로 "빌 게이츠가 잘못했다, 한국의 전통 매너를 존중해 줬어야 했다"고 나무라면서 사태가 진정되었다. 이에 한국인들은 건방진 미국인들에게서 우리식 예법을 지켜냈다며 우쭐해했다. 이후 미국무부 지침으로 한국에 가는 모든 미국 공직자들은 한국식 매너를 지킬 것을 명했다. 하여 한국에 오는 미국 관료들은 주머니 악수를 금기시하는 것은 물론 한국인들처럼 두 손으로 하거나 왼손을 받치기도 하고, 목과 허리를 숙이는 악수를 지금까지 실천하고 있다.

한데 서구에서 주머니 악수는 아무런 문제가 되지 않는다. 게

2013년 4월 22일, 마이크로소프트 회장 빌 게이츠가 청와대에서 왼손을 바지 주머니에 넣은 채 박근혜 대통령과 악수를 하고 있다. ⓒ연합뉴스

빌 게이츠 회장 특유의 주머니 악수. 그는 전 세계 수많은 지도자들과 주머니 악수를 나눴지만 세계인 누구도 무례라고 나무라지 않는다. 더구나 그는 공인도 아닌 기업인이다. 한 개인의 그다지 중요하지도 않은 습성을 두고 이러쿵저러쿵하는 것은 지극히 소심하고 하찮은 일이라 여긴다. 중요한 것은 소통이지 손잡음이 아니기 때문이다. ⓒ연합뉴스

다가 빌 게이츠 회장은 이전에도 한국을 몇 차례 방문했었고, 그 때마다 대통령을 예방했었다. 그리고 그때마다 대통령들과 예의 주머니 악수를 나눴다. 당연히 다른 나라 대통령들과도 그랬다. 왼손을 주머니에 넣고 악수하는 건 그의 습관일 뿐, 특별히 사람을 차별하거나 무시하기 위해서가 아니었다. 악수는 눈맞춤, 즉 소통이 목적이기에 한쪽 손을 주머니에 넣든 말든 중요하게 여기지 않기 때문이다. 심리적으로는 독단적인 심성의 소유자들이 한 손을 주머니에 넣고 악수를 하거나 지시를 하는 경우가 많다고들 한다. 어쨌든 빌 게이츠로선 그때까지만 해도 아무런 문제가 안

되었던 주머니 악수가 한국의 여성 대통령 때문에 황당한 망신을 당했다.

61 빌 게이츠 회장의 주머니 악수 소동

그렇게 해서 모든 한국인들은 사건이 일단락된 줄 알았다. 그렇지만 그 사건을 지켜본 세계의 오피니언 리더들은 "아이쿠, 한국 폭망했네!"라고 혀를 찼을 것이 틀림없다. 필자의 생각에도 그 사건으로 인해 한국의 일자리 10만 개는 날아갔다고 본다. 아니, 뭔 뚱딴지 같은 소리? 그게 일자리와 무슨 상관? 대부분의 한국인들은 그게 무슨 소린지 이해를 못한다. 이를 이해하려면 입장을 바꿔서 생각을 해야 하는데, 한국인들은 말로는 걸핏하면 역지사지! 입장을 바꿔 생각해 보라면서도 자기 자신은 여간해서 그렇게 안한다. 훈련이 안 되어 못하는 것이다.

누구든 어느 외국에 갔다가 그곳에서 불쾌한 경험을 하게 되면 다시는 그 나라에 가고 싶지도 않을 뿐더러 심할 경우 그 나라 사람, 그 나라 문화까지도 싫어진다. 특히나 역겨운 일을 당하였을 경우 그 기억은 죽을 때까지 안 지워진다. 그같은 일이 그저 별 볼일 없는 한 개인이라면 저 싫으면 그만이지만, 그 당사자가 특별한 사람일 때에는 그게 개인적인 경험으로 끝날 수가 없다.

빌 게이츠가 누구인가? 천하 제일의 부자이면서 IT업계에 첫손가락 꼽히는 영향력을 지닌 기업가이다. 그런 그가 한국에 왜 왔을까? 설마 한국 대통령 취임을 축하해 주러 왔을까? 볼 게 많고, 먹을 게 많아서 관광을 왔을까? 친한 친구가 있어서 왔을까? 아무려나 청와대의 초청으로 왔을까? 한국의 청와대는 평소에도 유명인이 한국을 방문하면 억지로 청와대로 불러 대통령을 예방하도록 강요하는 버릇이 있다. 남의 밥상에 숟가락 얹어 놓고 마치제가 상을 차린 양 생색내는 얌체짓이지만 한국에선 익숙한 관례가 되어 있다. 그날 빌 게이츠도 그래서 간 것이다. 원래 그가 한국에 온 건 삼성전자의 초청이었다. 뭔가 비즈니스적 용무가 있었을 테다. 무슨 일인지는 알 수 없지만 당연히 무산되었을 것이다. 뭐가 아쉬워 기분 잡친 한국에 투자를 하겠는가? 굴욕에 익숙한 한국 기업인이라면 뭐 그만 일로 그럴까 싶을는지도 모르겠다.

　당시 필자는 주변인들에게 이같이 말하였다. 장담컨대 빌 게이츠가 한국을 찾을 일은 다시없을 거라고! 자, 그렇게 해서 일자리 5만 개는 사라졌다. 그럼 나머지 5만 개는? 평소 빌 게이츠는 누구와 놀겠는가? 그는 이미 회사를 전문경영인에게 맡기고 자선사업을 하며 전 세계 최상류층 부자들과 최고지도자, 최고투자자들과 노는 것이 일과다. 그런 그가 어느 자리에서 코리아에 대한 얘기가 나왔을 때 어떤 반응을 보일까? 그의 입에서 한국에 대한 호감이나 긍정적인 말이 나올까? 상상만 해도 소름이 끼치지 않는가? 한국에게는 재앙이다. 글로벌 신사라면 여기까지 순간적으로 연상·연산해낼 수 있어야 한다. 매너를 알면 저절로 그런 게 보인다.

이후 미국무부 지침에 따라 한국에 오는 미국 관리들은 이렇게 한국식으로 악수 인사를 하게 되었다. 쑥스럽고 어색한 이색 체험에 멋쩍어하고 있다. ⓒ 연합뉴스

이 모습이 한국 예절의 승리일까? 아니면 한국은 아직도 전통 예절을 중시하는 미개한 나라여서 글로벌 매너로 편하게 소통할 수 없는 국민들임을 공증해 준 것일까? ⓒ 연합뉴스

악수도 제대로 할 줄 모르는 나라 국민들이 빌 게이츠의 주머니 악수를 두고 무례하다며 호통을 쳤으니 참으로 어처구니없는 노릇이지만, 어쨌든 그 바람에 빌 게이츠는 이후 주머니 악수하는 버릇을 고쳤다. 그렇게 해서 날려보낸 일자리 10만 개와 한국적 자존심! 어느것이 더 가치가 있다는 게 아니라, 국가를 경영하고 세계를 경영하는 리더라면 주머니 악수와 같은 그런 사소한 사건 하나로 인해 일어날 수 있는 파장까지도 내다볼 수 있어야 한다는 점을 강조하기 위해 든 사례다. 한국에선 이런 일이 거의 매일같이 일어나고 있다.

62 주인장 의식, 주동 의식이 없는 민족

역사적 굴절로 인해 한국인들은 대부분의 근대 및 현대 서양 문화를 자의적으로 받아들이지 못하고, 식민지배 시절 일본에 의해 손쉽게(?) 받아들였다. 심하게 말하자면 《영한사전》 하나 우리 스스로 만들어 본 적이 없다. 일본인들이 먼저 만들어 놓은 《영일사전》을 번역해서 사용하였다. 그럴 수도 있고, 또 그럴 수밖에 없었지 않느냐고 대수롭지 않게 넘기면서 그런 사실을 애써 덮어두고 지금까지 살아왔다. 하지만 이 사실 하나만으로도 한국인의 사고 방식, 한국 문화, 나아가 한국 문명의 치명적인 결함을 내포하고 있음을 아무도 눈치채지 못하고 있다. 그러고는 오늘도 남의 문화를 베끼는 데에 열중하고 있다.

가령 '데모크라시'란 단어 하나만 해도 그렇다. 사전에는 '민주주의(民主主義)'라고 번역되어 있다. 당연히 우리가 번역한 것이 아니다. 처음 일본인들이 그렇게 번역했다. 그 시절 '데모크라시'를 '민주주의'라고 번역할 때 그 일본인들은 얼마나 고심했을까? '데모크라시'가 무슨 의미인지 고민하고, 서구인들에게 그 의미를 물었을 것이다. 한데 우리는 누구도 그런 고민이나 궁리를 해본 적이 없다. 그냥 일본인들이 해놓은 그대로 따라 했을 뿐이다. 만약 '데모크라시'를 먼저 조선의 학자들이 번역했더라면 뭐라고 했을까? 과연 '민주주의'라고 했을까? 어쩌면 '민초주의' 혹은 '백성주의' '민중주의'라고 하지 않았을까?

세계에서 가장 우수한 글자라는 '한글'을 만든 민족이라 자부하지만, 그 한글은 학문적으로 아무것도 이루어 놓지 못했다. 메이지유신 시작 전후에 일본에선 《영일사전》들이 나왔다. '교육' '가족' '국민' '국어' '영어' '과학' '수학' '신학' '철학' '자유' '경제' '개념' '청산' 등등, 기실 우리가 사용하고 있는 용어의 대부분이 일본인들이 번역해 놓은 것이다. 마찬가지로 모든 현대 서구 문명도 그렇게 아무 고민 없이 받아들였다. 그러다 보니 어떤 것은 껍데기만, 또 어떤 것은 알맹이만, 또 다른 어떤 것은 일본인들이 해놓은 무리한 번역까지 그대로 받아들여 변질된 의미나 용도로 사용하고 있다. 어찌 사전상의 용어뿐이겠는가? 기술·학문·철학·종교·관습·법률 등, 오늘날의 우리 제도나 행동 양식 하나하나도 그렇게 생각 없이 멋도 모르고 뜻도 모르고 수입해서 따라 하고 있는 것이 대부분이다. 그것들이 만들어지는 과정에서의 고민을 생략했기 때문에 그 본디 정신을 온전히 되살려내지 못하고 형식만 흉내내고 있다 하겠다. 그걸 온전하게 복원해내야 창조적 가치 생산이 가능해진다. 매너(manners)는 그 지혜와 정신을 되살려내는 환원 프로그램이다.

중국에는 굽신배 인사가 없다. 굽신배를 하는 나라는 세계에서 한국과 일본뿐이다. 굽신배가 과연 한국적인 매너일까? 아니면 식민시대 일본인들에게서 배운 것일까? 하나를 보면 열을 미루어 짐작한다 했다. 악수, 건배, 차 마시는 매너 하나만 보고도 우리가 이제까지 받아들인 서구의 문물이나 제도의 참뜻을 과연 제대로 이해했는지 여부를 짐작할 수 있겠다. 겉으로만 민주주의 흉내를 내고 있을 뿐이다. 지도자를 선출하는 과정만 민주주의 형태일 뿐, 왕권적 통치나 그 권력에 복종하는 민중의 행태는 여전히 봉건주의 그대로를 답습하고 있다. 그러니 한국이 아시아에서 가장 앞서가는 민주국가라고 자부하지만 과연 우리가 '민주(民主)'의 의미를 제대로 안다고 할 수 있을까? 시민 한 사람 한 사람이 '주(主)'가 되지 못하면 결코 민주주의를 꽃피울 수가 없다.

민주와 마찬가지로 '대통령'도 우리가 만든 직함도 아니고, 우리가 번역한 용어가 아니다. 서구에서 들어오고, 일본인들이 번역한 것이다. 그렇다면 대통령의 태도적 가치, 대통령의 자세 하나만이라도 제대로 보고 뽑았어야 했다. 배꼽인사 굽신배는 갑을(甲乙) 사회의 기본 재료가 된다. 개인의 존재적 가치 훼손을 너머

민족의 정체성으로 굳어져 굴레가 되고 있다. 우리 세대가 이 지긋지긋한 멍에를 벗겨내야 한다.

63 매너는 자기 존중의 실천

한국에서 길을 가거나 전철 안에서 시비 붙는 꼴불견을 보는 일은 그다지 어렵지 않다. 심지어 복잡한 도심 대로 한복판에서 농경 사회 시대 외길 논두렁 위에서 다투듯 차(소)를 세워두고 싸우는 광경도 흔히 본다. 대부분 시시콜콜한 것으로 시작된 감정 싸움이지만, 시비의 본말을 떠나 반말·쌍욕·멱살잡이로 치닫는 데 그리 오래 걸리지 않는다. 심지어 고속도로에서 보복운전도 서슴지 않는데, 이는 살인 행위와 동일한 범죄이다.

기본을 우습게 아는 한국인들은 툭하면 "에티켓은 지킬수록 손해!"라며 무시하려 들곤 한다. 상대방이나 남들이 상스럽게 군다고 해서 똑같이 상스럽게 나가는 것은 스스로의 품격을 떨어뜨리는 어리석은 짓이다. 에티켓이든 매너든 상대방만을 위한 것이 아니다. 궁극적으로 자기 존중, 인간존엄을 위한 것이다.

옛말에 "공경하면서 멀리한다"는 말이 있다. 그게 선비들의 기본적인 처세술이었다. 화가 날수록, 상대가 미울수록, 상스러울수록 더욱 예(에티켓)을 쌓아올려 멀리하였다. 소인배는 상스러움으로 우열을 가리려 들지만, 군자는 더욱 공경한 언행으로 자기 방어벽을 높였다. 서양 상류층 역시 마찬가지이다. 속으론 아무리 경멸하고 원수같이 여겨도 겉으로는 웃으면서 관계를 정리한다. 호불호(好不好)가 명료한 한국인들이 서양인들의 이런 상투적인 친절을 자신에 대한 호감으로 착각하여 오버하다 난감한 경우를 당할 때가 많다.

중고등학교 무시험 입학 전형, 빈부 상관없는 무상급식과 실업수당·노인수당 지급 등등 행정적 편의주의와 평등주의의 저변에 귀찮은 고민하기 싫어하는 나태가 깔려 있는 것은 아닌지? 습한 토양에서 곰팡이와 독버섯이 번창하듯 그런 사소한 데서 무책임하고 몰염치한 하인 근성이 시작되는 건 아닌지? 한국인들이 유독 좋아하는 '객관적 기준'이란 것도 따지고 보면 하층민 내지는 하인 근성의 발로가 아닌지?

소신이 없다는 말이다. 더 나아가 남의 소신을 믿지 못하겠다는 불신에서 나온 것이겠다. 그렇게 객관식 교육만 받아 온 한국인들이 과연 객관과 주관, 객체와 주체를 구분할 능력이 있는지 의문이다. 차라리 지하철 노약자석을 따로 구분하지 않았을 때처럼 앞에 선 노약자에게 자리를 양보해야 할지 말아야 할지 고민하는 게 오히려 더 주체적이고 주관적이지 않은가?

그런 사소한 고민마저 규정에다 떠넘겨 버리는 편의주의적 발상이 자율이라는 주인 의식을 희미하게 만드는 구실이 될 수 있겠기에 하는 말이다. 하여 다수의 젊은이들은 양심과 염치를 노약자석 자리 밑에 묻어 버리고 영혼은 스마트폰 단말기에 꿰인 채 좀비처럼 어두운 지하 굴을 달리고 있는 것이겠다. 문명의 이기에 지나치게 의존하다 보면 저도 모르게 하인 근성이 몸에 배게 된다. 스스로 생각하고 판단하고 결정하는 능력이 점점 감퇴된다.

확고한 주인 의식이 없는 사람은 노예나 우민들처럼 선동에 잘 넘어가 부화뇌동을 잘한다. 선전·구호나 광고, 심지어 쇼에 잘 속아 넘어간다. 그게 자신을 팔아먹는 일인 줄 모른다. 자기가 선택했으니 주인 의식으로 행동했다고 여긴다. 자기 주동 의식이 부재하다는 건 곧 자기가 자신을 잘 모른다는 뜻이 된다.

64 피지배식민 근성과 객관식 시험

식민지 교육은 기본적으로 객관식이다. 주관식은 생각하게 만들기 때문에 금물이다. 하인이나 노예가 스스로 생각하고 판단한다면? 고분고분 지배받을 리가 없다. 모조리 스파르타쿠스가 되면 곤란하기 때문이다.

다음으로는 선착순이다. 예전에 신병훈련소에서 애용하던 길들이기 방법이다. 머리 깎이고 똑같은 옷을 입힌 다음 선착순 몇 번만 시키면 인격에서 모조리 짐승격으로 돌아온다. 누천년 인간이 쌓아 온 인격이란 것이 얼마나 하잘것없는 것인가를 뼈저리게 느끼게 해준다.

그래도 고분고분하지 않는 인간들이 있다. 지금은 그랬다간 인권유린으로 고발당하겠지만 1960년대까지만 해도 흔한 일이었다. 수업 시간중 장난하는 아이들을 불러내어 둘을 마주 보게 해

놓고 서로 뺨을 때리게 하는 벌이다. 필자도 국민학교에서 당해본 적이 있지만, 상상만으로도 그 모멸감이 어느 정도일지 능히 짐작될 것이다. 복도에 꿇어앉혀 망신주기는 애교다.

이런 식민지 교육을 받고 나면 해방이 되어도 한동안 갈피를 잡지 못해 우왕좌왕 이합집산으로 편갈라 서로 할퀴고 물어뜯고 뺨 때리고 고자질하고 이간질하기에 여념이 없다. 모두가 주인 행세하려 들지만 기실 그 근성은 피차 다 노예이기 때문에 어떤 것이 진짜 주인장의 태도인 줄을 모른다. 완장차고 갑질하는 게 주인 행세인 줄 안다. 천안함 폭침, 세월호 참사 등 이 나라에서 재난이나 위기가 닥치면 단합해서 극복하기는커녕 서로 멱살잡이에 몰두하는 하는 것도, 말로는 모두 주인이고 양반인데 막상 주인 자리에 앉혀 놓으면 똥오줌을 못 가리는 것도 그 때문이다. 해서 짝퉁 보수, 짝퉁 진보, 짝퉁 주인인 게다. 너나할것없이 다 짝퉁이다.

세월호 사건 이후 인성 교육에 대한 논의가 뜨거워져 인성교육진흥법이라는 특별법까지 만들었지만 한국인들의 타락은 그 끝이 보이지 않는다. 유교의 나라, 동방예의지국이 어쩌다 이 모양이 되었을까마는 그래 보았자 윤리 도덕 과목 버젓이 놔두고 또 옥상옥을 만드는 것일 테다.

왜 개인의 인성까지 국가가 책임져야 하는가? 따지고 보면 지극히 개인적인 것이 인성이 아닌가? 제 자식만 잘 키우겠다며 온갖 과외에다 조기유학까지 시키면서 가정 교육은 나 몰라라 하고 있지 않은가? 제 자식 공부 잘하는 건 제 탓이고, 남의 자식 인성이 못된 건 학교 탓이고 사회 탓이고 국가 탓인가? 인성 교육은 학교가 책임져야 한다면서 언제 공교육을 믿고 따랐는가? 당장 자신부터 인성 교육시킨다고 직장에서 매주, 매달 민방위 훈련하듯 교육받으라고 강제하면 고분고분할까?

그렇게 윤리 도덕 교육을 강화(강요)한다고 인성이 고와질까? 성리학을 다시 끄집어내어도 대답을 얻지 못할 것이다. 아무렴 교육 안 받은 것보다는 낫겠다. 그렇다 한들 인성만 착해지고 순화되면 그만인가? 인간은 사회적 동물이 아닌가? 상대에 대한 인식, 소통 능력 없는 인성 교육이란 무의미하다. 그러니 용어의 선택부터 잘못됐다. 인성 교육이 아니라 인품 교육이다. 건강한 육체에서 건전한 정신이 나오고, 바른 매너에서 바른 인품이 나온다.

65 왜 나만 가지고 그래?

사대 근성, 피식민 근성, 하인 근성, 노예 근성을 그냥 두고는 인품 교육 절대 안 된다. 그래 본들 결국 사대 교육, 식민 교육, 노예 교육일 뿐이다. 흔히 식민지배를 당한 민족이 그 트라우마를 털어내려면 1백 년은 족히 걸린다고 한다. 몸에 체득된 건 하루아침에 원상 회복되지 않는다는 뜻이다. 역으로 몸을 잘 다스리면 오염된 정신, 즉 피식민 근성을 빨리 극복해낼 수 있다는 이치가 성립된다. 매너와 품격으로 근성을 바꿀 수 있다는 말이다.

피식민지배와 한국전쟁을 거치면서 생긴 트라우마는 일상에서 무의식중에 문득문득 솟구친다. 지나친 피해 의식과 알레르기 반응이 그것이다. 가령 선거에서 드러나는 한국인의 양태가 그렇다. 선거는 선거일 뿐, 이기든 지든 가볍게 털고 일상으로 돌아가는 것이 잘 안 된다. 지는 것에 대한 두려움! 돈을 걸고 배팅한 것도 아니고, 자기가 직접 출마하는 것도 아님에도 불구하고 지지하는 인사나 정당이 선거에 패배하면 마치 적에게 정복당해 굴욕적으로 살아야 할 것처럼 인식되어 막연한 공포심을 느낀다. 해서 게임의 결과에 여간해서 승복하지 못하고 그악스럽게 반대한다. 권력에 대한 저항이 곧 독립운동인 양 오버한다. 해서 크게는 통치자에게 저항하고, 작게는 길 가다 낯선 이와 어깨만 부딪쳐도 마치 제 나라가 침탈당한 듯 부르르 몸을 떤다.

게다가 모든 책임을 최고통치자에게로 돌리는 버릇이 있다. 문제가 생기면 주인이 잘못해서 노예인 우리 혹은 내가 피해를 보고 있다고 주먹질해대는 것이다. 스스로 주인 노릇을 잘 못해서 문제가 생긴 것이라곤 꿈에도 안한다. 이는 뒤집어 보면 스스로 주인이 되지 못함이겠다. 해서 민주(民主)란 단어의 진정한 의미를 이해 못한다. 주인은 남 탓하지 않는다.

하인은 스스로 판단하고 결정할 권한도 책임도 없고, 또 그런 훈련을 거치지도 않았다. 당연히 창조하거나 혁신할 능력도 없다. 오히려 그런 걸 부담스러워하고 싫어한다. 책임지겠다는 말조차 하인에겐 허락되지 않는다. 오직 복종과 변명·핑계만 허락될 뿐이다. 하지만 주인장은 그럴 수 없다. 권한이 있기 때문에 스스로 판단하고 결정을 해야 한다. 그리고 그것에 대해 전적으로 책임을 져야 한다. 변명하거나 핑계댈 곳이 없다.

66 민(民)의 주인뽑기가 민주주의?

예전에 미국의 어느 교수가 쓴《정의란 무엇인가》라는 책이 한국에서 1백만 부가 넘게 팔린 적이 있다. 미국에서도 고작 몇만 부밖에 팔리지 않은 책이란다. 어쨌든 그 덕에 한국인들이 정의로워졌는가? 그럴 리가 없다. 그만큼 정의롭지 못해서 생긴 현상이리라. 그러고 보면 한민족은 정의강박증에 걸린 듯하다. 광장이나 대기업 본사 사옥 앞에선 오늘도 정의를 내건 시위대가 확성기를 틀어 놓고서 판을 벌이고 있다.

해방된 지 반세기를 훌쩍 넘어섰지만 아직도 외세와 식민지배 트라우마에서 벗어나지 못한 한민족은 애국적 분노가 정의인 줄 안다. 해서 여기저기 애국 선동질이 범람하고 있다. 하지만 애국심은 이성이 아니라 감성이다. 패배와 승리, 가해와 피해, 분노와 한은 정의도 불의도 아니다. 합리주의·이성주의가 부재한지라 매사를 감정주의·감성주의·이기주의·호불호로 판단하는 성향이 강하다. 포지티브적 사고가 불가능한 네거티브적 민족이다. 해서 딜(deal)을 할 줄 모른다. 민주주의의 기본 프레임이 딜(타협)

인데도 말이다. 논리(이론)와 현실은 언제나 달라서 어느 단계에 선 반드시 딜이 필요하다. 주인 의식을 가진 자만이 딜을 할 수 있다. 공산주의·사회주의가 실패한 이유도 여기에 있다 하겠다.

67 유교 국가에서 민주주의 가능할까?

또 한국인의 적폐 가운데 하나인 갑(甲)질의 문제도 시민(국민) 개개인의 주인 의식 부재에서 찾아야 할 것 같다. 뒤집어 보면 상대적으로 대부분의 시민이 을(乙)짓을 하기 때문이겠다. 권력에 대한 몸에 밴 맹종 때문에 권력을 갖지 못한 사람은 자신을 지레 을(乙)로 치부해 버린다. 기실은 시민 개개인이 주인 의식을 가지고 당당하게 주인 노릇을 해낸다면 어떤 권력자도 갑질을 못할 것이 아닌가?

기실 한국 사회는 어쩔 수 없는 갑을(甲乙) 구조로 되어 있어 누구든 갑도 되고 을도 되는 이중성을 갖고 있다. 한국인은 누구나 완장을 차고 다닌다. 나이라는 완장이다. 제아무리 못 가진 사람도 그걸로 갑질도 하고 을질도 한다. 해서 한국인이라면 어떤 관계에서든 동등할 수가 없다. 나이는 물론 계급·직위·학벌·재산·선후배 등등의 차이에서 갑을 차등 의식을 본능적으로 직감하고 구별한다. 심지어 당사자를 넘어 부모·자식·처가·친구들의 형편은 물론 자동차와 아파트 평수까지 그에 영향을 미친다. 유교의 봉건적 사유 체계에 더해 존댓말과 반말이라는 갑을

적 언어 체계를 가진 민족으로서 피할 수 없는 숙명적 굴레다. 한국인들이 유독 감투를 좋아하는 것도 실은 이 을적(乙的) 삶에 대한 콤플렉스 내지는 트라우마 때문일 테다. 감투가 곧 갑이다. 어떻게 해서든 갑이 되어 그 을로 살아 온 한(恨)을 풀고자 하는 거다. 그리하여 이 갑을 의식은 무시로 법과 규칙·도덕·상식의 경계를 넘나들며 인권과 인격, 인간존엄성을 깔아뭉갠다.

바이더피플(by the people)! 주인은 누가 시켜 주는 것이 아니다. 스스로 되는 것이다. 주민등록증 지녔다고, 선거권 생겼다고 바이더피플 되는 것 아니다. 한국 민주주의는 노예민주주의 혹은 민중주의라 하겠다. 자신의 권한을 위임할 현명한 지도자를 뽑는 것이 아니라 자신을 다스려 줄 주인(지배자)을 뽑는 것이 민주주의인 줄로 착각하고 있다. 해서 감성적으로 제 마음에 드는 후덕하고 관대할 것 같은 주인을 고른다. 아무튼 주인되기 일상 생활 매너로 주인 의식을 되찾는 것이 국민 개조의 지름길이다. "국가가 당신을 위해 무엇을 할 수 있는가를 묻지 말고, 당신이 국가를 위해 무엇을 할 수 있는가를 물어보라!"고 한 케네디의 말은 곧 주인으로서의 국민이 되라는 말이다. 남 탓하지 말라는 얘기다. 고민 좀 하면서 살라는 거다.

68 등대와 후레쉬의 차이

흔히 인간을 도구를 다룰 줄 아는 동물이라고 한다. 따라서

삼성전자 스마트폰 외국인 모델의 바른 몸자세. 한국의 유명 모델이나 광고제작자들조차 고개를 바로 든 채로 휴대전화를 볼 줄 모른다. (서울 코엑스 지하도 광고 사진)

도구를 다루는 행위만 보고도 그 사람이 얼마나 인격적인가를(도구의 주인됨에 합당한가를) 가늠할 수 있다. 그러니까 노트북이나 스마트폰 사용, 캔음료나 음료수병 마개를 따거나 전화 통화를 하는 자세를 보는 것만으로도 그 사람이 어떤 환경에서, 어느 수준의 레벨에서 자라 왔는지를, 그리고 어느 수준의 직책과 비즈니스를 감당할 수 있을지를 짐작한다.

글로벌 매너를 익힌 신사숙녀라면 그런 간단한 겉모양새만 보고서도 그 사람이 주인장답게 살아 왔는지, 아니면 하인처럼 살아 왔는지를 판단할 수 있다. 나이나 계급, 직업이나 신분을 사람 판단의 척도로 삼는 한국인들은 그런 매너가 있다는 사실조차 모른다.

평소 주인장 의식으로 살아 온 사람은 자기가 다루는 물건을 완전하게 장악한다. 가령 대용량 페트병 음료수 병마개를 딸 때, 대부분의 한국인들은 한 손으로 병을 잡고 다른 손으로 병마개를 잡고 돌린다. 하지만 이런 자세는 힘이 많이 들어갈 뿐만 아니라, 팔을 수평으로 들어 움직여야 한다. 그러다가 곁에 있는 사람이나 물건을 팔꿈치로 치기도 한다. 이럴 때 서양인들은 반대로 한 손으로 병마개를 꼭 쥔 상태에서 다른 손으로 아래의 병을 살살 돌린다. 힘도 적게 들어가고 안전하다.

그런가 하면 대부분의 한국인들은 노트북이나 스마트폰을 사용할 때 목을 쭉 빼고 고개를 푹 숙인다. 식사할 때 입을 그릇 가까이 갖다대기 위해 고개와 어깨를 숙이는 것처럼! 인격보다 물격을 중시하는 미개한, 다시 말해 문명적으로 진화가 덜된 민족이란 표시이다. 반대로 선진국 신사숙녀들은 바른 자세에서 고개를 세워 들여다본다. 대신 노트북이나 스마트폰을 들어 당기거나 밀어 거리를 조절한다. 자세가 주인격과 하인격을 구별하는 기준이 되는 것이다.

주인장은 눈으로 말한다. 눈으로 사람들을 부린다는 말이다. 등대는 언제나 그 자리에서 바른 자세로 빛을 쏘아 뭇 배들을 인도한다. 반면에 후레쉬는 제 자신이 이리저리 물건을 찾아다녀야 한다. 주인장 매너와 하인격 매너의 차이가 바로 이와 같다 할 수 있겠다. 사람(인격)이 물건(물격)에 맞추는 것은 독립적 존엄한 주체로 살아 온 주인장 매너라 할 수 없다는 거다.

의자에 앉는 것도 마찬가지! 의자 끝에 엉덩이를 걸치고 앉거나, 엉덩이를 앞으로 내밀고 비스듬히 뒤로 젖혀 앉는 것도 신사의 매너가 아니다. 엉덩이가 등받이에 닿도록 의자의 구석진 곳까지 밀어넣어 앉아야 한다. 그러니까 의자를 당겨앉아 허리와 등을 수직으로 곧추세워야 한다는 거다. 왜냐하면 의자는 처음부터 그렇게 앉을 것을 예상하고 설계되어 있으니까 말이다. 그런 게 주인격으로서 의자를 완전하게 장악하는 행위이다. 의자에서 배를 내밀고 갑질해 봐야 주인 잘못 만난 제 허리만 고생한다.

쩍벌남으로 팔다리를 벌리고 소파에 앉는 것 역시 물격에 인격을 맞추는 하인격 매너이다. 전철에서 좌우 옆자리가 비었다고 해서 퍼질러앉는 것도 꼴불견! 그런다고 얼마나 큰 이익이 있겠나? 그냥 단정하게 제자리 면적만 차지하고 앉아 가는 것이 주인장다운 매너이다. 남이 볼까봐 무서운 까닭이 아니라 자기 존엄을 지키기 위해서이다.

자세가 바르지 않으면 일단 신뢰하지 않는다. 품격이 낮은 사람이 만들고, 또 그런 사람이 사용하는 상품을 누가 갖고 싶을까? 기술만으로는 세계 일등 한국 제품이 일류가 못되고 명품이 될 수 없는 원인도 거기에 있다. 나아가 한국인들이 그토록 명품을 많이 수입하고 소비하는데도 불구하고 글로벌 무대에서 신사숙녀로 존중받지 못하는 것도 그 때문이다. 자라목은 하인격임의 표시! 누천년 굽신배(拜)가 몸에 밴 탓이다. 한국의 세계적인 스타들이 글로벌 광고 모델 하나 따내지 못하고 글로벌 신사숙녀들과 친구가 못되는 가장 치명적인 원인이 이런 바르지 못한 자세에 있다. 한국의 갑(甲)들이 밖에 나가면 신사가 될 수 없고, 명품을 아무리 사모아도 속이 허한 이유다. '인격'이 안 되는 사람이 만들고 사용하는 상품을 누가 갖고 싶어하겠나? 한국의 일등 상품이 일류가 못되고 명품이 될 수 없는 원인도 거기에 있다. 명품을 아무리 걸쳐도 매너가 안 되면 졸부 취급만 받는다. 명품은 재주나 기술만으로는 절대 못 만든다. 명품은 품격으로 만든다. 구성원 모두가 품격 있는 시민이 되어야 메이드인코리아가 명품이 될 수 있다.

흔히들 인격은 동등하고 직업에는 귀천이 없다고들 하지만, 품격에는 귀천과 구별이 없을 수 없다. 그러니 관습이나 유행을 따르기 전에 "왜 그래야지?" 하는 철학적 고뇌를 거쳐 논리적 타

주인장격 통화 모델폼. 평소 상대방을 바로 쳐다보고 눈으로 사람을 부려 온 주인장은 전화 통화를 할 때에도 상대방을 똑바로 쳐다보며 통화를 한다. 최고지도자나 최고경영자의 전화기는 언제나 책상 왼쪽에 놓여져 있어 왼손으로 통화를 하는 습관이 몸에 배었다. ⓒ 백악관

당성을 확보하려는 습관을 들여야 한다. 그게 주인장의 태도다.

✆ 아는 만큼 보인다! 하지만 보는 만큼 알진 못한다!

전화 통화에도 매너와 품격이 있음을 한국인들은 잘 알지 못한다.

국가 정상이 되면 종종 외국 정상과 전화 통화할 일이 생긴다. 그럴 때 한국의 청와대에서 언론에 내보내는 대통령의 통화 모습을 보면 아연실색하지 않을 수 없을 때가 많다. 노타이에 와이셔츠 바람으로 통역과 비서관들에 둘러싸인 채 고개 숙여 통화

하인격 통화 모델폼. 하인격으로 살아 온 사람은 전화 통화를 할 때에도 상대방을 바로 쳐다보지 못한다. 그리고 이런 사람들은 대개 오른손으로 전화를 잡는 습관이 있다. ⓒ청와대

국내 한 언론 매체에 실린 한미 정상 간의 통화 모습. 회장님이나 사장님의 지시 사항을 받아적는 여비서 같은 모습을 연출하고 있다. 대통령이란 감독만 하는 직분이 아니다. 연기 연출까지 직접 다 해내어야 하는 자리다. 리더는 아무나 하는 게 아니다.

각 언론에 실린 정상 간의 통화 모습 사진. 사진 한 장으로 인한 국격 디스카운트에 대해 아무런 인식이 없음을 짐작할 수 있다. 집무실 고급한 책상에서, 전화기를 왼쪽에 놓고, 완전 넥타이 정장에 바른 자세로 앉아서, 주변 비서들 멀찍이 떨어져 사진 앵글에 들어오지 않도록 하고, 고개를 들어 왼손으로 수화기 잡고, 상대방과 마주 보고 대화하는 모드의 시선 처리, 엄선된 사진만을 대외용으로 배포하였어야 했다. 기자들도 청와대 홍보실에 그런 품격 갖춘 사진을 요구하였어야 했다.

눈 내리깔고, 받아적기 스텐바이 자세의 강경화 외교부장관. 외교계 최하위 기능직 통역사 출신임을 숨기지 못하는 통화 자세. 어떤 자세로 장관의 소임을 수행할지를 짐작케 하고 있다. 대통령 비서라면 이런 자세여도 상관없겠다. (외교부 제공—연합뉴스)

하는 모습의 사진들이 여기저기 언론에 실린다. 게다가 일부 신문에서는 상대국 정상의 통화 사진과 나란히 붙여서 내보내는데, 이때에는 사진만으로도 두 정상의 매너와 품격의 차이가 확연히 드러나 보여 민망스럽기 짝이 없다.

가령 외국 정상들은 정장 차림에 고개를 들고 통화하는 모습인 데 비해, 한국 대통령들은 비정장에다 고개까지 푹 숙여 상관의 하명을 받드는 부하의 모습이다. 아무리 약소국이기는 하나 대통령이 전화하는 자세까지 그렇게 비굴해 보일 것까지야 없지 않을까? 매너는 습관이다. (실제로는 자다가 잠옷 바람으로 전화 통화를 하더라도) 국가 최고지도자로서의 신분 위상에 어울리는 주인격 통화 모델폼을 갖춘 엄선된 분위기의 사진만 언론에 내보내야 한다.

70 직각식사는 인권이 아니라 인격의 문제다

국방부장관으로 임명되면 동작동 국립현충원에 이어 신병 훈련소를 찾아 훈련병들을 격려하는 게 무슨 관례처럼 되었다. 2017(정유)년 설날, 육군참모총장이 논산 신병훈련소 식당에 들러 훈련병들에게 각을 잡아 식사하는 자세를 설명하는 사진이 보도된 적이 있다. 한데 과연 예의 참모총장인들 각잡아 식사하는 그 속뜻을 알기나 할까? 아마도 대한민국 국군에서 그걸 설명할 군인은 단 한 명도 없을 것이다.

이 직각식사가 근자에 몇 차례 오락 프로를 타는가 싶더니 적폐로 찍혀 이 땅에서 영영 사라지게 되었다. 2019년 9월 28일 방영된 MBC 〈진짜 사나이 300〉에 직각식사가 소개되면서 우스꽝스런 소재로 화제가 되었는데, 육군본부 내 인권서포터즈단이 이 직각식사를 '악폐습'이라며 폐지를 권고했다 해서 폐지 절차에 들어갔다고 한다.

흔히 사관학교 생도들은 식사 때 상체와 고개를 바로세우고 숟가락을 수직으로 들어올린 다음 직각으로 꺾어 입으로 가져가도록 훈련받는다고 알려져 있다. 그렇게 숟가락질마저 절도가 있어야 군인들의 자세라고들 알고 있지만, 기실 천만의 말씀이다. 아무렴 숟가락질 절도가 군인 정신과 무슨 상관이 있으랴! 상체를

숙여서 밥이나 국그릇에 입을 갖다대지 못하게 하기 위해서였을
것이다.

직각식사법은 70년 전 미군이 가르쳐 준 것으로 지금까지 대
한민국 사관학교와 신병 훈련 과정에서 시행되어 왔다. 한국군
창설 당시 미군이 지휘관 양성을 위해 육사생도들에게 가르친 직

이라크에서 작전중 전방을 주시한 채로 식사를 하는 미군 병사. (인터넷 캡처)

항저우 G20 정상회의에 참석한 버락 오바마 미국 대통령과 시진핑 중국 국가주석이 서호 (西湖) 국빈관에서 차를 마시고 있다. 두 정상은 4시간이 넘는 마라톤 회담에 이어 서호 주변을 거닐며 비공식 회의를 거쳤으나 남중국해 영유권과 한반도 사드 배치 문제를 둘러싼 갈등에 대해 팽팽한 의견 대립을 보였다고 한다. ⓒ로이터−연합뉴스

각식사. 당시 한국인들 간에 전혀 그 개념이 없었던 소통과 리더십 계발을 위해 장교 간, 그리고 사병 간 상대방 눈보기 훈련 방법으로 식사시 바로 앞에 있는 사병의 눈을 보게 하기 위해 고개를 바로세운 상태에서 밥을 떠먹도록 훈련시킨 것이다.

　대개 서구에서 지휘관(장교)은 중상류층 출신으로 성숙된 사회적 인격체임이 이미 전통적으로 자리잡고 있다. 한데 현대에 이르러 자원 입대하는 생도나 사병은 대체로 리더로서의 사회성이 제대로 형성되지 않았기 때문에 공동체의 규율을 서둘러 체화시키기 위해 직각식사 등 절도 있는 자세와 동작을 혹독할 정도로 익히게 했던 것이다.

물론 그 외양상의 절도 있는 동작의 최종 목적은 피차의 목숨을 지켜 줘야 하는 전투 공동체 내의 소통과 리더십 배양이다. 이게 되어야 전투력 향상과 전쟁 승리를 장담할 수 있을 것이다. 전사(지휘관이든 병졸이든)가 동료는 물론 적의 눈을 자동적으로 주시하지 못하면 어찌되겠는가? 권투선수가 링 위에 올라 서로 마주 보고 인사를 나눌 때 상대방 눈길을 피하게 되면 어찌되는가? JSA 헌병이 선글라스 끼고(선글라스 뒤에 숨어서) 북한 병사들과 맨눈싸움을 해야 하는 군대가 무슨 전투력 운운하는가?

71 무너지는 대한민국, 왜 올바른 리더가 없는가?

한국의 신병 훈련에 이 직각식사를 도입하면서 중도에(혹은 처음부터) 그 의미를 잊어버리고 맹목적으로 동작만 따라 하다 보니 기형적이고 형식주의적이고 관료적인 악습의 하나로 굳어져 내려온 것이리라. 게다가 식불언(食不言)이란 반문명적 전통 관습까지 보태는 바람에 마치 공장의 로봇들과 같은 비인격적 행태를 연출한 것이다.

기억자 식사 훈련의 궁극적인 목표점은 절도가 아니라 소통이다. 건너편의 상대와 마주 보면서 대화하고 소통하며 식사하라는 본디 목적을 이해 못하고 70년 동안 그 동작만 시키는 대로 실천하고 있는 것일 테다. 이 직각식사로부터 다시 악수나 건배, 차를 마실 때, 회의를 할 때에도 상대방을 주시·주목해서 동시적으로 소통과 피드백이 이뤄지는 것이다.

남귤북지(南橘北枳)! 결국 오렌지도 태평양을 건너오자 탱자가 된 것이다. 그러니까 불가피하게 인간존엄성을 무시해 가면서 고육지책으로 도입된 서양식 소통 훈련, 리더십 배양 목적의 상대방 눈보기 직각식사가 한국에서는 그저 외향적으로 군인답게 절도 있는, 피차 멋있다 쇼로 변질된 것이다. 그러면서 군대의 속은 계속 썩어 가고, 전투 능력 체화는 물 건너간 것이리라.

한데 그 70년 동안 군은 뭘했는지, 직각식사의 의미도 제대로 몰랐던 모양이다. 그 당시 미군들이 미개한 나라 사람들에게 그 의미를 아무리 설명해도 못 알아들을 것 같으니까 거두절미로 그렇게 가르쳤거나, 한국군이 그 설명을 들었음에도 불구하고 중도에 잊어버린 것이겠다. 아무튼 그동안 군에서는 직각식사에 대한 의미와 목적을 세 가지로 들었다. 첫째, 올바른 식사 자세 숙지. 둘째, 군인 정신(복종심) 함양. 셋째, 불편함을 통해 당연히 여겼던 식사에 대한 고마움을 느끼자는 취지에서라고 한다.

올바른 식사 자세! 맞는 말이다. 그런데 그게 왜 군인으로서 올바른 자세이고, 리더의 자세인지를 왜 제대로 설명 못하는가? 군인 정신 함양! 도대체 그게 어떻게 해서 군인 정신을 함양하는지 역시 설명이 없다. 그리고 마지막은 차마 구차하고 옹색하기 짝이 없다. 불편함을 통해 고마움을 느낀다? 참으로 어이없다.

직각식사란, 한 술 한 술 숟가락으로 밥을 떠서 건배하듯 눈높이로 올려 마주앉은 상대방과 눈을 맞추고 먹으라는 소통 매너다.

72 기드온의 3백 용사

《성경》의 〈사사기〉 제7장에 기드온의 3백 용사 이야기가 나온다. 기드온이 3만여 명의 백성들을 불러모아 골짜기 반대편의 적과 대치하게 되었다. 그러자 여호와께서 너무 많다며 싸움을 두려워하는 자들은 돌려보내게 하니 남은 자가 1만 명이었다. 여호와는 이들 모두를 강가로 데려가 물을 마시게 하였다. 그 가운데 개처럼 엎드려 물을 마신 자와 두 무릎을 꿇고 물을 마신 자들을 가려 모두 돌려보내고 나니 남은 자가 3백 명뿐이었다.

그들은 물을 마시기 위해 머리를 숙이지도, 또 무릎을 꿇지도

기드온의 3백 용사. (인터넷 캡처)

케리 쿠퍼. (인터넷 캡처)

않고 쪼그려앉되 허리를 세운 바른 자세로 손바닥으로 물을 떠서 입에 갖다대어 핥아먹었다. 시야가 확보되니 물을 마시면서도 눈길은 강 건너편의 적을 주시하고 있었던 것이다. 그래서 고개를 숙이지 않았던 거다. 여호와께서는 그 3백의 용사들에게 한밤중에 습격할 것을 명해 적을 물리쳐 승리를 거두게 하였다.

오래전에 작고한 미국의 유명 배우 케리 쿠퍼! 무명 시절, 서부극 배우 모집 오디션에 지망했다. 총잡이가 개울에서 물을 마시는 연기를 하게 했다. 다른 지망생들은 그냥 뚜벅뚜벅 개울로 걸어가 엎드려 물을 마셨는데, 케리 쿠퍼는 개울가로 걸어가 오른손을 총잡이에 갖다대고 사방을 둘러본 다음 그대로 무릎을 꺾어앉아 왼손으로 물을 떠마셨다. 바로 그 자리에서 합격! 한 시절 미국을 대표했던 국민배우가 그렇게 탄생하였다.

73 자세가 사람을 만든다

바른 자세여야 상대방은 물론 식당(전장) 전체를 조망하고 소통하며 통솔하는 리더십이 길러진다. 악수나 건배가 그렇듯, 심지어 민주주의조차 우리는 그동안 뜻도 모르고, 멋도 모르고, 맛도 모른 채 껍데기를 가지고 시늉만 내었던 것이다. 바른 자세는 인격과 짐승격을 구분하는 척도다.

외국 영화를 보면 가끔 오지를 여행하는 사람들이 계곡물을 마시는 장면이 나온다. 이때 원주민 하인들과 짐꾼들은 엎드려 입을 대고 마시지만, 주인공과 서양 신사들은 손으로 물을 떠마신다. 이 장면에서 대부분의 한국 관객들은 대수롭지 않게 보아넘긴다. 입을 대고 마시면 바가지도 필요 없고, 옷도 안 버리고

수도꼭지에 입을 대고 물을 마시는 건 짐승격! (인터넷 캡처)

편하지! 그러다 보니 한국 영화에서는 주인 하인 할 것 없이 똑같이 엎드려 직접 입을 대고 마신다.

또 운동장에서 놀다가 목이 말라 수도꼭지를 틀어 물을 마시는 장면에서도 한국의 어른이나 어린이들은 수도꼭지에 고개를 돌려 입을 갖다대고 물을 마신다. 바로 이런 사소한 장면 하나가 영화의 품격을 망치는 줄을 감독은 물론 관객들 누구도 알지 못한다. 무심코 지나가는 그 영화 한 장면에서 외국인들은 한국을 아직도 미개한 나라로 인식해 버린다. 그러니 엄청난 제작비를 들여 꽤 잘 만들었다고 자부하는 영화임에도 불구하고 선진국에선 아무도 안 사간다.

약수터나 옹달샘 등지에서 물을 마시려고 할 때, 혹시라도 컵이나 바가지 등이 놓여 있지 않다면 어떻게 해야 할까? 큼직한 나뭇잎을 따서 우그리면 훌륭한 도구가 된다. 그마저도 없으면 물을 손으로 떠서 입으로 가져간다. 그랬다간 옷을 적시지 않느냐고? 당연히 젖는다. 하지만 그래도 손으로 떠마신다. 엎드려서 입을 들이대고 마시는 건 동물과 다를 바 없는 행동이므로. 운동장 수도꼭지에서도 입을 대는 대신 두 손으로 받아 마시도록 습관을 들여야 한다.

74 매너는 경쟁력이다

바른 자세가 바른 인격을 만든다. 옛 선비들이 지켜 온 인물

평가 기준, 신언서판(身言書判)의 첫 단추는 신(身), 즉 바른 자세이다. 특히 상체는 인격 그 자체이다. 해서 허리를 구부리거나 고개를 숙이는 글로벌 매너는 없다. 왕과 같이 지위나 신분이 높은 사람 앞이라도 다리를 꺾어 자세를 낮출지언정 상체(인격)를 굽히는 법은 없다. 대신 키가 작은 어린이나 휠체어를 탄 사람을 대할 때 서로의 눈높이를 맞추기 위해 무릎을 꿇기도 하지만, 상체는 언제나 바로세운다. 스스로 바로서지도 못하면서 사회가 바로서고, 나라가 바로서길 바랄 수야 없지 않은가?

등 굽은 민족이 어찌 세계사의 주류가 될 수 있을까? 직각식사는 인권의 문제가 아니라 인격의 문제다. 훌륭한 인격체로 만들어 준다는데 그걸 마치 인권 억압인 줄로 오해한 것일 테다. 주인으로 살아 보지 못한 하인 혹은 천민다운 세계관에서 나온 발상의 한계라 하겠다. 식사중 바른 자세는 군인만의 자세가 아니라 성숙된 인격체로서 갖춰야 할 테이블 매너다.

국군이 70년 동안 멍청한 짓을 해왔단 말인가? 군은 왜 직각식사 폐지를 결정하기 전에 그걸 전해 준 사람들에게 물어보지 않는가? 바로 옆에 미군들이 있지 않은가? 그토록 인권을 중시하는 미국인들은 왜 직각식사 훈련을 없애지 않는지? 긴 칼 옆에 찬다고 다 훌륭한 장수가 되는 것 아니다. 제발이지 깊은 시름 좀 하면서 살자! 문명은 디테일이다.

75 신사와 백팩

전철을 타기 위해 대기하고 있을 때 앞쪽에 중년의 서양인 남성 두 명이 공히 백팩을 메고 서 있었다. 그러자 같이 가던 친구가 "저 두 사람 중 한 사람이 승차할 때 백팩을 벗을 것이다. 그게 누굴까?"라고 문제를 내었다. 글쎄? 그걸 어떻게 안담? 갸우뚱거리자 다시 친구왈, "키가 크고 나이가 좀 더 들어 보이는 사람이 벗을 것이다"라고 했다. 이윽고 전동차가 도착했다. 아니나 다를까 예의 그 사람만 백팩을 벗고 탔다. 어떻게 알 수 있었느냐고 묻자 친구왈, "저 키 큰 사람은 자세가 똑바르지 않느냐! 그런데 다른 한 사람은 자세가 굽었다. 그걸 보고 짐작했는데 역시 맞았다!" 했다. 신사는 그렇게 선 자세부터가 다르다.

외국에서 허름한 아웃도어 차림이나 배낭을 메고 호텔 레스토랑에 들어갔다가 쫓겨난 한국인들의 이야기가 종종 들린다. 아무렴 그런 곳에 갈 때에는 제대로 챙겨입어야지! 이때 대부분의 한국인들은 그저 막연하게 그런 게 우리와 다른 서양의 에티켓이라고만 여기고, 그 나라에 가서는 그 나라 예법을 지켜 주는 것이 당연하다고만 하고 더 이상 깊이 생각해 보지 않는다. 그러면 그들은 어째서 그런 에티켓을 만들어 고수하고 있는가?

한국인들은 공공 장소에 대한 인식이 부족하다 못해 거의 없다고 해야 할 정도이다. 전철이나 버스·엘리베이터·식당은 공공 공간이다. 당연히 다른 이용자들에게 방해가 되거나 불쾌감을 주는 행위는 삼가야 한다. 한데 한국인들은 막무가내다. 내 돈 내고 이용하는데, 이왕이면 내가 더 편하게… 배 내밀고, 다리 쩍

벌리고!

에이, 남들도 안 벗는데 뭐 어때? 멀리서 누군가가 아는 사람이 우연히 그런 행동을 지켜 볼 수도 있다. 물론 남의 눈치 때문만은 아니다. 전철이나 엘리베이터 안은 공공 영역이다. 그리고 백팩은 사유물이다. 따라서 공공 영역에 들어서면 공인으로서 자기 사유물을 통제하는 것이 성숙된 시민 의식이자 주인 의식이다. 혼잡하건말건 아예 습관을 그렇게 들이는 거다. 거의 모든 백팩에는 위쪽에 손잡이가 달려 있다.

자기 편하자고 누군가에게 위협적인 불편을 주는 것은 바른 시민의 행동이 못된다. 또 '남들은 다 메고 타는데 왜 나만 그래야 돼?'라는 생각 역시 마찬가지! 그건 노예나 하인다운 나태하고 비겁한 변명이다. 신사라면 남들과는 상관없이 자신이 공공 영역에 들어섰음을 인식하고 사인에서 공인으로 바뀐 자신의 마땅한 역할을 행하기만 하면 되는 거다. 바른 일이라 생각되면 혼자서라도 지켜내는 게 진짜 주인 의식이다. 자기 주동 의식을 가진 사람은 남의 눈치를 보고 무작정 남들 따라 행동하지 않는다.

76 벤허는 사지에서 어떻게 살아나왔나?

누이의 사소한 실수로 인해 집안이 풍비박산난 벤허는, 노예의 무덤으로 불리는 로마 함선으로 보내져 쇠사슬로 발이 선체에 엮인 채로 노를 젓게 된다. 전투가 벌어지면 죽도록 노를 저어 자신이 탄 배가 침몰을 면하는 길 외엔 어떤 요행도 바랄 수 없다. 그렇다 한들 결국에는 배와 함께 수장될 운명이다.

그러던 어느 날 전투를 앞두고 그 배에 탄 사령관이 점검차 노예들이 노젓는 아래 선창으로 내려왔다가 우연히 눈에 띈 벤허를 발견하고는 감독관에게 벤허의 발목에 채운 쇠사슬을 풀어 주라고 명령한다. 이윽고 전투가 벌어지고, 적의 배에 옆구리를 박혀 사령선이 침몰한다. 그때 벤허가 사령관을 구하는 바람에 인생을 역전시켜 고향으로 돌아가게 된다.

한데 그 줄지어 노를 젓고 있는 수많은 노예들 중에서 사령관은 어떻게 벤허를 알아보았을까? 그리고 왜 그의 쇠사슬을 풀어 주도록 명령했을까? 설마 노예들의 이력서를 뒤져 보았을까?

자세다! 다른 노예들은 이미 배에서 살아나간다는 희망을 포기한 채로 고개 푹 숙이고 북소리에 맞춰 노를 저을 뿐인데 반해, 유독 벤허만이 채찍을 맞으면서도 고개를 세우고 노를 젓는 바람에 사령관의 눈에 띈 것이다. 그러자 증오에 가득 찬 이글거리는 눈초리에서 예사롭지 않음을 짐작한 사령관은 혹시나 하는 막연한 심정에서 한 노예의 운명을 시험하게 된다.

바른 자세와 눈맞춤은 주인장의 태도다. 주인장으로 살아 온 사람은 상대방의 자세만 보고도 금방 알아챈다. 따라서 사령관이 그 많은 노예들 중에서 노예답지 않은 노예 한 명을 발견해내는 건 지극히 당연한 일이라 하겠다. 아무려나 그렇다 한들 벤허가 수영을 할 줄 몰랐다면 제 한 목숨인들 건질 수 있었으랴. 기회란 준비된 자가 만드는 것이다!

77 신데렐라와 유리구두

수년 전《신데렐라》라는 영화가 한국에 수입되어 상영되었지
만 흥행에 성공하지 못하고 얼마 못 가 접었었다. 어렸을 적부터
익숙한 동화이지만 아무래도 한국인(어린이)들에겐 그다지 살갑
게 와닿지가 않는 것 같다. 그 원인은 아마도 춤일 것이다. 한국
인들은 고래로부터 음주가무의 민족이라 자처하지만, 그 중 춤이
슬그머니 빠져나가 버렸다. 아마도 조선시대의 근엄한 윤리관이
방정맞아 보이는 춤을 내쫓았으리라 짐작된다.

갑골문에서 춤출 무(舞)자와 싸울 무(武)자는 같은 시기에 만
들어진 글자다. 어느 민족이든 전통춤은 그 민족의 무예와 깊은
상관이 있는데, 지금도 아마존이나 아프리카 원시부족들은 전투
에 나가기 전에 모여서 춤으로 전의를 돋운다. 당연히 노래와 음
악이 곁들여지고 음주까지 보태진다.

동양이 서양에 비해 진취성과 도전 정신이 부족한 건 바로 이
춤 때문이라 할 수 있다. 서양의 귀족 자제는 일찍부터 댄스·수
영·승마·사격·사냥을 기본적으로 익히며, 그외에도 웬만한 스
포츠는 다 즐긴다. 그렇게 평소 체력을 다져 놓아야 전쟁이 벌어
지면 지휘관으로 나가 귀족의 존재 이유를 증명할 수 있었기 때문
일 터였다. 실지로 무용을 배운 사람들은 무예를 다른 어떤 운동

영화 《신데렐라》의 한 장면. 한국에선 그다지 주목받지 못했다. (인터넷 캡처)

선수들보다 더 잘 습득한다. 그에 비해 동양 귀족 자제의 교육 과
목인 육예(六藝)에는 춤(舞)이 없다. 오로지 시험 공부만 하였다.
춤출 줄 모르는 민족은 실천력이 떨어져 역사의 동력을 잃게 된
다. 조선 선비는 그래서 문약해져 갔다. 그래서 병역을 기피했다.

　　한국인들은 《신데렐라》란 동화를 그저 《콩쥐팥쥐》와 같이 착
하고 예쁘고 마음씨가 고운 여자가 멋진 왕자를 만나 결혼해서 행
복하게 살았다는 교훈쯤으로 여기는 듯하다. 하지만 서구인들은
그렇게 읽지 않는다. 《신데렐라》의 메시지는 '준비된 자만이 행운
을 잡을 수 있다'이다. 신데렐라는 귀한 집안 출신으로 계모와 그
의 딸들이 오기 전에 이미 내면의 고귀함은 물론 숙녀로서 갖춰야

해마다 열리는 러시아 사관학교의 댄스 파티. ⓒEPA-연합뉴스

할 기본기들을 익힌 상태였다.

　만약 신데렐라가 춤을 출 줄 몰랐다면 유리구두가 무슨 소용이랴! 그녀는 궁중에서 왕자를 만나 4시간 동안이나 춤을 췄다. 아무려나 마라톤하듯 땀을 뻘뻘 흘리며 4시간 내내 춤췄겠는가. 댄스는 소통의 오락이다. 춤 한번 춰 보면 상대방의 근본이 고스란히 다 파악된다. 눈맞춤과 소곤소곤 나누는 대화를 통해 서로의 심성과 교양까지 다 파악되는 것이다. 신데렐라가 단순히 예쁘고 진실하고, 고난에 굴하지 않는 용기를 가졌다 한들 귀족 숙녀로서의 소양을 갖추지 못했더라면 왕자와 맺어질 리가 없다.

　글로벌 비즈니스 본선 무대는 신사들이 노는 곳이다. 제대로 배워야 살아남을 수 있다. 춤은 매너다. 서로간의 신뢰를 확인하는 소통의 몸짓이다. 춤출 줄 모르면 신사숙녀가 아니다. 그리고 춤은 혼자서 추는 것이 아니다. 셀위댄스?! 셀위비즈니스?!

78 눈맞춤을 기피하는 하인 민족

외국인들이 처음 한국에 와서 겪는 가장 끔찍한 일이 한국인들의 눈맞춤 기피이다. 다들 화가 난 듯한 험악한 인상에다 어쩌다 눈길이 마주치면 마치 못 볼 것이라도 본 양 얼른 고개까지 돌리는 바람에 당황스럽고 민망하기 짝이 없어 한다. 낯선 사람을 쳐다보는 것이 무례란 걸 알고 나서도 한참 동안 이해가 가지 않아 한다. 물론 한국인들끼리도 낯선 사람을 함부로 쳐다보지 못한다. 그랬다간 상대를 불쾌하게 만들거나 경계심을 불러일으킨다. 죄지은 것도 없는데 눈길을 피하다니? 오랜 봉건시대, 피식민 지배, 독재 정권, 권위주의에 의한 피해 의식에서 생겨난 자기 방어적 인상쓰기라 할 수 있겠다.

아기가 태어나 눈을 뜨면 엄마와 눈맞춤을 하려고 애를 쓴다. 소통 본능이다. 그런데 유독 한국 아이들만 차츰 자라면서 어른의 눈길을 피하게 된다. 눈깔기! 어린이집을 다니면서부터 배운 '배꼽인사' 때문이다. 봉건적 관습이 강요된 때문으로 인간존엄성면에서 보자면 이는 매우 심각한 학대에 해당한다.

하여 한국의 어린이들은 그 의미도 모르고 어른(선생)들이 시키는 대로 어른만 보면 무작정 허리와 고개를 숙여 절을 해야 한다. 그리고 그렇게 했더니 어른들로부터 귀염받는다는 걸 터득하게 되어 강아지처럼 길들여진다. 그 바람에 점점 어른들과의 눈맞춤을 피하는 버릇을 들인다. 예절을 가르친다면서 아이를 일찌감치 하인으로 만든 것이다. 독립적 인격체로 자라나게 해줄 자기 존중의 뿌리가 통째로 뽑혀나가 버렸다. 그렇게 한국 아이들은 공손해지기 위해 비굴해져야 했다.

79 한국인은 모두 자폐아?

이런 습관이 한국에서야 크게 문제되지는 않지만, 글로벌 무대에서는 치명적이다. 얼마 전 유럽에서 MBA과정중인 유학생으로부터 메일을 받았는데, 자기도 그곳에서 현지인과 눈을 바로 보고 대화하는 데 1년 가까이 걸렸다고 한다. 그들 중에는 어쩌면 유학을 마칠 때까지 지도교수와 식사하면서 편하게 대화 한번 나눠 보지 못하고 돌아오는 친구들도 허다할 것이다. 한국의 대학에 와 있는 외국인 교수들도 하나같이 낯설고 힘들어하는 게 바로 학생들의 눈인사 기피라고 한다. 유럽 OECD 등 국제기구에 나가 있는 한국인들이 다른 직원들과 어울리지 못하고 왕따를 당하는 가장 큰 이유 가운데 하나가 바로 이 사람을 똑바로 쳐다보지 못하는 악습 때문이다.

아이가 자폐인지 아닌지는 먼저 눈맞춤을 피하는지를 살펴보면 알 수 있다. 일본과 한국에 '자폐아'가 많은 것도 어쩌면 눈맞

스위스 대통령과 정상회담을 하고 있는 박근혜 대통령. 습관적으로 상대방과의 눈맞춤을 피하고 먼산을 보며 이야기한다. 게다가 복장이 마치 호텔 종업원 유니폼 같다. ⓒ연합뉴스

대화란 마주 보고 말을 하는 것! A4 용지까지 들고 상대방과 눈맞춤도 못한 채 대화하는 문재인 대통령. 정상회담에서 A4 용지를 들고 말하는 것은 아둔한 사람이거나 준비 없이 나와 부하들이 써준 원고를 읽는다는 인상을 준다. ⓒ연합뉴스

춤 기피가 크게 기여하지 않았을까 싶다. 나중에 교육을 통해 눈맞춤 소통 매너를 배운다고 한들 사고와 행동이 그렇게 따라 주질 않는다.

감히 어린 놈이 어른한테 눈을 똑바로 떠? 심지어 교실에서 눈을 마주쳤다고 학생의 뺨을 때린 교사가 고소를 당해 유죄 판결을 받은 적도 있다. 이렇게 한국의 아이들은 세상에는 강자와 약자, 부모와 자식, 스승과 제자, 어른과 아이, 선배와 후배, 상관과 부하, 주인과 하인, 흔한 말로 갑(甲)과 을(乙)로 이루어져 있는 줄로 인식하게 된다. 인격은 동등하다는 인식을 못한다. 한국인이 소통 매너가 안 되는 근본 원인이 여기에 있다. 당연히 수평적 사고가 안 된다. 주인 의식을 가지고 주동적인 삶을 살아가기가 원천적으로 불가능하다. 그런 눈으로 제아무리 세계를 누비고 돌아다닌들 세계관이 열릴 턱이 없다. 사람을 못 보는 사람은 세상도 제대로 못 본다!

80 귀담아듣지 말고 눈담아들어야!

간혹 똑바로 선 자세로 악수하고 건배를 하는 사람도 저도 모르게 눈길은 손이나 잔에 가 있어 상대의 시선을 놓치고 말아 보도 사진에는 상대에게 조아리는 그림이 되고 만다. 그순간 그들과 동등한 인격체가 아닌 영어로 서번트(Servant), 곧 하인격으로 떨어진다.

의례적 인사에 익숙한 한국인들은 대화할 때에도 귀만 열어 두면 된다고 생각한다. 여기서 오해가 생긴다. 기실 말로만 소통할 거면 굳이 만날 필요가 없지 않을까? 편지나 이메일·전화 등으로 얘기하면 그만이지 않나?

만남이란 눈에 무게 중심을 두고 대화하자는 거다. 말은 입으로 하지만 교감은 눈으로 한다. 눈길을 통해 말의 진정성과 강도를 짐작하기 때문이다. 그렇기 때문에 자신이 말을 하는 도중에 상대가 딴 데 시선을 두는 것을 모욕으로 여긴다. 회의나 상담을 할 때 상대의 얼굴을 줄곧 바라보고 상대방의 표정에 특히 주의를 기울여야 한다. 상대방의 의도를 잘 이해하고 있다는 사실을 때때로 알리는 제스처 표현도 중요하다. 하여 음식은 물론 커피·차·술·물을 마시는 그 짧은 순간조차 눈맞춤을 끊지 않는 것이다.

눈은 마음의 문이라 한다. 심리학적으로도 상대와 눈맞춤을 회피하는 건 현실(사건, 진실)을 직시할 자신감이 없는 것으로 판단한다. 상담중이라면 숨기거나 거짓말하는 것으로 받아들여질 수 있다.

81 대면(對面)이란 눈맞춤!

대개의 한국인들은 이에 대한 이해는 물론 인식조차 없다. 심지어 마주 보는 것을 윗사람에겐 불경으로, 낯선 사람에겐 적대적인 행위로 인식되기도 한다. 윗사람을 바로 쳐다보면 "태도가 건방지다!"며 구박한다. 이들에게 있어서 '태도가 바르다'란 공손 내지는 겸손한 자세, 그러니까 을(乙)다운 자세를 말하는 것이다.

꽤 글로벌적으로 활동하는 이들도 이게 잘 안 된다. 심지어 직업외교관들도 악수할 때, 대화할 때, 안내할 때, 건배할 때, 더욱이 회의중에도 상대를 똑바로 주시하지 못한다. 특히나 서양인이면 본능적으로 눈길을 피한다. 죄지은 것도 없는데 말이다.

결국 한국인들이 상대의 마음을 읽어내는 능력이 떨어지고, 그로 인해 배려심이 부족한 한 원인이 되고 있는 것이다. 때문에 제대로 속내를 트고 소통할 때까지 엄청난 시간과 에너지를 낭비하게 된다. 자라면서 눈으로 진심을 표현·전달·교감하는 훈련을 받지 못했기 때문이다. 그게 한국 교육의 치명적인 결함이다.

이같이 전근대적이고 권위주의적인 소통 부재, 소통 불가한 전통적 인사법만을 고집한다면 한국은 언제나 변방의 하인국 내지는 오랑캐 나라로 취급받을 수밖에 없다. 글로벌 사회에서 모든 매너는 똑바른 몸자세와 눈맞춤에서 시작된다. 이를 인격(人格)과 짐승격, 시민과 노예(천민)를 구분하는 기준으로 삼아 왔기 때문이다.

또 대화중 상대방의 긴요한 말을 듣겠노라고 귀를 갖다대기 위해 몸을 옆으로 기울이는 것도 좋은 매너가 못된다. 신사에게 자세는 곧 인격(人格)이다. 하여 여간해서 자세를 굽히거나 기울이지 않는다. 그러니 귓속말조차도 반드시 상대방 쪽으로 몸을 돌려 정면으로 다가가 먼저 눈으로 소통한다. 고개를 옆으로 꺾는 대신 눈을 가까이 가져가 이마를 맞대고 듣는 것이 정격이다. 귀로만 담지 않고 눈으로 담는다는 말이다. 물론 이 정도의 고품격 매너는 글로벌 선진문명 사회에서도 극히 일부 최상류층 귀족들에게서나 볼 수 있다.

82 한국의 어글리 불통 광고

한국인들의 이런 무매너 버릇은 작품이나 광고에서도 고스란히 드러난다. 수많은 광고에서 고객은 말할 것도 없고, 심지어 모델끼리의 눈맞춤 사진조차 극히 드물다. 광고주는 물론 광고 전문가들조차 소통의 진정한 의미를 모른다는 뜻이다. 하여 외국에서라면 제작비 다 변상하고 쫓겨났어야 할 엉터리 광고가 연일 방송과 신문·잡지를 도배하고 있다.

'자기들끼리도 교감을 못하면서 어찌 소비자들과 교감을 하겠다는 거지?' 한국 광고를 본 선진문명 사회 시민들은 십중팔구 그렇게 회의를 품을 수밖에 없다. 글로벌 광고 시장이 한국 기업에겐 그림의 떡일 수밖에 없는 이유다. 문제는 그같이 글로벌 매너에 대한 인식조차 없는 기업들이 해외로 진출할 때 터진다. 하여 선진국은 언감생심 꿈도 못 꾸고 후진국 신흥 시장으로만 나가는데 그도 결국 오래 못 간다.

아무튼 한국인들의 눈맞춤 기피는 글로벌 비즈니스 소통 매너 학습에 최대의 장애물이다. 이것 고치지 못하고서 우물 밖에

정품격 오리지널 포스터. 사랑은 대칭! 사랑은 눈으로 소통! (인터넷 캡처)

아뿔싸! 불통, 비대칭 사랑! 남귤북지(南橘北枳)의 실증 사례. 그럴듯해 보이지만 실은 우물 안 개구리! 소통 개념이 없다 보니 눈맞춤을 상실, 멀쩡한 작품을 들여다가 짝퉁으로 만들어 버렸다. 과연 포스터만 불통이었을까? 선진국에서라면 이 광고를 만든 담당자들의 해고는 물론 광고비며 제작비 모두 변상해야 한다. 한국 상품이, 한국 기업이, 한국 모델이 글로벌화하기 불가능한 이유를 대변해 주고 있다. 주인장 마인드여야 글로벌 무대에 올라설 수 있다. (인터넷 캡처)

나가면 모조리 아웃이다. 어찌 생각하면 너무도 쉬운 일 같지만 독한 마음으로 한참 훈련해야 고쳐진다. 그리고 그게 되면 세상이 달리 보인다. 인간 관계에 두려움이 없어지고, 자신감이 생겨난다. 자신을 바라보는 주위의 시선에서 그걸 느낄 수 있다. 드디어 당달봉사에서 깨어난 것이다. 눈맞춤은 주인 의식 회복의 시작점이다.

83 한국인은 모두 갑이자 을이다

전철 같은 곳에서 간혹 자리다툼을 하는 노인들이 있다. 경로석에서도 나이를 따지고 다툰다. 처음엔 나이를 따지지만, 감정이 나면 왜 반말하느냐며 또 싸운다. 그외에도 왜 먼저 인사를 안하느냐? 감히 한 손으로 받다니? 등등 한국에서는 흔한 광경이지만 외국인들에겐 이해 불가한 괴이한 풍경이다. 유교의 장유유서(長幼有序) 관습 때문에 벌어지는 어이없는 다툼들이다.

당연히 학교에선 한 학년만 높아도 평생 선배가 된다. 또 군대에 가면 나이 상관없이 계급으로 아래위가 정해진다. 같은 계급이라도 누가 먼저 입소했느냐에 따라 상하를 나눈다. 심지어 제대를 하고 사회에 나와서도 그 서열을 지켜야 한다. 당연히 직장에서도 선배 후배를 따지게 되니 한국 사람은 평생 이 서열에서 벗어날 수가 없다. 그리고 그 계급이나 서열이 신분 아닌 신분으로 굳어진다. 심지어 몇 분 차이로 태어난 쌍둥이도 형과 동생으로 서열화되어 평생을 그렇게 살아야 한다. 누가 먼저 나올지는 우연일 뿐인데도 말이다. 서양에선 쌍둥이는 물론 형제도 모두 브라더(brother)·시스터(sister)로 호칭하며, 형·언니·동생으로 구분하지 않고 각자를 모두 동격의 인격체로 대우한다.

신분이나 계급·나이에 따라 서열이 낮은 사람은 무조건 높은 사람에게 존댓말을 써야 하고, 자신은 반말을 들어야 한다. 이런 관습 때문에 한국인들은 친구를 사귈 때에도 나이를 확인해서 형님·언니·누님·동생으로 호칭한다. 나이 차이가 나면 서로 친구가 될 수 없다. 그러나 나이로 서열을 따지지 않는 서양인들은 그런 걸 묻지 않는다. 나이·신분·직위를 따지지 않고 서로 신뢰하면 친구가 된다. 그러다 보니 아버지와 아들, 할아버지와 손자뻘 되는 나이 차이에도 친밀하게 교유하며 지낸다.

동양에는 망년지교(忘年之交)란 말이 있다. 나이 차이를 넘어 친구처럼 교유하는 것을 두고 하는 말이지만, 뒤집어 보면 그런 일이 그만큼 드물다는 뜻도 되겠다. 또 결혼을 하면 연상이냐 연하냐를 따지는 관습이 있다. 하지만 서양인들은 그런 말이 왜 생겨나고, 부부의 나이를 왜 따지는지 도무지 이해 못한다. 아무튼 이런 별난 서열문화 때문에 한국인으로 살아가는 데에 평생 동안 수없이 피곤한 일들을 겪게 된다. 그리고 그로 인해 인간 관계의 폭을 스스로 협소화시켜 충분히 있을 수 있는 수많은 행운의 기회를 놓치고 살아간다.

한국인의 이런 서열 문화의 버릇은 미국 등 해외로 이민을 가서도 똑같이 반복된다. 어느 나라든지 교민 사회란 것이 있다. 한국에서 살 때의 출신대로 동창회·향우회도 있다. 한데 간혹 교민들 가운데 그 사회의 주류에 들 만큼 나름 성장한 이들임에도 불구하고 교민 사회와 발걸음을 끊고 사는 사람들이 꽤 있다. 한두 번 교민 사회에 참여했다가 기분이 나빠서 다시는 안 나간단다. 처음 교민 사회에 나갔을 적엔 그곳의 회장이나 간부가 되는 연장자들이 존댓말로 대화를 트는데, 이후 두세 번 더 나가서 안면을 익히고 나면 여지없이 선배 노릇을 하며 반말로 나온단다. 한국식 된장독 근성이 나오는 것이다. 해서 두 번 다시 발걸음을 안한단다. 이후론 한국인을 만나더라도 절대 한국어를 쓰지 않을 뿐만 아니라 자녀들에게도 한국어를 못 배우게 한다고 했다.

한두 해, 한두 달 늦게 태어나거나 입대했다고 해서 왜 남남 간에 존댓말을 하고, 반말을 들으며 굽신대고 고개를 숙여야 한단 말인가? 존경스럽기는커녕 경멸스런 사람에게 연장자나 선배라는 이유로 무작정 존댓말을 붙이고, 반말을 들어야 한단 말인가? 왜 그따위 일로 살아서도 죽어서도 차별 혹은 구별되어야 한단 말인가? 세상에 이런 불공평하고 역겨운 일이 어디 또 있을까? 이런 일이 반복되어 가슴에 응어리져 있다가 어느 순간 엉뚱한 일로 폭발하기도 한다.

84 모든 한국어 번역은 오역!

이제까지 한국어판으로 번역되어 나온 외국의 문학이나 영화 등등은 모두가 오역이다. 불경이나 성경은 물론 중국의 고전도 다 마찬가지다. 우리는 그것들을 원문 그대로 직역해서 읽은 적이 없다.

존댓말과 반말의 언어 체계를 가진 나라는 세계에서 한국과 일본뿐이다. 그러니까 다른 나라에서는 존댓말이 따로 없으니 한글 번역은 모두 엉터리라는 말이다. 소설이나《성경》《불경》《논어》를 모두 존댓말을 없애고 반말로 번역해서 읽어야 옳지 않은가? 그래야 그들의 사유 방식을 제대로 이해할 것이 아닌가? 한국적 갑을식(甲乙式) 사유 체계로 과연 그것들을 100퍼센트 이해했다고 할 수 있는가? 진정한 의미에서의 개인주의, 자유, 인격은 동격, 주인 의식, 주동 의식, 주관적 세계관을 가질 수 있는가? 존댓말 없이 대화하는 민족과 존댓말-반말 구별해서 대화하는 민족의 인간 관계에 대한 인식 체계와 인격체로서의 자존감이 같을 수 있을까?

당장 인기 소설이나 영화를 존댓말 없이 번역해서 보면 어떤 기분이 들까? 분명 어마어마한 충격에 비위가 요동을 칠 것이다. 경전을 그렇게 번역했다가는 몰매맞아 죽어 지옥으로 던져질 것이다.

85 갑을적(甲乙的) 언어, 한국어

왜 유독 일본과 한국에서만 존댓말과 반말이 따로 존재하는 가? 혹자는 일제 식민시대에 일본의 천시와 억압 때문에 존댓말과 반말이 지금처럼 심하게 구별되었다고도 한다. 뭐 그럴 수도 있겠지만 우리의 존댓말 역사는 그보다 훨씬 더 거슬러 올라간다. 최초의 한글 소설 《홍길동전》이나 옛 편지글에도 존댓말과 반말이 뚜렷이 나타난다. 〈훈민정음〉과 〈용비어천가〉를 비교해 봐도 그렇다. 그 이전에는 한글이 없었으니 우리말 구어체를 확인할 길이 없으나, 고려 가요나 신라 향가에도 존귀어의 흔적이 남아 있다. 한문 서술체이긴 하지만 고귀한 사람에겐 '~시어(史)'를 붙이는 관습이 있었다.

일본과 한민족의 대부분(65~75%)은 기실 유전적으로 거의 같은 남방계로 알려져 있다. 그 나머지가 북방계 혹은 중국계이다. 특히 이들 북방계와 중국계가 초기 국가 형태를 갖출 시기에 지배 계층을 이루었을 것이다. 그러니까 북방계와 남방계가 공존하게 되면서 지배층 북방계의 언어가 상위층에, 그리고 남방계의 일반 피지배 계층이 하위층에 해당하면서 반말과 존댓말이 구별되어 사용되지 않았을까? 일본의 경우 남방계 본토인들과 한반도 도래인의 언어 습관이 교차한 것이리라. 이는 일본의 고어를 조사해 보면 밝혀질 것이다. 조선 유교의 영향이라 주장하는 이도 있는데, 그렇다면 유교의 나라 중국에선 왜 존댓말이 존재하지 않는가?

86 수평 사회의 최대 장애물, 언어 체계

존댓말이 과연 우리 민족 고유의 미덕이라 자랑하고 중히 여길 만한가? 그런 봉건적이고 이중적인 언어 체계가 글로벌 시대에 보다 경쟁력을 지니는가? 그저 우리만의 소중한 습관이니 귀하게 여기고 지켜 나가야만 할까? 이런 인간 차별적 언어 체계를 가지고 동등한 인격, 자기 존엄, 인간존엄성을 확보할 수 있겠는가?

인품이 사람을 판단하는 기준이 되어야지, 나이나 계급으로 사람을 구별하는 건 불합리하고 불공평한 일이다. 나이나 계급으로 서열을 정할 순 없다. 인격이나 인품은 나이와 아무런 상관이 없다. 특히 외국인을 친구로 사귈 때에는 나이를 따지지 말아야한다. 인격은 동격이다. 상대가 나이가 많거나 직급이 높다고 해서 괜히 주눅들 필요가 없다. 계급주의적 사고로는 상호 존중의 수평적 인간 관계를 형성할 수가 없다. 이 봉건시대의 유습을 하루빨리 버려야 인격 존중의 선진 사회가 될 수 있다.

자신보다 어리다고 해서 무시하거나 복종을 강요하는 것은 야만이자 폭력이다. 장유유서(長幼有序)? 남녀유별(男女有別)과 마찬가지로 이 시대 우리 민족이 세계인으로 다시 태어나기 위해선 반드시 청산, 척결해야 할 가장 시급한 난제 중의 하나이다.

87 구어체(대화체)와 서술체로!

누천년 동안 뼈에 밴 습관을 이제 와서 어떻게 한단 말인가?

기실 이런 문화적 습성을 일시에 바꾸려면 나라가 망하는 수밖에 없다. 가령 지난날 우리가 일본이 아닌 러시아에 병합되었더라면 우리는 지금 중앙아시아나 연해주에 남아 있는 고려인들처럼 러시아어를 사용하고 있을 것이다. 한데 우리보다 존댓말과 반말이 더 심한 일본의 지배를 받았다.

또 다른 대안으론 존대어가 없는 언어를 공용어로 받아들이는 방법이다. 가령 영어를 제2국어로 받아들이면 절로 그 문제가 해결된다. 그리고 서서히 외국 소설이나 영화 등을 존댓말 없이 (아니면 반말 없이) 번역해서 보다 보면 저절로 언어 습관이 고쳐질 것이다.

선각자인 윤치호 선생은 평생 동안 영어로 일기를 썼었다. 그가 왜 쉬운 우리말을 두고 굳이 영어를 고집했을까? (혹자는 일본의 감시가 무서워 그랬을 것이라고들 하지만 그건 너무 치기어린 유추다. 영어처럼 객관성을 지닌 언어도 드물다. 한 지성인이 조국이 망해가는 과정을 온몸으로 겪으면서 자신은 물론 그 시대 각양각색의 인물들과 시대 상황을 일생 동안 기록해 남겼다는 건 인류사에 다시없는 귀중한 자산이다. 그의 일기는 《난중일기》《백범일지》《안네의 일기》보다 더 귀중한 보물이다. 친일 행적 어쩌고저쩌고 좀스럽게 따지지 말고 더 늦기 전에 국보로 지정해야 할 것이다.) 아무러나 유럽의 강소국들처럼 여러 개의 언어를 공용어로 사용하고 있음은 오늘날과 같은 글로벌 시대엔 엄청난 경쟁력이다. 외교든 비즈니스든 글로벌 무대에서 4,5개국 언어 구사는 기본이다.

그럼 당장은 어떻게 했으면 좋을까? 모두가 똑같이 반말을 하자고 하면 난리가 날 것이다. 반말 때문에 뻑하면 살인하는 민족이다. 그러니 모두가 존댓말을 하는 것이 현실적으로 실현 가능성이 높다. 반말은 서술체로만 사용하고, 존댓말은 대화체로 정해서 사용하자는 말이다. 그리하여 나이가 많거나 적거나를 떠나 모두가 상대를 존중해서 존댓말을 사용하는 습관을 들이면 어떨까? 대화에서 반말이 없어지게 되면, 그다지 오래지 않아 그 존댓말조차도 존대어로 여겨지지 않게 될 것이다. 언어의 본질은 소통이지 위계의 확인이 아니다.

88 인성이 아니라 인품이다

한국에는 인성교육진흥법이란 것이 있다. 아마도 세계 최초이자 유일하지 않을까 싶다. 사실 인성(人性)이란 교육의 대상이 아닐지도 모른다. 바뀌는 성질의 것이 아니니까 말이다. 맹자·순자·율곡·퇴계 선생을 다시 불러 모셔도 결론이 나지 않을 난제 중의 난제이다. 한데 용감한 한국인들은 그걸 가르치겠다고, 아니 뜯어고치겠다고 특별법을 만들었다. 오죽했으면 그랬으랴마는 그럼에도 불구하고 한국인들의 타락의 가속도는 줄어들기는커녕 점점 더 심해지고 있다.

도대체 인성을 어떤 기준으로 평가하고, 어떻게 고치겠다는 걸까? 그저 수천 년 전 요순(堯舜)·공맹(孔孟)의 행적과 남긴 말씀 외우기만 하면 인성이 개선된다던가? 기실 세계적으로 유학, 아니 유교를 가장 지극히 받들어 온 한민족이 아니던가? 그런 나라가 새삼 인성을 들먹이다니 아이러니한 일이 아닐 수 없다. 아무렴 인성교육진흥법을 만든 그 선량들부터 인성 점검을 좀 했으면 싶다.

선진문명 사회는 인간존엄을 최고의 가치로 여긴다. 물론 법조문에는 인간존엄성이 명시되어 있지 않다. 그렇지만 실정법을 넘어서는 자연법이 있듯이, 인간존엄성이 위협받는다면 성문헌법조차도 인정하지 않는 것이 그들의 관습이다. 왜냐하면 법이란 인간존엄성 보호가 목적이기 때문이다. 글로벌 매너란 그같은 사고에서 싹튼 것이기에 한국식 법정신과 전통 윤리 관념만으론 이해하기가 좀체 버거울 때가 많다.

일제시대 우리의 선각자들은 독립을 위해 전 재산과 목숨까지도 순전히 바쳤다. 해방 후에는 교육에 많은 재산을 바치고 헌신했다. 대한민국은 현재 글로벌 시대, 선진국 진입을 눈앞에 두고 있다. 그렇다면 이제 선진시민이 되기 위한 체질 개선 작업으로 품격 교육 운동에 매진해야 할 때가 아닌가? 인간존엄, 인격 존중 의식의 확보야말로 진정한 사람됨의 교육이다.

89 서구 교섭 문화의 주요 개념, 멍에

한국인들은 홀수를 좋아한다. 그에 비해 중국인들은 짝수를 좋아하는데, 특히 2·6·8이란 숫자를 좋아한다. 한국의 시조는 3행이지만, 중국의 시는 4행·6행·8행 짝수로 나간다. 기둥에 걸린 대련도 짝을 이룬다. 그런가 하면 한국의 춤은 거의가 제멋에 겨워 혼자서 추는 형식이다. 서양의 춤은 항상 짝을 이룬다. 또 한국은 올림픽 개인 종목에서는 많은 실적을 냈지만, 단체 종목에선 여간해서 입상하지 못한다.

짝수를 좋아하는 민족은 상대방에 대한 인식이 있는 반면에, 한국인들처럼 홀수를 좋아하는 민족은 자기 중심적이고 이기적인 사고를 지닌다. 비즈니스를 해도 마찬가지다. 동양권에서 한국인만 유독 동업을 꺼리고, 실제로 잘 안 된다. 차라리 작게 할망정 독불장군처럼 혼자 하지 남들과 함께하려 들지 않는다. 구멍가게가 많은 이유다. 한국의 글로벌 대기업들이 분명 주식회사이긴 하지만 실제로는 오너 독단으로 운영되는 것도 이런 기질 때문이다. 일찍부터 "뱀 대가리가 될망정 용 꼬리로는 살지 않겠다"라는 가당찮은 속담으로 자기 최면을 건 것이다. 여기에는 대가리가 못 되면 몸통이든 꼬리든 다 노예일 뿐이라는 편협한 선입견과 가부장적 계급 의식이 지배하고 있다. 꼬리 없는 용이 승천할 수 있다던가? 동양 전래의 군자(君子) 정신, 선비 정신에는 이같은 맹점이 있다. 독야청청(獨也靑靑) 결벽증도 여기서 나온다. 공공(共公)에 대한 인식이 그래서 부족하다.

서구식 멍에. 유럽에선 흔하지만 한국에선 쌍두 마차, 쌍두 달구지가 드물다. 여기서 양자 간 사회 교섭 문화 개념상 아주 깊은 간극이 생겨난다. (인터넷 캡처)

나는 마음이 온유하고 겸손하니 나의 멍에를 메고 내게 배우라. 그리하면 너희 마음이 쉼을 얻으리니, 이는 내 멍에는 쉽고 내 짐은 가벼움이라 하시니라. (〈마태복음〉, 제11장 29~30절)

한국에선 이 《성경》 말씀상 예수께서 메라 했다는 멍에에 대한 인식에 심대한 착오가 벌어지고, 그 결과 서구 교섭 문화에 대한 이해가 좀처럼 불가능한 지경에까지 이른다. 대개는 '자기가 메던 멍에를 나에게 떠맡기고 간다는 말인가?' 하여 오해하고 분개(?)하기까지 한다.

한국에서 농사용 소에 씌우는 멍에는 거의 대부분이 1인용이다. 그렇지만 서양 문화의 큰 원류 중 한 곳인 중동에서 농사용 소의 멍에는 2인용이 기본이다. 사회 생활이란 원래 2인용 속성이 기본이라는 인식 가운데 상대방을 존중·배려하고, 상대방과 커플로 잘 일해 보려는 서구인들의 사업 합작 마인드 또는 '상대방과 함께 멋있게 춤추려는' 앙상블 의식을 몰이해해서 벌어지는 불상사가 빈발하게 된다. 비즈니스는 혼자 하는 게 아니다. 상대방을 인식하고, 인정하고, 응대하는 것이 매너다.

제3부

===

정상에서 날다

한국인이나 미국인(유럽인)의 개인적 능력은 29세까지는 거의 차이가 나지 않는다. 오히려 예전에 미국 오바마 대통령도 부러워한 적이 있을 만큼 때로는 한국인이 우등할 때도 있다. 하지만 딱 30세가 되면 정신 연령이 거의 15세만큼이나 순식간에 벌어진다. 미국인(서구인) 30세는 한국인에 비하면 45세쯤으로 수직 상승해 버린다. 이를 확인시켜 주는 좋은 예가 있었으니, 예전의 한미FTA 협상에 나온 양국 실무자들의 평균 나이차이다.

사람이나 짐승이나 교육이 끝나면 독립해서 스스로 문제를 해결해 나가야 하는데도 불구하고 유리 온실 안에서 주입식 지식 교육을 받은 한국의 젊은이들은 30세가 넘어도 여전히 굼벵이처럼 살아가고 있다. 금선탈각(錦蟬脫殼)! 허물을 벗어던지고 훌쩍 날아오르질 못하고 계속 사다리를 기어오르려고만 한다. 그렇게 죽을 때까지 우물 안 세계관에서 벗어나지 못한다.

90 왜 정상을 오르는가?

예로부터 높은 산은 인간에게 경외의 대상이었다. 하늘과 가장 가까운 곳, 그래서 신과 소통하는 곳, 신선이 사는 곳! 하여 그런 산의 정상은 감히 속인들이 범접하면 안 되는 신성한 곳이었다. 그렇지만 현대에 이르러 높은 산은 인간에게 정복의 대상이다. 하여 이 지구에는 인간의 구둣발에 그 정상이 밟히지 않은 산이 없다. 지금 이 시간에도 세계의 봉우리들을 밟겠다고 줄지어 오르고 있다.

어디 산뿐이던가? 인간이 오르고자 하는 정상은 도처에 널렸다. 최고지도자, 최고부자, 최고경영자, 챔피언, 탐험가, 우주인…, 그 어떤 분야에서든 최고가 되기 위해 갖은 방법으로 인간들이 경쟁하고 있다.

산중턱이나 골짜기에는 나무나 풀, 숲이나 바위, 굴, 구릉 등 숨거나 비바람을 피할 곳이 많아 눈에 잘 띄지도 않는다. 또 수많은 사람들이 우글거리기에 누가 누군지 잘 구분도 안 된다. 허나 아무리 큰 산이라 해도 정상은 좁다. 오직 한 사람밖에 허용되지 않는다. 누구든 그 자리에 서고 싶으면 먼저 올라선 사람이 비켜주지 않으면 밀쳐내어야 올라설 수 있다.

91 정상에는 엄폐물이 없다!

정상은 숨는 곳이 아니다. 정상에 올라서는 순간 세상을 아래로 굽어볼 수 있지만, 자신도 사방에 노출되게 마련이다. 자신의 모든 것이 모든 사람들에게 공개되고 만다. 정상에 서는 건 영광이고 경외의 대상이 되지만, 동시에 주목과 비판의 대상이기도 하다. 경쟁자에겐 표적이 된다. 그만큼 위험한 곳이기도 하다. 그럼에도 많은 사람들이 정상에 오르기를 갈망한다. 그리고 그곳에서면 무엇이든 소원하면 이뤄지는 것으로 착각(?)하기도 한다. 하여 대부분의 한국인들은 정상에 오르면 여지없이 추락하고 만다. 시야(세계관)가 그것밖에 되지 않기 때문이다.

정상은 지키는 곳이 아니라 날아오르는 곳이다.

한국인들 중 이 사실을 아는 사람은 극히 드물다. 천신만고 끝에 정상에 오르기는 했지만 정작 정상에 선다는 의미와 목적을 모른다. 실은 아무도 일러주지 않았다. 아무려나 잠자리와 매미가 나는 법을 배워서 나는가? 스스로 깨쳐 날아올라야 한다. 누군가가 먼저 날아올라 준다면 다음 사람들도 보고 배워서 따라 날 수 있으련만 안타깝게도 한국인들은 누구도 정상에서 날아오르질 못했다. 하나같이 우물쭈물 뭉그적거리다가 구렁텅이로 굴러떨어졌다. 땅속에서 7년을 산 굼벵이가 드디어 나무를 기어오르자마자 곧장 허물을 벗고 날아오르지 못하고 머뭇대다가 굴러떨어져 개미들의 먹이가 되고 마는 것과 같은 꼴이다.

정상에는 엄폐물이 없는 대신 방해물도 없다. 해서 마음껏 날아오를 수 있다. 이쪽 정상에서 저쪽 정상으로 건너가는 것도 가능할 뿐 아니라 산이든 숲이든 호수든 바다든, 하늘 끝 먼 우주로도 날아갈 수 있다. 정상은 날아오르기 위해 오르는 곳이다. 하늘 또한 날기 위해 우러러보는 것이다. 해서 하늘을 보고 정상으로 오르는 거다. 하지만 한국인의 시야는 산꼭대기까지다. 한국인의 세계관엔 하늘이 없다. 한국인은 날개가 없다.

그리하여 한국인들은 일등과 일류가 다름을 알지 못한다. 골짜기를 기어올랐던 등성이를 타고 올랐던 정상에 오른 건 일등이다. 그렇지만 영원한 일등은 없다. 머잖아 다음 사람에게 비켜 줘야 한다. 허나 일류가 되면 이야기가 달라진다. 누구도 비키라고 덤비지 않는다. 일류는 남들과 자리를 다투지 않는다. 물론 일등이라고 해서 다 일류가 되는 건 아니다. 날아오름으로써 류가 달라지는 것이다. 일류는 정상을 지키는 것에 연연해하지 않는다. 정상은 일류가 되기 위한 발판일 뿐이다. 큰 날개를 가진 일류는 높게 그리고 멀리 날 것이고, 작은 날개를 가진 일류는 낮게 날 것이다. 매너가 곧 날개다.

92 매너는 리더십이다

"매너가 사람을 만든다(Manners makth Men)!" 1387년 옥스퍼드 뉴칼리지를 위한 윈체스트스쿨을 만든 위컴 윌리엄 주교가 한 말이다. 매너가 신사를 만든다는 말이겠다. 신사가 아니면 리더가 될 수 없다. 제아무리 뛰어난 재주를 지녔다 해도 신사가 되지 않으면 누구도 그를 존경하고 따르지 않는다. 왜냐하면 신사가 못 되는 사람이 가진 재주가 선하게 쓰일 거란 보장이 없기 때문이다.

한국의 대통령을 비롯해 모든 공직자, 사회의 지도자들, 그리고 언론기자들도 하나같이 글로벌 매너나 품격에 대해 무지하다. 해서 한국 정치나 국격이 삼류를 면치 못하고 있다. 기업들은 프리미엄 제품을 만든다고 혈안이다. 청년들은 고급한 일자리 만들어내라고 아우성이다. 그러기 위해선 한국 문화가 고급해져야 한다. 먼저 시민 한 사람 한 사람의 매너가 고급해져야 한다. 그래야 품격 사회, 고부가가치 산업으로 넘어갈 수 있다. 정부가 예산을 퍼붓는다고 되는 일이 아니다.

흔히 정부나 공공 기관, 지자체가 헛되이 예산을 낭비하면 시민들이 가만히 있지 않는다. 우리가 세금으로 낸 피 같은 돈을 그렇게 함부로 쓸 수 있느냐며 쌍불을 켜고 따진다. 하지만 그런 시민들도 지도자들의 저품격 매너로 인해 날아가 버린 엄청난 부가가치에 대해선 인식조차 없다. 내가 낸 돈도 아니고, 당장 눈에 보이지 않으니까. 해서 마땅히 시민 개개인에게 돌아갔어야 할 그 많은 이익, 코리아 디스카운트로 인해 날아간 부가가치들에 대해 무감각하다.

글로벌 리더라면 매일매일 언론에 노출되는 국가지도자나 기업인·학자·연예인·스포츠맨 등등의 활동 사진 한 장만 보고도 일자리가 몇 개나 날아가고 생겨났는지, 협상의 결과와 그 사람의 장래까지 짐작해낼 수 있어야 한다. 소통은 말로만 하는 게 아니다. 우리말에 눈치·통빡이란 말이 있지만, 글로벌 사회에선 매너로 사람을 판단한다. 하여 사진 한 장만 보고도 미세한 속마음을 읽어낸다. 매너는 소통의 기술이기 때문이다.

당장에 대통령부터 변하지 않으면 안 된다. 첨단기술처럼 엄청난 연구개발비가 들어가는 것도 아니다. 다른 공부처럼 엄청난 시간과 노력이 드는 것도 아니다. 글로벌 매너의 가치와 필요성을 자각하는 순간 그대로 실천하면 그만이다. 한두 번 실천하고 나면 몸이 절로 기억해서 자동적으로 반복된다. 굳이 머릿속에 외워두지 않아도 된다. 이 쉬운 걸 왜 안한단 말인가? 우리가 왜 서양 것을? 아닐 것이다. 게으름에 대한 변명이거나 그동안의 자기 행실에 대한 부정이 싫은 것이겠다. 그런 논리라면 영어도 배울 필요가 없을 테다. 좁은 세계관, 저급한 가치관으론 아무리 출세를 해도 자자손손 하인 내지는 하층민으로 살게 될 것이다. 살찐 굼벵이로 살아가는 데 족하면 정상을 넘보지 말아야 한다. 날개 없이 정상에 오르는 건 무례·무지이고 오만이다.

93 중국 황제까지 감동시킨 조선 선비의 글로벌 품격

조선 성종 18(1487)년, 최부(崔溥)가 추쇄경차관(推刷敬差官)으로 발령을 받아 제주도에 부임하였다. 이듬해 부친의 부음을 듣고 나주로 돌아오던 중 제주도 앞바다에서 풍랑을 만나 표류하다가 천신만고 끝에 중국 절강성 영파부(寧波府) 연해에 도착하였다. 최부 일행은 왜구라는 의심을 받아 체포되었지만 곧 혐의에서 풀려났다. 이후 중국 군리(軍吏)의 호송을 받아 항주(杭州)에서 운하를 따라 북경에 도착하였다. 북경에서 명 황제 홍치제(弘治帝)를 알현하고, 요동반도를 거쳐 압록강을 건너 한양으로 돌아왔다. 최부가 한양에 도착하자 성종은 약 6개월간의 중국 견문을 저술해 바치도록 명하였다. 그 명에 따라 그는 남대문 밖에서 8일간을 머무르며 견문을 기술하여 《금남표해록(錦南漂海錄)》을 완성하여 바친 다음 곧장 고향인 나주로 내려가 부친상을 당한 지 반년 만에 비로소 집상하였다.

이처럼 그 옛날에는 풍랑을 만나 배가 중국이나 유구(지금의 오키나와)에서 표류하였다가 살아서 돌아오는 이가 종종 있었다. 한데 최부는 어떻게 해서 황제를 알현할 수 있었을까? 더구나 그는 미관말직에 불과한 조선 관리였다. 영파부사는 그와 일행을 조선으로 가는 다른 배를 알선해 돌려보내 버리면 그만인 것을 왜 황제에게 보고하여 굳이 그를 북경으로 보내어 알현케 했을까?

그러니까 최부는 그 6개월 내내 상중이라 하여 단 하루도 상복을 벗지 않고 근신했다고 한다. 단지 황제를 알현할 때만 잠시 고집을 꺾고 예복으로 바꿔입었을 뿐이다. 영파부사가 생사를 넘나드는 위급한 상황에서도 흔들리지 않는 이 고집스러운 조선 선비의 예의범절과 효심에 감복하여 모범 케이스로 황제에게 보고를 하였으며, 역시 그 기특한 소식에 호기심이 생긴 황제가 직접 그를 만나 보고자 북경으로 불러 선물까지 내려준 것일 테다. 아무튼 대단한 일이다.

그런가 하면 1907년 4월 22일, 서울을 떠난 이준 열사가 헤이그로 가는 중간 경유지 겸 막후교섭지로 제정러시아의 수도 페테르부르크에 도착해 잠시 머물렀다. 당시 현지 신문 상류층 파티 동정란 기사에 "처음에는 아프리카 무당 샤먼과 같은, 검은 갓에 흰 두루마기 차림의 조선 선비의 느닷없는 출현에 상당히 당황스러웠는데, 점차 그의 원숙하고 품위 있는 사회적인 인격체 풍모에 매료되어 많은 사람들이 그의 주장에 경청하게 되었고, 결국 상당수 인사들이 조선의 처지를 이해 공감하게 되어 필요한 지지 활동을 베풀기로 의견이 모아졌다"고 실렸다. 물론 이준 열사가 헤이그까지 그 차림으로 가지는 않았다. 주목을 끌기 위해 계획된 퍼포먼스였던 것이다.

매너가 곧 인격이다. 심지어 이국만리에서도 자신의 신분을 증명하고 회복할 수 있는 가장 확실한 도구가 곧 매너임을 증명해 준 사례라 하겠다.

94 정장은 온전한 인격체임의 표현

정장을 하지 않으면 외국 오페라 극장이나 고급 레스토랑에 못 들어간다는 것쯤은 모르는 사람이 없지만 실제 그런 일을 겪은 한국인도 적지않다. 외국 영화에서 파티에 입고 갈 옷을 두고 야단법석을 피우는 장면도 흔하다. 하지만 요즘의 한국인들은 정장의 의미도 모를뿐더러 인식조차 없는 것 같다. 자유 복장이 마치 자유인임을 나타내는 줄로 착각하고 있는 듯하다.

예수의 사랑하시는 그 제자가 베드로에게 이르되 주님이시라 하니, 시몬 베드로가 벗고 있다가 주님이라 하는 말을 듣고 겉옷을 두른 후에 바다로 뛰어내리더라. (〈요한복음〉, 제21장 7절)

베드로가 고기를 잡고 있을 때 부활하신 예수께서 나타나셨다. 그러자 베드로가 예수에게로 가기 위해 벗어두었던 겉옷을 입고 물속으로 뛰어들어 예수에게로 건너갔다는 이야기다. 이 부분에 대해 대부분의 사람들이 의아해하면서도 깊이 생각지 않고 그냥 넘겨 버린다. 아니, 바다로 뛰어들려면 입었던 옷도 벗을 일인데, 왜 도로 걸쳐입었을까? 혹시 오역인가?

요즈음 우리나라 주일 예배하러 가는 사람들을 보면 복장이 장난이 아닌 사람이 많다. 허구한 날 외국 영화에서 주일에 교회에 가기 위해 온 가족, 심지어 어린이들까지 정장을 하는 것을 보고도 자신들은 대충 차려입고 간다. 심지어 반바지·반팔·등산복·추리닝 바람으로 교회에 가는 한심한 이들도 있다. 복장도 제대로 갖추지 않고 하나님을 뵈러 오다니…? 동방예의지국 백성이 맞나? 스스로 선진국민이 될 수 없음을 자인하는 꼴이다. 예배당도 공공 공간이다. 최대한 갖춰입는 것이 예의다.

그런가 하면 짙은 화장에 명품으로 치장을 해서 예배하러 가는지 사교장에 가는지 구분이 안 되는 이들도 적지않다. 아무튼 그 꼴을 보고도 꾸짖어 내쫓지 못하는 목회자들도 참 답답하겠다.

누군가 누추하게 차려입고 팔러 온 상품에 신뢰가 가던가? 제 값 다 주고 사고 싶던가? 실내장식은 그럴듯하게 해놓았는데 정작 주인이나 종업원의 행색이 지저분한 식당이라면 식욕이 나던가? 성공한 기업인인 김철호 본죽 회장은 IMF 때 회사가 부도나자 노점에서 호떡 장사를 하며 재기에 성공했는데, 그는 호떡

백악관을 방문한 어린이의 넥타이를 고쳐매어 주고 있는 버락 오바마 미국 대통령. 쑥대풀도 대나무숲에서는 곧게 자란다고 했다. 이렇게 온전한 인격으로서의 대우받음은 아이를 훌륭한 성인으로 자라게 하는 더없이 귀중한 경험이 된다. ⓒ백악관

을 팔면서도 정장을 했다고 한다. 정장은 미래에 대한 확신과 의지의 표현이다.

정장을 차려입고 에티켓을 지키며 고품격 매너를 갖추는 것을 지레 자신에 대한 구속이나 허세로 여기는 것은 오해다. 이는 상대에 대한 배려와 존중, 그리고 자신에 대한 인간존엄의 실현이다. 아무렇게나 차려입고 흐물흐물 행동하며 예술하는 사람이니까, 글 쓰는 사람이니까, 운동하는 사람이니까, 투쟁하는 사람이니까, 노동자이니까, 무직자이니까… 핑계대는 저변엔 나태함과 자유인인 양하는 촌티가 깔려 있다 하겠다.

자기 존중은 자기가 하는 것이지 누가 챙겨 주는 것이 아니다. 스스로가 자신을 존중하지 않으면서 남으로부터 존중받으려는 건 난센스다. 한국에선 그런 걸 갑질이라 한다. 그런 사람이 남을 제대로 존중할 줄은 알까? 배려가 뭔지 알기는 할까? 자기를 함부로 다루는 사람을 우리는 천박하다며 비웃는다. 정장을 입지 않는 건 스스로의 존엄을 포기하는 것이다.

고품격 가풍을 가진 집안들을 보면 대부분 잘산다. 설사 가세가 기울어 어려움에 처해도 쉽게 포기하거나 타락하지 않고, 빠르게 회복하는 힘을 지니고 있다. 그러니 비록 사소한 것이라 할지라도 남다른, 남보다 우월할 수 있는, 자기 존엄성을 확보할 수 있는 매너로 가정의 품격을 갖추는 것, 그런 게 지혜겠다.

95 반바지는 미성숙 인격체, 즉 아동임의 표식

요즈음 우리나라 관공서를 비롯한 한국의 대기업까지 나서서 여름이면 직원들이 반바지 차림으로 근무하도록 권장하고 있다. 이른바 '쿨비즈'로 전력 수요를 줄인다며 줄줄이 동참하고 있다. 그런 걸 마치 인권 존중인 줄 안다. 하지만 부서나 직무에 관계 없이 무작정 반팔·반바지 자유복 차림은 분명 난센스다.

한국인들은 이 반바지에 대한 개념이 명확치 않다. 하여 여름이면 아파트 엘리베이터나 지하철 같은 곳에서 반바지를 입은 어른들을 쉽게 볼 수 있다. 시커먼 다리털을 그대로 드러낸 남성이 여승객 사이에 앉아 있는 모습은 영 민망스럽기 짝이 없다.

2014년에 작고한 남아공의 넬슨 만델라는, 그가 감옥에 있는 동안 가장 모멸스러웠던 건 반바지를 입도록 강요당한 일이었노라고 회고했다. 서구 사회에선 반바지는 미성년, 즉 성인의 보호가 필요한 어린이임을 명시적으로 나타내기 위한 것이라는 분명한 인식을 가지고 있기 때문이다. 하여 서구의 어린이들은 언제 긴바지를 입는 날이 오나 하고 기다린다. 영국 왕자들의 반바지·긴바지가 매스컴에서 화제가 되는 것도 그 때문이다.

물론 성인이라 해도 피서지나 자신의 집 안에서 반바지를 입는 것에 대해서는 누가 뭐라 하지 않는다. 허나 그외의 공공 장소에서는 절대 금물이다. 굳이 반바지를 입겠다면 반드시 긴 스타킹으로 종아리의 맨살과 털을 가리는 것이 예의다. 영화에 나오는 중동이나 아프리카에 근무하는 영국군처럼 말이다. 어린이라해도 그렇게 하는 것이 정격이다.

따라서 아무리 날씨가 덥더라도 비즈니스 무대에선 반팔 티셔츠, 반팔 와이셔츠, 반바지 차림은 금물이다. 또 미성년이라 해도 공식적인 자리에 참석할 땐 반드시 성인에 준하는 정장을 갖춰 입어야 한다. 공식적인 자리, 즉 공공 영역이란 성숙된 사회적 인격체들만의 자리이기 때문이다. 열대 지방에서도 공식적인 행사에는 항상 정장 차림이다.

굳이 반바지가 아니어도 요즘 기업들에선 자유복을 많이 입고 다닌다. 허나 자유복에도 최소한 갖출 것은 갖춰야 한다. 캐주

얼 바지에 티셔츠만 입고 출퇴근하는 건 정말 꼴불견이다. 그런 걸 거지 차림이라 한다. 제 사무실이나 연구실·창고·공장에선 그렇게 편한 복장으로 일한다손 치더라도 일단 그곳을 벗어나 외부로 나갈 때에는 반드시 재킷을 걸쳐야 한다. 출퇴근 때에도 마찬가지다.

96 추리닝은 인격이 아니라 동물격

요즘도 한국의 동네 골목에선 추리닝 바람에 슬리퍼 끌고 다니는 사람들을 이따금 볼 수가 있다. 한국인 대부분이 그렇듯 스포츠 선수들도 정장에 대한 개념이 없다. 고작 국가대표 선수가 되어 국제대회 참석 때 입는 단체복 정도다. 그나마도 요즘 한국 선수들은 국내든 해외든 공식적인 자리에서 정장이 아닌 추리닝 스타일의 훈련복이다. 해서 성인이 아닌 미성년 취급받고 있음도 눈치채지 못하고 있다. 그 정장 한 벌 때문에 국격은 고사하고 선수 자신들의 값어치가 얼마나 디스카운트당하는지, 연봉 외에 마땅히 따라와야 할 알파(부가가치)를 다 놓치고 있음을 알지 못한다.

제2차 세계대전 때 연합군 승리를 견인했던 미국의 조지 패턴 장군은 자신의 부대 모든 장교들에게 넥타이를 매고 각반을 차도록 했다. 축구감독 거스 히딩크는 영국의 호화군단 첼시팀을 맡았을 때, 전 선수들에게 정통 아르마니 정장을 똑바로 입을 것을 강요하고 넥타이를 느슨하게 매면 100파운드 벌금을 물렸다.

정장을 해야 정신이 무장되어 소임, 각오, 역량 발휘 등의 리더십이 생긴다는 소신이 있었기 때문이리라.

스포츠 선수니까 추리닝 차림이 당연한 것 아닌가?

기실 운동 그 자체는 동물격이다. 결코 인격 함양을 위한 것이 아니다. 다만 인간이 문명화하면서 차츰 망각 내지는 퇴화하고 있는 인간의 동물적 야성을 되살리는 행위에 다름 아니다. 해서 여기에 이왕 절제미·규율미·우아미 등 미학적·도덕적·오락적 요소를 가미시켜 인격화·상품화한 것이 오늘날의 스포츠다. 난 운동선수니까 매너니 품격이니 하는 거추장스런 것은 배운 적도 없고, 또 필요도 없다? 해서 그냥 막입고 다녀도 된다는 발상은 말 그대로 스스로 인격체임을 포기하는 소치다. 선수이기 이전에 한 인격체이다. 올림픽 금메달 목에 건다고 인격(人格)이 금격(金格)이 되는 것 아니다. 아무데나 모자 쓰고 추리닝이나 러닝셔츠 바람으로 돌아다니는 게 운동선수의 특권이 아니다. 그건 우리 밖을 어슬렁거리는 짐승격이다. 그러니 운동장을 벗어나면 즉각 인격으로 되돌아와야 한다. 그걸 정장으로 표현해내어야 사람 대접받는다.

예로부터 스포츠는 신사들의 오락이었다. 신사가 되기 위해선 반드시 수영·댄스·승마·사격·사냥·스키 등의 스포츠를 익혀야 했다. 이는 지금도 마찬가지다. 따라서 스포츠맨십은 신사의 정신과 품격, 즉 신사도에 다름 아니다. 정장, 그러니까 신사복은 자신이 신사임을 밖으로 표현해내는 가장 상징적인 도구다.

군이 신사가 되고 싶지 않다 하더라도 국가대표 선수는 공인에 준하는 이다. 따라서 공공 장소나 공식적인 자리에선 반드시 정장 차림이어야 한다. 연습이나 시합이 끝나고 각종 회식이나 리셉션과 같은 모임에선 더더욱 멋진 정장으로 자신의 태도적 가치를 드러내어 부가가치를 높여 나가야 한다. 그래야 현역 이후의 삶의 길이 열린다. 옷이 사람을 만든다는 말은 지극히 맞는 말이다.

아무럼 올림픽 금메달은 상류 사회로 들어설 수 있는 훌륭한 도구 중의 하나다. 한데 기껏 금메달을 따놓고도 매너가 안 되면? 결국 신사가 되지 못하고 운동장 주변 허드렛일로 남은 생을 사는 수밖에 없다. 노예에겐 노동에 필요한 최소한의 옷만 입힌다. 정장의 기피는 자신의 미래를 스스로 포기하는 것이다.

97 냅킨 사용법도 몰랐던 대통령

2014년 동계올림픽 개최지로 러시아의 소치와 한국의 평창이 치열하게 유치 경쟁을 벌일 때 노무현 대통령이 자크 로케 IOC 위원장을 청와대로 초청, 식사하며 한국을 지원해 줄 것을 부탁하였다. 평창은 두번째 도전이었다. 그런데 그 식사 장면이 언론에 공개되었던 바, 사진을 보면 자크 로케 위원장의 인상이 매우 떨떠름해 보인다. 노무현 대통령이 이야기하고 있는 모습을 지켜보며 한심해하는 듯한 표정이다.

그도 그럴 것이 노무현 대통령의 테이블 매너가 완전 어글리

첫 요리가 나오기도 전에 냅킨을 뭉개어 접어 버린 노무현 대통령. 이를 한심하게 바라보는 자크 로게 IOC위원장. 서양인들은 음식이 나오기 전에 냅킨을 이처럼 구기는 것은 '당신과는 식사하고 싶지 않다'는 의미로 받아들인다. ⓒ청와대

다. 우선 두 사람의 간격이 너무 멀다. 초대형 테이블에(물론 다른 일행들도 같이 앉았겠지만), 감히 대통령에게 범접하지 말라는 양 멀찍이 거리를 둔 것이 소통형 자리 세팅에 이미 실패했다. 그 다음 노무현 대통령이 고개만 돌려 말을 하고 있는데 이 역시 권위적 악습에서 나온 어글리 매너다. 상반신을 상대방 쪽으로 돌려서 대화를 이어 나가는 것이 적극적 소통 자세다.

진짜 큰 실수(사고)는 노무현 대통령의 냅킨이다. 글로벌 매너를 모르는 많은 한국인의 무지한 악습대로 식사 시작도 전에 냅킨으로 무언가 행위를 하고는 접어서 테이블에 놓았다. 그에 비해 자크 로게 위원장의 냅킨은 아직 그대로 세워져 있다. 바로 이 장면 하나가 완전히 식사(비즈니스)를 망쳐 놓은 것이다. 서양의 어떤 신사도 이런 상황에서 모욕감을 느끼지 않을 수 없기 때문이다.

대개의 한국인들은 식사 테이블에 앉아마자 냅킨을 들어 손이나 얼굴의 땀을 닦고는 아무렇게나 테이블에 얹어두었다가 음식을 먹기 시작하면 그제야 무릎 위에 펼쳐 놓는다. 이는 매우 중대한 무례이다. 노무현 대통령처럼 요리가 나오기도 전에 냅킨을 엉뚱한 용도로 사용하고 난 다음 테이블에 접어 놓는 것은 '너하고는 식사 끝났다. 더 이상 대화하고 싶지가 않다'는 표시에 해당한다. 그러니까 빨리 처먹고 가라는 의미로 상대방이 받아들인다. 왜냐하면 냅킨을 그렇게 접어 테이블에 놓는 것은 식사가 끝났음 알리는 표시이기 때문이다. 신사 중의 신사, 글로벌 최일급 신사 중의 한 사람인 IOC위원장이 이런 모욕적인 식사를 평생 잊을 수 있을까? 냅킨은 한국에서처럼 앉자마자 모양을 망가뜨리면 안 된다. 반드시 첫 요리가 서빙될 때 비로소 펴야 한다. 앉자마자 펴는 것은 배고프니 빨리 달라고 보채는 것으로 인식된다.

그 결과, 2007년 7월 4일 과테말라 수도 과테말라시티에서 열린 IOC총회에 노무현 대통령을 비롯해 이건희 삼성그룹 회장 등 많은 대기업 오너들까지 대거 나서 총력전을 펼쳤지만 근소한 차이로 러시아 소치에 빼앗겨 다시 4년 뒤를 기약하여야 했다.

98 냅킨은 식사의 시작과 끝을 알리는 도구

헬렌 켈러(1880~1968)에 관한 이야기는 여러 책과 영화를 통해 널리 알려져 있다. 그는 오래전에 한국을 다녀간 적도 있다. 말하고 보고 듣는 것에 장애를 지닌 어린 헬렌 켈러에게 어느 날 설리번이란 가정교사가 온다. 그녀 역시 심한 시각 장애를 극복한 경험이 있어 헬렌의 선생으로 위촉된 것이다.

처음 그녀가 한 일은 헬렌의 어머니로부터 사흘 동안 헬렌과 자기만 따로 격리해서 생활할 수 있도록 해준다는 약속을 받아내는 것이었다. 그동안 어떤 상황이 벌어지더라도 중간에 부모가 간섭하지 않기로 하고, 집 뒤 오두막에서 둘만의 생활을 시작했다. 그곳에서 맨 먼저 그녀가 헬렌에게 가르친 것은 식탁 매너였다. 중증 겹장애를 지닌 헬렌은 손으로 음식을 먹는가 하면, 여차하면 식기를 집어던지는 등 거의 동물에 가까울 정도로 참혹한 상태였다.

먼저 포크 잡는 법을 가르치는 데 고분고분할 턱이 없다. 미치광이처럼 반항하는 헬렌을 설리번은 단호하게 원시적으로 다룬다. 무자비한 폭력이 가해지고 보다 못한 헬렌의 어머니가 그만두기를 눈물로 간청하였지만 설리번은 처음의 약속대로 강력하게 밀고 나가 마침내 포크를 잡게 만든다. 다음으로 냅킨을 펴고 접는 법을 가르쳐 식사의 시작과 끝을 알게 한다. 이렇게 하여 온전한 사회적 인격체가 갖추어야 할 테이블 매너를 하나씩 가르쳐 나갔다. 식사자리가 공적인 공간임을 인식시킨 것이다.

사흘간의 격리 생활이 끝난 후 온 가족들과 함께 식사를 하게 되는데, 그 자리에서 헬렌의 어머니가 "우리 헬렌이 이제 사람이 되었구나!"며 감격의 눈물을 흘린다. 한국인들은 아무도 눈치채지 못하고 이 부분을 그냥 흘려듣거나 읽으면서 지나쳐 버리지만, 헬렌에게는 인간 정체성 회복의 의미를 부여하는 중대한 말이다. 드디어 헬렌이 정상적인 가족 공동체 일원으로서, 성숙된 인격체로서의 위상을 지녔음을 선언한 것이다. 그리고 이는 헬렌의 어머니가 법적 친권자로서 선포하는 법률 행위에 해당한다. 이 대목은 인도에서 리메이크한 동종 영화 〈블랙〉(Black, 2005)에서도 누락 없이 재연된다.

법적으로 완전한 인간임을 선포하는 이 행위는 증인, 즉 그 자리에 설리번 선생이 있음으로써 효력을 지니게 된다. 이는 헬렌의 장래를 결정하는 매우 중요한 행위이다. 왜냐하면 금치산자·한정치산자·완전장애인은 부모의 사후에 유산을 상속받을 수 없기 때문이다. 당연히 그 재산은 동생에게로 가게 되어 있다. 설리번 선생이 맨 처음 한 일은 바로 헬렌을 법적으로 인정받을 수 있는 '사람'으로 만들어 주는 일이었다.

99 밥맛 없는 한국인들?

글로벌 무대에서 활동하는 한국의 대기업 오너는 물론 연예인, 스포츠 스타들이 현지의 유명인 내지는 유력자들과 식사했다는 기사를 본 적이 없다. 물론 반대로 세계적으로 알려진 유명 인사가 방한했을 적에 한국의 유명인들이 같이 저녁을 함께했다는 소문도 거의 들리지 않는다. 예전에 중국을 방문한 문재인 대통령 내외가 북경 시내 음식점에서 식사한 것을 두고 논란이 일었던 것처럼 대통령의 '혼밥'도 종종 세인들의 입방아에 오른다.

글로벌에 관심도 없고 그냥 우리 식대로 살겠다고 하면 어쩔 수 없지만, 우리 식이라 해서 모두가 똑같으리라고는 생각은 오산이다. 품격의 차이는 세계 어느 민족, 어느 문화권, 어느 시대나 반드시 있어 왔다. 한국 역시 반상의 구별이 없어진 지 오래지만 품격에서는 희미하지만 구별이 없지 않았고, 어느덧 사회가 안정을 대물림하면서 상류층 매너가 차츰 형성되어 가고 있다.

흔히들 함께하기 싫은 사람을 두고 '밥맛 없는'이란 표현을 쓴다. 당연히 그런 사람과는 친구는 고사하고 함께 일하고 싶지도 않을 것이다. 그런데 한국은 이미 선진국 초입에 들어 싫든 좋든 세계인들과 파트너가 되어야 한다. 이에 가장 큰 장애물이 바로 한국인의 밥맛 없는 테이블 매너다. 만약 세계의 지도자들이 한국 대통령을 '밥맛 없는 사람'으로 여긴다면? 국무총리 · 장관 · 대사를 매너 없는 유학생 정도로 여긴다면? 위급시에 걸려오는 전화를 성의 있게 받아 줄 수 있을까? 도와주는 척하면서 자국의 이익을 한껏 챙기고, 이참에 혼 좀 나봐라 딴전 피우며 한 바퀴 돌리고 싶은 것이 인지상정일 것이고, 그 피해는 당연히 국민들의 몫일 테다.

간혹 외국 영화를 흉내내어 한국에서도 음식을 소재로 한 영화나 드라마가 만들어지고 있다. 한데 나름 재미있게 스토리를 엮었지만 정작 테이블 매너는 상것 그대로다. 게다가 요즈음 대한민국은 먹방 천국이다. 그렇지만 매너가 빵점인데다가 음식으로 장난치는 것이 역겹다 못해 토할 지경이다. 제발이지 이제는 영화나 드라마를 만들더라도 제대로 테이블 매너를 갖추어 밥맛나는 작품, 밥맛나는 한국인상을 만들어야 한다. 그래야 선진국 문턱을 넘어 들어갈 수 있다.

그까짓 게 뭐 그리 대수라고! 밥 한 끼 먹는 게 뭐 그리 복잡해! 글로벌 비즈니스 본선 무대에서 치열한 전투를 치러 보지 않은 사람은 이렇게 말할 수도 있다. 하지만 이미 그런 매너에 익숙한 사람에게 무매너 식사는 곧바로 역겨움을 유발시킨다. 식탁이 공공의 공간이란 인식조차 없는, 글로벌 매너를 모르는 사람은 그런 기분을 도무지 이해할 수가 없고 그저 불편할 뿐일 테다. 밥맛 없는 비즈니스 파트너와 친구로서 함께 성장하고 싶겠는가? 일의 순서와 공사(公私)를 구분하지 못하는 약점을 이용해 바가지 씌워 하루빨리 무대 밖으로 차낼 궁리를 저절로 하게 될 것이다. 그러니 자녀들을 해외 조기유학이나 어학연수 보내기 전에 글로벌 매너, 특히 테이블 매너를 반드시 가르쳐서 보내야 제대로 배우고, 그들과 친구가 되어 주류 사회에 들어가 함께 놀 수 있다. 글로벌 매너를 안 가르치고 자녀를 유학 보내는 것은 운전 면허도 없는 아이에게 차를 사주는 꼴이다.

100 일류들의 태도적 가치

유니세프 친선대사로 임명되어 반기문 유엔사무총장과 악수를 나누고 있는 데이비드 베컴. ⓒAP-연합뉴스

왕년에 영국 맨체스터 유나이티드 FC의 센터로 활약했던 데이비드 베컴은 은퇴한 지 10년도 더 지났건만 지금도 해마다 3백수십억 원을 벌어들이고 있다. 하루에 1억 원씩 버는 셈이다. 그렇다고 어느 유명 축구팀의 코치나 감독을 하는 것도 아니다. 유명 걸그룹 스파이스 멤버 출신인 그의 부인 빅토리아 베컴도 패션 디자이너이자 사업가로 활동하며 상당한 수입을 올리고 있다.

그는 2015 피플 매거진 '세계에서 가장 섹시한 남자' 1위에 뽑힐 만큼 영화배우 뺨치는 신사 이미지 하나로 스포츠 용품은 물론 스카치 위스키 헤이그 클럽의 홍보 모델까지 하고 있다. 현

마이클 조던. (인터넷 캡처)

역 못지않은 인기로 지금도 그는 가는 곳마다에서 매스컴의 스포
트라이트를 받으며 자신의 이름값을 높이고 있다. 그러고는 각종
고급한 사교 모임에 나가 우아하게 살고 있다. 쉽게 말해 땀 안
흘리고 놀면서 돈을 벌고 있다 하겠다.

그런가 하면 요즈음 세대에겐 전설로만 기억되는 미국의 농
구 선수 마이클 조던이 있다. 은퇴한 지도 까마득하지만 그 이름
앞엔 여전히 농구의 황제란 수식어가 붙는다. 그의 연수입은 스
포츠계에서 압도적 1위이다. 해마다 2천수백억 원씩 벌고 있다.
나이키에서만 연간 1천억 원 넘게 들어온다. 도대체 언제까지 그

런 수입을 이어 갈까? 아마도 죽고 나서도 끊어지지 않을 것이다. 이들 외에도 은퇴한 수많은 스포츠 스타들이 현역 못지않은 수입을 올리며 멋진 삶을 영위하고 있다.

101 버닝맨과 버닝썬, 미친 사회

요즘 한국 사회 전체가 마치 미쳐 돌아가는 것 같다. 모두들 성도착증에 빠졌는지 자고 나면 유명인들이 성추문으로 인해 벼랑 아래로 곤두박질친다. 대한민국 문학인 중 최초로 노벨문학상을 학수고대하던 시인, 세계적이라는 영화감독, 황제처럼 잘나가던 연극인, 대권을 바라보던 정치인 등등, 한국 문화계 각 부분을 대표하던 리더들이 미투 바람에 하루아침에 참혹하게 고꾸라져 버렸다. 그들만이 아니다. 정치인, 법조인, 연예인, 스포츠인, 교사, 교수, 군인 등등. 도무지 이해가 가지 않는 추문들이 아프리카 돼지열병처럼 끝도 없이 번져 나가고 있다. 고작 그러려고 거기까지 기어올랐단 말인가?

미국에는 '버닝맨'이라는 축제가 있다. 해마다 8월 마지막 월요일, 뜨거운 네바다주 블랙록 사막에서 7만 명이 넘는 인원이 몰려들어 2천 개가 넘는 캠프가 만들어져 일주일 동안 거대한 임시 도시 블랙록시티를 이룬다. 실리콘밸리 근처라지만 그곳에 들어가려면 장장 24시간이 걸린다고 한다. 이 축제는 1986년 래리 하비라는 이가 애인한테 실연당하고 샌프란시스코 해변에서 나무

네바다주 사막 한가운데서 벌이는 버닝맨 페스티벌. (인터넷 캡처)

인간을 만들어 태우는 데서 시작됐는데, 지금은 세계적인 큰 행사로 발전하였다. 마크 주커버그·엘런 머스크·제프 베조스 등 실리콘밸리 혁신기업가들은 물론 세계적인 예술가와 투자자들도 이 실험적인 도시로 달려가 영감을 얻는다고 한다.

　도시를 만드는 데 필요한 모든 것은 물론 생존을 위한 일용품까지 참가자 스스로 해결해야 하는 그곳에서 헤아릴 수조차 없는 설치미술들이 만들어지고, 다양한 콘퍼런스가 열리는가 하면 셀 수도 없는 각종 공연과 축제가 펼쳐진다. 그리고 마지막날 그동안 건설했던 그 모든 것들을 불태워 버리고 흔적도 없이 사라진다. 흡사 사막의 신기루 같다. 참가자들은 모든 자유가 허용되는 그곳 열린 공간에서 적극적으로 자기 표현을 하며 인간이 가장 자기답게 사는 법, 인간에 대한 신뢰, 창의성과 인내, 열린 생각에서 떠올린 영감, 타인과의 협업 체험, 도전과 혁신, 변화와 시도를 한계 없이 구현해 보고는 미련 없이 떠난다. 축제란 언제나 끝이 있는 법! 인생도 마찬가지겠다.

한국적 성범죄·마약·폭행 등 종합판 게이트인 '버닝썬'도 어쩌면 버닝맨에서 따온 간판이 아닐까 싶다. 아는 만큼 보인다고도 하고, 제 눈에 안경이란 말도 있다. 한국의 성공한 그들 눈에 버닝맨 축제는 누구의 간섭 안 받고 저들끼리 모여 원없이 처먹고 마시고 배출하며 젊음을 깡그리 불태우는 환락의 오아시스 소돔으로 보였던 모양이다. 고작 꿈이 그거였던가? 그렇게 이름까지 차용할 정도로 부러웠던가? 그랬다면 왜 버닝썬을 열기 전에 한번쯤 버닝맨 축제에 참여해 볼 생각을 못했을까?

은퇴 후에도 돈을 잘 버는 베컴이나 조던 같은 세계적인 스타들도 만약 '버닝썬' 같은 곳에 들락거리다 단 한번의 실수라도 저지르는 순간 평생토록 쌓아 온 그 모든 명예와 죽을 때까지 들어올 어마어마한 수입이 '훅!' 하고 사라진다. 정상은 날기 위해 오르는 곳이다. 매너가 날개다! 매너가 신사를 만든다! 세계관이 열려야 꿈이 커진다! 세계 초일류 기업 구글의 철학인 'Don't be evil!'도 그곳에서 탄생했다고 한다. 어떻게 살든 그건 자유다. 하지만 제발 사악하지는 말자! 추락하는 것은 날개가 없다.

102 신데렐라도 왕자님 만날 내공 안 되면 부엌데기

예전에 일본으로 건너가 활동했던 한국의 어느 여성 골프 선수는 일본골프협회가 강제(?)로 에티켓을 연수시키는 바람에 매우 불쾌했었노라고 언론에 토로한 적이 있다. 감히 프로 선수에게 에티켓을 가르쳐? 감사한 일을 그렇게 욕을 해대다니! 그렇게 해서 몇 차례 우승도 했지만 그걸로 끝! 지금쯤 그 선수가 어떤 삶을 꾸려 나가고 있을지는 안 봐도 알 듯하다.

골프가 어떤 경기인가? '매너의 스포츠'가 아닌가? 한국의 많은 남녀 골퍼들이 PGA, LPGA를 휘젓고(?) 있지만, 문제는 우승만큼이나 매너가 따라가지 못해 제대로 대접받지 못하거나 때로는 무시당하기까지 한다는 거다. 그로 인한 선수 본인은 물론 코리아의 이미지가 디스카운트되고 있음을 눈치채지도 못하고 있다.

박세리 선수가 1998년 US 여자오픈에서 우승하자 일본의 산케이신문을 비롯한 여러 외국 매체에서 가족 등이 그린에 뛰어든 무례를 두고 '감정에 충실한 한국인들'이라고 지적했었다. 이후 박세리뿐만 아니라 뒤이은 한국 낭자들의 매너 없음이 종종 현지 및 세계 언론의 도마에 오르기도 했다. 그럴 때마다 한국인들은 괜히 배가 아파 저런다고 애써 무시해 왔다. 타인의 시선을 지나치게 의식하는 것도 문제지만, 그 반대 역시 곤란하기는 매한가지다. 더구나 글로벌 무대에서라면 그 파급이 국민 전체에까지 미친다.

103 세계 챔피언이 된다는 것은?

골프는 대화의 스포츠이다. 함께 공을 치면서 대화를 나누며 즐기는 경기이다. 매너가 그래서 필요하다.

선진국의 대부분 사교 클럽 및 스포츠 클럽이 그렇듯 컨트리 클럽 회원이 된다는 것은 결코 쉬운 일이 아니다. 아무렴 동양인에겐 더더욱 어렵다. 멤버가 되기 전 상당 기간 동안 회원들과 함께 라운드를 하며 얼굴을 익히는 것은 물론 입회하려면 두세 차례 면접을 거친다. 골프 기량보다는 매너와 사회적 평판을 먼저 보며, 심지어 부부 동반으로 초청돼 멤버들 앞에서 사교성을 테스트받는 등 까다로운 절차를 거친다. 멤버 가운데 단 한 명만 반대해도 입회하지 못한다. 주류층에 든다는 것이 그만큼 어렵다.

현재 한국 골퍼들의 의사 소통 능력, 식사 매너, 건배 매너, 유색의 아동틱한 복장, 주최측에 대한 감사 표시 생략, 불성실한 인터뷰 등에서의 교양과 처신·품격은 글로벌 수준에 한참 못미치고 있다. 언제 제대로 배울 기회조차 없었을 것이다. 하여 이제는 한국 선수가 글로벌 메이저 대회에서 우승했다 한들 글로벌 상류층 어느 누구에게서도 라운드나 식사 초대를 받지 못하고 있다.

오직 승리만을 목적으로 경기를 하는 안쓰러운 한국 골퍼들! 고작 우승 상금, 몇 푼 되지 않는 스폰서 기업 후원금, 그리고 운이 좀 더 따라 주어서 국내 광고 모델료까지 보태져 그동안 땀 흘려 바친 젊음에 대한 보상으로 만족한다. 남은 인생을 골프 코치 혹은 골프용품숍 여는 것으로 마감하겠다면 굳이 이런 지적이 필요 없을지도 모르겠다. 하지만 벽오동 심은 뜻은 봉황을 보자는 게 아니던가? 글로벌 상류 무대로 진입하자는 게 아니던가? 챔피언이 된다는 건 부자들과 함께 놀 수 있는 자격을 얻는 것이다.

상류층 사교 골프 클럽 이너서클의 레귤러 멤버가 되기 위해 목숨을 걸어야 하지만, 그들 중 누구도 그 길이 있는지조차 모르고 있다. 당연히 방법도 알 리 없다. 그러니 그저 허리와 관절이 녹아나도록 골프채만 휘두르고 있어 안타깝기 짝이 없다. 아무튼 이제는 양보다 질이다. 우승도 중요하지만 그 전에 품격의 '기본기'부터 제대로 갖춰야 한다. 그래야만 챔피언에서 나오는 부가가치를 한껏 누릴 수 있다.

104 맹물 혹은 맥주 세리머니로 망가지는 코리언들

아무렴 어떠랴! 요즘 국내외 골프대회에서 한국 선수들이 우승하면 맹물이나 맥주를 끼얹는 것이 유행이다. 이런 비판에 대해 아직도 많은 이들이 오히려 역정을 낸다. 왜? 우리 식으로 하면 되지 굳이 샴페인이냐? 그런 논리라면 골프 규칙도 우리 식으로 바꾸자고 하던지, 그게 싫으면 아예 골프를 수입하지 말았어야 했다. 허나 지금은 글로벌 시대. 세계인의 시야와 시각이 동일해지고 있다. 싫든좋든 그에 맞춰야 세계인들과 쉬이 소통할 수 있다. 음료수라고 해서 다 같은 것이 아니다.

잘못 꿴 첫 단추? LPGA, 한국인으로서 첫 우승한 박세리 선수의 맥주 세리머니. 전 세계로 나간 사진이다. 한국인들은 열광했지만 과연 세계인들은 이 사진을 보며 무슨 생각을 했을까? 지린내나는 맥주를 뒤집어쓰고 황홀해하다니? 당시 클린턴 대통령이 박세리 선수와 함께 라운드하고 싶다고 공개 발언한 바 있지만, 결국 성사되지 못했다. ⓒ연합뉴스

　　고생 끝에 우승해 놓고 고작 저질 세리머니 하나 때문에 내공이 깡통임이 드러나서 어글리 코리언이 되고 말다니! 골프든 야구든 우리끼리 맹물 세리머니를 해대다간 영원히 글로벌 삼류를 못 벗어난다. 감정이 격해지면 공사(公私)도 구분 못하고 날뛰는 버릇 고치지 못하면 LPGA 우승, 올림픽에 나가 금메달을 딴다 해도 신분 상승 못한다. 스포츠든 인생이든 그 전 과정을 품격 있게 가꾸고 즐길 줄 알아야 한다는 말이다. 선수 본인이야 금메달이나 우승컵이 소중하겠지만, 세상이 기억하는 것은 단 한 장의 이미

지다. 우승자답게 두 팔 쫙 펼치고 당당하게 샴페인 거품을 한껏 맞을 일이다.

간혹 외국 영화를 보면 식사자리에서 화가 난 주인공이 자리를 박차고 일어나면서 상대방 얼굴에 제가 마시던 음료수를 끼얹는 장면이 나온다. 하층민들처럼 차마 침을 뱉을 수가 없어 자신이 마시던, 그러니까 자신의 침이 묻은 음료수를 끼얹음으로써 침뱉음을 대신하는 것이다. 그런 서양인이라면 한국 골퍼들의 맹물 혹은 맥주 세리머니를 보고는 기겁을 하고 역겨워하지 않을 수 없겠다. 실은 우리네 관습에서도 찬물 끼얹는 것을 저주를 퍼붓는 것으로 여겼었다. 부정한 것을 쫓아낼 적에 소금을 뿌리는데, 소금이 없으면 대신 찬물을 끼얹기도 했다. 그러니까 맹물 세리머니는 우승을 시샘한 물벼락인 셈이다.

105 우승에 절박한 한국 골퍼들, 즐길 줄 모른다

언젠가 호주 퀸즈랜드주 골드코스트에서 열린 레이디스마스터스 대회 개막 이틀 전, 숙소인 크라운프라자 로얄파인즈리조트에서 선수들을 위한 환영 파티가 열렸었다. 이날 연사로 나선 주요 인사들은 위상이 높아진 한국 여자 골프를 감안하여 수차례 한국 선수들의 활약상을 언급했다. 그때마다 참석자들이 이리저리 연신 고개를 두리번거리며 한국 선수들을 찾았으나 아무도 보이지 않았다고 한다.

또 한때는 LPGA에서 영어를 못하는 선수를 퇴출시키겠다 하여 논란이 되었던 적이 있었다. 결국 해프닝으로 흐지부지되었지만, 그 사건은 영어를 못하고 오직 코스 탐색에만 몰두하는 한국 선수들을 겨냥한 것이 분명하다는 중론이었다. 한국 선수들이 프로암대회에서 영어가 서툴러 동반한 아마추어 골퍼들과 대화가 안 되는데다가 오직 결과에만 급급하여 코스 탐색에만 열중하는 바람에 주최측을 낭패 보이기 일쑤였기 때문이다.

프로암대회는 정식 대회를 열기 전 참가 선수들이 코스에 익숙해지기 위한 연습 경기인데, 이때 아마추어들이 참가비(조당 약 2만 4천 불 정도)를 내고 프로 선수들과 함께 라운드를 하게 된다. 이를 통해 주최측이 적지않은 수입을 올리는데, 이들 중에는 대회 타이틀 후원기업 사장 등 거물급들이 많다. 그런데 한국 선수들 때문에 이들에게서 원성을 듣게 된 것이다. 프로암대회 시상식엔 아예 참가조차 하지 않거나, 설령 참가했어도 얼굴만 비치고 내빼기 일쑤이기 때문이다.

사실 프로 선수들에겐 이 프로암대회가 행운의 기회인데도 불구하고 한국 선수들은 오히려 이를 통해 자신의 이미지를 구기고 있다. 경기 도중은 물론 시상식 파티에서 거물들과 친교를 맺을 수 있는 더없이 좋은 기회를 놓치고 마는 것이다. 언어 소통도 안 될뿐더러 상대에 대한 배려심이나 깔끔한 매너도 없으니 돈 내고 참가한 아마추어 골퍼들이 한국 선수들에게 실망하는 것은 당연한 일일 테다.

106 세계적인 부자들은 세계 챔피언들과 논다

한국 부자들은 제대로 놀 줄을 모른다. 하여 이상한 짓을 하다가 개망신당하는 일이 많이 일어난다. 그에 비해 외국의 부자들은 즐겁게 노는 것에 상당히 열중한다. 그러지 않을 바에야 뭣하러 부자가 되었겠는가?

테니스의 황제로 불리는 로저 페더러는 스위스 바젤 출신으로 6세 때 처음 테니스를 배우기 시작했는데, 축구·크리켓에도 출

테니스를 좋아하는 마이크로소프트 빌 게이츠 회장과 로저 페더러는 자주 복식조를 이뤄 프로암대회에 출전하거나 자선경기를 열어 자선기금을 모은다. 세계 최고의 부자와 친구가 된다는 건 더없는 행운이다. ⓒ연합뉴스

중한 기량을 보였다고 한다. 그의 아내 미르카 바브리넥 역시 테니스 선수로 스위스 국가대표였다. 결혼한 뒤 매니저를 자처한 헌신적인 뒷바라지 덕분에 승승장구하며 테니스의 전설이 되어갔다.

그는 독일어·프랑스어·영어를 유창하게 구사한다. 유니세프 친선대사로도 활동했으며, 로저 페더러 재단을 만들어 빈민층을 돕고 스포츠 보급을 장려하는 등 다양한 자선 활동을 하고 있다. 롤렉스·벤츠 등 10여 개의 명품 브랜드로부터 후원을 받고 있다.

젊음에 돈과 명예를 다 가졌으니 유혹 또한 얼마나 많았을까마는 오랜 선수 생활에도 그는 음주며 도박·마약·성 스캔들에 단 한번도 연루되지 않았다. 깨끗한 신사의 이미지와 철저한 자기 관리로 마흔을 바라보는 나이에도 세계 정상급을 유지하고 있는 페더러! 그 역시 은퇴한 후에도 현역 못지않은 수입을 올릴 것이며, 많은 이들의 존경을 받으며 남을 돕는 일에 여생을 바칠 것이 분명하다.

역시 어렸을 적부터 테니스를 좋아했던 세계 최고의 부자가 있다. 바로 마이크로소프트의 빌 게이츠 회장이다. 그는 로저 페더러의 열렬한 팬이자 친구이며, 강력한 후원자다. 세계 최고의 부자답게 세계 최고의 테니스 스타인 페더러와 종종 테니스를 친다. 거칠게 말하자면 가진 게 돈밖에 없다. 해서 페더러의 자선 활동을 적극 지원하고 있다.

정상에서 난다는 건 바로 이런 걸 두고 하는 말이다. 아무렴 챔피언이라고 해서 다 세계적인 부자들과 친구가 될 수 있는 건 아니다. 신사가 안 되면 올림픽 금메달 열 개를 목에 걸어도 날아오르질 못한다. 날개 없는 챔피언은 신사가 될 수 없다.

107 자선 혹은 봉사의 태도적 가치

텔레비전에 한 노인이 나와 훌륭하게 키워 잘사는 자식들의 만류에도 불구하고 동네 파지와 빈병을 주워 판 돈으로 불우이웃 돕기를 한다며 자랑스러워하는 모습이 나왔었다. 아마도 건강도 챙기고 저승 가기 전에 선행 스펙 쌓으려고 저러나 보다 싶지만 한숨이 절로 나온다. 또 요즈음 아파트나 학교 경비를 하는 사람들 중에는 전직이 쟁쟁한 분들이 있어 자식이 의사·판검사이지만 놀면 뭐하냐며 자신의 근면과 자식 자랑을 하는 경우가 있다. 얼핏 생각하면 아름다운 일일 수도 있다. 하지만 그 파지라도 주워 끼니를 이어 가야 하는 사람, 경비 자리도 못 구해 가족의 생계를 걱정하는 정말 가난한 어느 가장의 몫을 빼앗고 있다는 생각은 왜 못하는지!

한국에서는 우편배달부·환경미화원을 모집하는 데 대학 졸업자는 물론 석사학위 소지자들까지 몰려드는데, 독일 등 유럽에서 그랬다가는 곧바로 지탄의 대상이 된다. 배울 만큼 배운 사람들이 많이 못 배운 사람들의 직업 영역을 넘보는 몰염치를 사회가 결코 용납하지 않는다. 한국의 멀쩡한 사람들이 시각장애인들이

해오던 안마 일을 빼앗는 거나 다름없기 때문이다.

수년 전 덴마크의 수도 코펜하겐에서는 시내 쓰레기통을 모두 교체했었다. 신형 쓰레기통은 손잡이처럼 생긴 선반이 달렸는데, 여기에 음료수 병이나 캔을 얹어 놓도록 설계됐다. 재활용률을 높이기 위해서이기도 하지만, 그보다 더 중요한 이유는 가난해서 빈병 따위를 수집하여 생활비를 버는 이들을 배려해서라고 한다. 행인들이 병이나 캔을 통 속으로 던져넣지 않고 그 선반에 놓으면 그걸 수집하는 이들이 허리를 굽혀 굴욕적인 자세로 쓰레기통을 뒤지지 않아도 된단다. 인간에 대한 최소한의 '존엄'이라도 지켜 주기 위함이다.

108 한국 부자들의 낭만?

예외적인 경우도 있지만 인생 60이면 대부분의 사람은 결산이 끝난다. 해서 부자는 부자로, 가난한 자는 가난하게 나머지 생을 살아가게 마련이다. 이쯤에서 동창회나 경조사·개업식 등등의 모임에 나가 보면 개중에 꽤 재산을 모아 부자로 소문난 친구들도 나온다. 한데 그런 부자들도 다른 가난한 친구들과 똑같이 몇만 원 든 봉투를 내거나, 그마저도 안 내고 먹고 마시고 가는 경우가 적지않다. 그런 '거지 같은 빈손 부자'를 보면서 "그래서 그 많은 돈을 모았나?" "그렇게 살 거면 뭣하러 그 많은 재산을 모았지?"라며 사람들이 빈정댄다.

명색이 부자라고 소문이 났으면, 누구 개업식이나 축하 파티에 참석할 때 미리 서너 시간 전에 운전사더러 마트에서 대용량 아이스박스 두어 개에다 샴페인과 화이트와인, 핑크빛 로제와인 가득 채워 얼음 쟁이고 샴페인잔이나 화이트와인잔 4,50개 함께 사서 건배용으로 쓰라고 사전에 실어다 주는 것이 최소한의 체면치레겠다. 그래 봤자 가난한 동창 지갑의 1만 원짜리 한 장보다도 더 가벼울 것이다. 벼슬만 높다고 체신을 차려야 하는 것 아니다. 부자도 부자답게 처신할 줄 알아야 한다.

그런가 하면 주변에 나름 재산을 제법 모았다며 땅 자랑 빌딩 자랑하는 어른들 중에는 노년에 문화사업 · 교육사업 · 자선사업 등 뭔가 뜻 있는 일을 하고 싶다고 입버릇처럼 말하는 이들도 있다. 하지만 그들은 예외 없이 결코 죽기 전에 그런 일을 안한다. 실은 그 핑계로 순진한 젊은이들을 제 앞에 조아리게 해놓고, 자기에게 아부하게 만들어 적당히 부려먹는 것이다. 재산 빼고는 달리 내세울 것 없는 인생들의 전형적인 자위행위가 아닐 수 없다. 고작 밥값이나 찻값으로 제 인생 성공을 확인하고 자랑하며 여생을 즐기는 고약한 늙은 졸부들이다. 철없는 젊은이들이 재수 없게 그 꼼수에 걸려들어 제 갈 길을 못 가고 들러리 서는 일로 시간과 에너지를 낭비하거나 다른 기회를 놓치는 경우가 허다하다. 베풀지 않는 부자가 존경받을 리 없을 터, 존경받지 못하는 부자는 결국 사회적 암(癌)이 되고 만다.

109 후진적인 한국적 도네이션의 전형, 연탄 배달

철마다 한국에선 상당한 부자가 나름 소외계층이나 불우이웃들을 위해 봉사를 한다며 다른 이들과 섞여 함박 웃는 사진이 매스컴에 자랑스레 실린다. 취약계층을 위한 연탄 배달! 세밑 풍경으로 자리잡은 지 오래되었다. 아무렴 아름다운 일이지만, 20세기도 10년을 훌쩍 넘긴 이 시대에 흑백사진 시대의 대명사인 연탄 배달이라니! 흡사 6, 70년대식 신파극을 보는 듯하다.

국가적인 재난이나 대형 참사가 발생하면 기다렸다는 듯이 잽싸게 달려와 맨손맨입에 꼴값 떨며 사진찍기에 바쁜 정치인들의 뻔뻔함. 연탄 몇 장, 김장 몇 포기, 라면 한 상자, 쌀 한 포대 얻어먹기 위해 자존심 죽이고 잘나가는 위인들의 자선 홍보용 사진 모델이 되어야 하고, 병풍이 되어야 하는 취약계층 사람들. 잠시 몸으로 때우는 생색내기로 차경(借景)해서 언론에 사진 실려 홍보하는 얌체 정치인들. 유명세 챙기고 나면 휙하니 바람처럼 사라지는 그들을 볼 때면 정말 역겹다. 재주는 곰이 부리고 생색은 높은 것들이 다 낸다. 대기업 임직원들의 취약계층 집수리, 목공으로 가구 만들어 주기 등 행사를 위한 자원봉사 이벤트 역시 구역질이 난다. 한데 언제까지나 그런 유치한 생쇼에 놀아나는 언론들.

벤처기업으로 크게 부자가 되어 대권을 꿈꾸는 한 의원이 자신의 지역구에서 연탄 배달하는 사진이 종종 신문에 실린다. 마스크만 빼고 완전무장! 온몸에 비닐을 감고 난생 처음 지게 지는 이색체험으로 천사연하는 함박 미소에 연탄 검정 대신 기름진 역겨움 비슷한 것이 묻어난다. 상투적 속임수라면 지나친 편견일까? 학생들의 스펙쌓기용 봉사와 뭐가 다른가? 아무려나 철없는 부자가 세상을 바꾸겠다? 무한도전! 순진해 보이는 어눌한 연기! 눈 가리고 아웅식의 사진찍기용 봉사. 아무도 감동하지 않는 구태의연한 후진적 몰염치 자선. 빈곤한 상상력으로 구태를 고스란히 답습하면서 새정치? 당분간 일감이 없어진 동네 연탄가게 주인이 울겠다. 지나가는 동네 개가 웃을 일이다.

연탄 배달이 한국적 도네이션, 자원봉사의 전형인가 하면 사람들이 붐비는 길거리에는 젊은 학생들이 불우이웃돕기 모금 행사를 벌인다. 그 광경을 볼 때마다 이왕지사 진정성을 가지려면 적더라도 스스로 용돈 아껴 모은 돈이나 아르바이트로 번 돈을 기부하는 게 바람직하지 않을까 하는 생각이 들 때가 많다. 남에게 봉사를 강요하고, 남의 돈으로 생색내려는 버릇을 너무 일찍부터 들이는 건 아닌지 안쓰럽다.

110 봉황은 오동나무에만 깃든다

너희가 너희의 땅에서 곡식을 거둘 때에 너는 밭 모퉁이까지 다 거두지 말고 네 떨어진 이삭도 줍지 말며, 네 포도원의 열매를 다 따지 말며 네 포도원에 떨어진 열매도 줍지 말고 가난한 사람과 거류민을 위하여 버려두라. (〈레위기〉, 제19장 9~10절)

네가 밭에서 곡식을 벨 때에 그 한 뭇을 밭에 잊어버렸거든 다시 가서 가져오지 말고 나그네와 고아와 과부를 위하여 남겨두라. 그리하면 네 하나님 여호와께서 네 손으로 하는 모든 일에 복을 내리시리라. 네가 네 감람나무를 떤 후에 그 가지를 다시 살피지 말고 그 남은 것은 객과 고아와 과부를 위하여 남겨두며, 네가 네 포도원의 포도를 딴 후에 그 남은 것을 다시 따지 말고 객과 고아와 과부를 위하여 남겨두라. 너는 애굽 땅에서 종 되었던 것을 기억하라. (〈신명기〉, 제24장 19~22절)

한국에서 재벌그룹이 운영하는 백화점 목 좋은 금싸라기 코너는 모조리 오너의 일가친척과 CEO 내지는 임원 누구누구들의 몫이다. 대형병원의 빵집이나 죽집 역시 오너의 일가친척, 사돈의 팔촌이 아니면 언감생심임은 상식에도 속하지 않은 지 오래다. 요즘은 그마저도 모자라 대기업들이 대형빌딩 구내식당 사업까지 하는 바람에 주변 식당들이 죽어나고 있다. 재벌 2,3세 및 오너 가족과 친인척들이 동네 빵집이며 커피집에 무차별 진출하는 등 골목 상권을 다 장악하고 있다. 정치권에서는 이들을 규제한답시고 경제정의니 경제민주화니 하면서 일감몰아주기 금지법을 제정하는 등 법석이지만 기실 이는 법 이전에 양심과 상식의 문제일 테다.

제주도 해녀들은 젊은 여성들과 나이 많은 할머니들이 같이 일한다. 해서 육지에 가까운 얕은 쪽은 할머니들에게 양보하고,

젊은 해녀들은 멀리 깊은 곳에서 물질을 한다. 예전에 우리네 농촌 부자들도 추수 때에 절대 이삭은 줍지 않았다. 가난한 사람들을 위해 그냥 남겨두었다. 아무려나 황새가 참새 따라 방앗간을 들락거려서야 어찌 체면이 서랴? 염치가 살아 있는 사회라면 있을 수 없는 일이다.

부자가 철들어야 선진국이다. 수년 전 미국의 슈퍼리치들이 '세금을 더 내자'는 내용을 담은 성명을 발표해 화제가 된 적이 있다. 워런 버핏 회장과 조지 소로스 회장 주도로 나온 성명에는 미국 '재정 절벽' 타개를 위해 상속세 인상을 촉구하는 내용이 담겨 있다. 여기에는 뮤추얼펀드 뱅가드그룹 사주인 존 보글, 지미 카터 전 대통령, 빌 게이츠 마이크로소프트 창립자, 로버트 루빈 전 재무장관 등 20여 명의 부유층 저명인사가 뜻을 같이했다. 이들은 성명에서 "상속세 인상이 재정 감축과 관련해 세입을 늘리려는 노력에 큰 도움이 될 것"이라면서 세금을 올려도 "소득 상위 1%에 여전히 해당하는 것"이라고 지적했다. 따라서 "최고부자들의 상속세를 인상하고, 그것을 지키면 되는 것뿐"이라고 강조했다.

평소에도 거액을 기부해 왔고, 또 사후 재산의 절반을 기부하겠다고 서명까지 한 이들 부자들이 상속세까지 올려 달라고 한 것을 두고 세상 사람들은 그 저의를 파헤친답시고 이리저리 머리를 굴려 본다. 노블레스 오블리주? 부자라면 마땅히 해야 할 피드백이라는 중요한 매너 의식을 실천한 것일 뿐이다. 군이 저의라면 그렇게 해야만 현재 사회가 뒤집어지는 일 없이 지속 가능하기 때문일 테다. 그럼으로써 상위층으로서의 그들의 존재 가치를 변함없이 유지하고자 함일 테다.

111 부자에게도 분수가 있고, 봉사도 격이 있어

큰돈은 쌓아두고 맨몸으로 봉사하는 부자? 구역질나는 위선이다. 미국의 워런 버핏이나 빌 게이츠 같은 부자가 도네이션 않고 연탄 배달 봉사한다고 하면 얼마나 우습겠는가? 도네이션이든 봉사든 피드백은 본인의 형편과 등가(等價)·등질(等質)의 것이어야 한다. 가진 게 재능밖에 없다면 재능으로 피드백하는 수밖에 없겠다. 그마저도 없으니 몸으로 피드백하는 게다. 허나 재능이 있다 해도 돈을 많이 벌었으면 돈으로 하는 것이 매너다.

워런 버핏은 2019년까지 어림잡아 39조 원을 기부했다고 한다. 그것도 자신이 만든 재단이 아닌 빌게이츠재단에 대부분을 기탁했다. 그런 일은 자기보다 빌 게이츠 회장이 더 잘하기 때문이란다. 해마다 단 한번 경매에 나오는 워런 버핏과의 점심 식사가 2019년엔 54억에 낙찰되었다. 당연히 그 돈은 자선기관에 도네이션 된다. 그런다고 해서 그가 항상 남들과 점심하면서 돈을 받는 것은 아니다. 종종 지역의 대학생들과 식사를 같이하며 조언도 많이 해준다고 한다.

예전에 한 친구는 홍콩의 최고부자에게 신년 무렵 지나는 길에 인사차 들렀다가 '젊은 친구에게 주는 복돈'이라며 주는 묵찔 무게 나가는 봉투를 하나 받은 적이 있다. 여느 한국 부자들로서 는 마음 내켜 선물하기 어려운 금액의 골드바였다. 그래서 그는 이 예기치 않은 귀중한 뜻의 선물을 아주 흔쾌히 현지 장애인돕 기협회에 바로 현물 기부하였다고 한다. 그런 게 보유재산으로든 마음의 중심으로든 부자의 분수, 부자의 본색, 부자의 품격이겠 다. 가난한 사람만 분수를 지켜야 하는 게 아니다. 부자도 지켜야 할 분수가 있다. 아무렴 부자가 칭송받을 일은 도네이션 외엔 없 다. 그리고 그만큼 쉬운 방법도 없다. 곳간에서 인심난다!

아리스토텔레스도 "부자가 재산을 자랑하더라도 그 부를 어 떻게 쓰는가를 알기 전에는 칭찬하지 말라"고 했다. 기부나 봉사 도 경영이다. 물질(돈)이 가면 마음도 간다. 이왕지사 매너로 진정 성과 품격을 높일 일이다.

112 날지 못하는 새, 〈대장금〉!

드라마 〈겨울 연가〉가 일본에 한류 열풍을 일으켰다면, 〈대 장금〉은 아시아 전역에 한류 바람을 일으킨 작품이다. 중국은 물 론 동남아시아, 그리고 중앙아시아를 완전히 휩쓸었다. 그리고 주연을 맡았던 이영애는 지금도 한류 스타 중의 최고로 기억되고 있다. 그런 만큼 〈대장금〉 이후에도 많은 기대를 받았지만 웬일 인지 그다지 활동이 시원찮다. 지금은 그냥 가정에서 아이들 키우며 여생(?)을 즐기며 보내는 것으로 알려지고 있다.

2017년 11월, 중앙아시아의 우즈베키스탄 미르지요예프 대통령 내외가 한국을 국빈 방문하였다. 청와대 환영 만찬에 배우 이영애 씨도 초청을 받았다. 이미 우즈베키스탄에서도 〈대장금〉의 열풍이 지나간 터라 그 주인공을 초청한 것이리라. 한데 언론에 나온 사진을 보니 "억!" 소리가 절로 나온다. 어쩌면 청와대가 저럴 수가? 한국을 대표하는 한류 스타의 매너가 저럴 수가? 사진 한 장에 그의 내공 수준과 국격이 고스란히 드러나 보여 너무 안타까웠다.

우선 이영애 씨의 패션이 문제다. 말 그대로 제멋에 겨운 연

국빈 방문한 우즈베키스탄 대통령 내외를 위한 청와대 만찬에 초청된 배우 이영애 씨. 앞으로 굽히는 문대통령의 악수 자세도 품격이 떨어지긴 매한가지! ⓒ연합뉴스

예인 수준이다. 단 한번도 격조 있는 만찬 파티에 참석해 본 적이 없었던 모양이다. 이브닝 드레스 한 벌 없는 유명 배우? 유색 외출복이 아니라 짙은 색 드레스를 입었어야 했다.

더욱 가관인 것은 직접 들고 있는 코트와 가방이다. 청와대는 그런 것을 맡아 주는 클록룸도 없는 모양이다. 모두 맡겨두고 작은 클러치백이나 이브닝백을 쥐고 만찬장에 들어갔어야 했다. 그리고 대충 뒤로 묶어 맨 헝클어진 머리도 도무지 숙녀답지 못하다. 더욱 무성의한 것은 명색이 국빈 환영 공식 만찬에 나오는 숙녀가 귀걸이·목걸이도 착용 않다니!

마지막으로 악수를 할 줄 모른다. 정상급 배우답게 당당히 고개를 들고, 가슴을 펴고서 상대방 가까이에 다가가 눈맞춤-방긋하며 악수하질 못하고 쑥스러운 소녀처럼 손을 반쯤 잡고 고개 꾸벅이며 어글리 악수를 하고 있다. 분명 다음의 우스베키스탄 대통령이나 영부인들과도 그렇게 악수했을 것이다. 그러고선 테이블로 찾아 들어가 의자에 코트를 걸쳐 놓고, 엉덩이 뒤쪽엔 가방을 놓은 채 반쯤 걸터앉아서 재미없는 시간을 보냈을 것이다. 글로벌 매너를 전혀 배우지 못한 한류 스타! 잔뜩 기대했던 두 국빈이 속으로 꽤 실망이 컸을 것 같다.

113 비즈니스를 모르면 놀 줄도 몰라!

만약 위의 사안을 글로벌 매너적으로 매니지먼트를 하면 어떻게 될까?

청와대로부터 만찬 초청을 받은 즉시 이영애 씨의 매니저는 바로 주한 우즈베키스탄 대사관에 전화한다. 초청받은 사실을 이야기하고, 대통령 내외와 악수 인사하기 위해서 필요하니 우즈베키스탄어로 인사말을 좀 가르쳐 달라고 부탁한다. 그리고 이왕 대통령 부처나 가족 상황을 물어보고 근자에 무슨 좋은 일이 있었는지, 아니면 국가적으로 축하할 일은 없는지를 알아본다. 또 우즈베키스탄을 여행하기에 가장 좋은 계절이 언제인지, 유명한 명승지가 어딘지, 훌륭한 작가나 시인·예술가 등에 대해서 물어도 좋다.

그러고는 한껏 우아하게 갖춰입고 만찬에 참석해 우즈베키스탄 대통령과 영부인에게 악수할 적에 그곳 언어로 인사를 하고 덕담을 보탠다. "이번에 따님이 ○○○에 입학한 것을 축하드립니다. 우즈베키스탄의 ○○○○가 아름답다고 들었습니다. 저도 꼭 한 번 가보고 싶어요!" 이렇게만 말하여도 대통령 내외는 금방 알아듣는다. 응, 초청해 달라는 말이로구나 하고. 한국을 방문했다가 인기 작품 〈대장금〉 주인공을 초청한다는 것도 부수적인 성과가 될 수 있으니 거절할 이유가 없다.

그렇게 해서 초청이 성사되면 그때부터 본격적인 비즈니스 작업에 들어간다. 당장 방송국에 연락해서 〈대장금〉을 방영한 우즈베키스탄 방송국에 혹시 재방영할 수 있는지, 아니면 그 주인공의 방문을 기념해서 특집판을 만들 것을 제안한다. 그리고 우스베키스탄의 가장 유력한 일간지나 잡지와 사전 협의를 거쳐 특집기사를 준비한다. 동시에 상공회의소나 주우즈베키스탄 한국대사관에 문의해서 우즈베키스탄에 진출한 대기업이나 막 진출코자하는 기업 몇 개를 골라 광고 모델 섭외를 한다. 그런 다음 우즈베키스탄에서 환대받고, 대통령 영부인과 친구로 사귈 수 있는 솔루션을 모색한다.

정상에서 난다는 건 그렇게 〈대장금〉 따라 놀면서 돈을 우아하게 버는 거다. 우즈베키스탄 한 곳에서 성공하면, 다시 연이어 주변국에서 광고 모델 따내기는 식은 죽 먹기다. 그렇게 국제 무대에 데뷔해서 글로벌 상류층들과 친구가 되면 때로는 국가 간의 어떤 현안에 대해 로비스트 역할도 해낼 수 있다.

이렇게 말하면 이영애 씨 당사자나 혹자들은 "뭐, 이미 벌 만큼 충분히 벌어서 그렇게까지 해서 돈을 더 벌 생각이 없다"라고 말할 수도 있을 테다. 아무렴 가난한 사람의 입장에선 평생을 써도 다 못 쓸 만큼 번 부자가 왜 자꾸 더 벌려고 하는지 이해 못할 것이다. 자기도 그 정도의 재산이면 모든 걸 때려치우고 탱자탱자 놀면서 여생을 보내고 싶다고 말할 수도 있다. 바로 그게 아마추어와 프로, 부자와 그렇지 못한 자의 차이다.

노블레스 오블리주란 자기 재산을 뚝뚝 잘라서 남한테 나눠주는 것이 아니다. 그러다간 얼마 못 가 쪽박찬다. 거지가 되려고 도네이션하는 바보는 없다. 워런 버핏이나 빌 게이츠도 물려받은 재산으로 도네이션한 적 없다. 도네이션은 벌어서 하는 것이다.

계속 벌고 벌어서 그 번 돈의 일부를 내놓는 것이다. 그런 게 진정한 프로의 태도적 가치이다. 한번 스타는 영원한 스타여야 한다. 그렇게 사회를 선도해 나가는 것이 그들의 의무다. 정상에서 날아오른 일류만이 할 수 있는 일이다. 아무려나 우아하게 천만 리 창공을 날아야 할 백조가 울타리 안에서 닭처럼 살고 있는 것 같아 너무 안타깝다. 왜 연기는 혼신을 다하면서 제 삶은 그렇지 못한가? 연기 따로, 현실 따로? 정상에 오르고도 세상을 보지 못한 때문이리라. 하늘을 보지 못한 때문이리라.

114 그대 눈동자에 건배를!

영화란 게 종합예술인지라 배우들의 연기도 중요하고 장면도 인상적이어야 하고 음악도 멋져야 하지만, 명작은 역시 대사 한마디가 만든다고 할 수 있겠다.

영화 〈카사블랑카〉(1942)는 불후의 명작답게 명장면에 명대사가 보는 이를 숨막히게 압도한다. 그 중 특히 잊지 못할 장면 하나가 바로 두 주인공 남녀가 샴페인을 마시면서 내뱉은 한마디, "그대 눈동자에 건배를!"일 것이다. 원어로는 "Here's looking at you, kid!"로 미국 영화 100년사의 명대사로 꼽히지만, 정말이지 외화번역사에 이만큼 멋진 번역도 다시없을 것이다. 그리고 이 대사는 상대방의 눈을 보지 않으면 나올 수 없는 것으로 건배의 정석을 가장 정확하게 표현한 말이기도 하다.

영화 〈카사블랑카〉에서 주인공 릭 블레인(험프리 보가트)과 일사 런드(잉그리드 버그만). (인터넷 캡처)

아무려나 그토록 많은 외화나 외국 드라마, 심지어 뉴스 등에서 주인공들이 건배하는 장면을 헤아릴 수 없을 만큼 자주 보고도 한국 사람들 중 그 장면 그대로 건배할 줄 아는 이가 거의 없다. 심지어 주류회사에서 홍보하는 건배 장면 사진에서도 외국인들이 보기에는 완전 어글리 코리언이다. 그러니까 한국인들은 건배의 요령도 모를뿐더러 건배하는 이유조차 모른다는 말이 된다.

언젠가 독일 유명 회사의 한국지사장인 친구가 그 심정을 토로한 적이 있다. 10년도 더 독일을 방문해 본사 사람들과 어울려

국가를 경영하고, 세계를 무대로 비즈니스를 한다는 리더들이 아무도 눈맞춤 없이 잔을 보며 '챙'을 하고 있다. 그동안 수없이 술을 마셨을 텐데 건배하는 법을 못 배웠다는 게 신기하고 어이없다. ⓒ연합뉴스

잔 보며 어글리 건배하는 한국 정제계의 리더들. 거의 모든 한국인들은 이런 식으로 건배를 하고 있어 자신이 엉터리로 건배하고 있다는 사실조차 인지하지 못한다. (인터넷 캡처)

건배하면서 김정일의 눈길을 피하는 노무현 대통령. ⓒ청와대

최악의 굴욕 건배. 백악관 환영 만찬에서 버락 오바마 대통령에게 고개 숙이고 건배 술잔을 올리는 이명박 대통령. ⓒ청와대

식사를 하고 맥주를 마시며 놀았지만 지금도 건배할 적엔 주의를 받을 때가 종종 있다고 한다. 아무리 의식을 하고 고쳐도 한국에 오면 다시 원상 복귀되는 바람에 그렇게 지적을 받는단다. "미스터 김, 눈 보고! 눈 보고, 챙!"

한국인들이 언제부터 술잔으로 건배를 하였는지 구체적으로 알 순 없으나 아마도 서구 문물이 들어오면서부터 시작되었을 것이다. 그후 일제 식민시대를 거치면서 일본식 "간빠이!"가 그대로 우리 것으로 고착화되어 지금까지 전해졌으리라.

작은 유리잔(소주잔)이나 사기잔에 넘칠 만큼 가득 부어 잔을 부딪쳐야 하다 보니 술을 쏟을까봐 자라처럼 목을 빼고 잔을 쳐다볼 수밖에 없지 않았겠느냐고 말할 수도 있다. 일리 있는 주장이지만 그보다는 악수할 때처럼 어른이나 높은 사람한테 고개 숙이고 굽신대는 몸에 밴 습관이 술자리에서도 그대로 적용되어 굽신건배를 하게 되었을 것이다.

인사는 피차 인격체임을 확인하는 절차다. 인격끼리 소통하자는 신호다. 당연히 인격이니 눈으로, 눈맞춤으로 소통해야 한다. 이게 서구인들의 사람을 대하는 기본 사고이자 몸에 밴 습관이다. 한데 동양인, 그 중에서도 유독 한국인이 눈맞춤을 못한다. 술 한잔 하며 편하게 대화하자는 데도 눈맞춤을 기피한다. 자폐증 환자인가? 뭔가를 감추거나 속이는가? 하층민 출신? 등등 부정적인 생각들이 순간적으로 스치게 된다. 와인은 사회적 커뮤니케이션 음료다.

115 건배도 할 줄 모르는 코리언들

사교계든 비즈니스 무대든 술은 대화촉진제이다. 대화를 한다는 건 상대가 있다는 말이다. 혼자 마시는 건 술꾼이다. 건배를 한다고 해서 반드시 잔끼리 부딪쳐야 하는 건 아니다. 잔을 들어올려 눈맞춤으로 까딱만 해도 된다. 중요한 건 "챙!"이 아니라 눈맞춤, 그러니까 상대방과의 소통이다. 술을 쏟을까봐? 잔을 깰까봐? 중요한 건 물격이 아니라 인격이다.

아무튼 대통령을 비롯해 대기업 오너, 최고경영자 할 것 없이 전 국민이 잔(술) 보고 굽신대는 꼴이 외국인에겐 신기하다 못해

지위 높은 사람과 건배하는 것이 황공스러운 일? 자리에서 일어나 엉거주춤 굴욕적인 한국식 굽신 건배. 눈맞춤 소통 실패. 콜라잔으로 건배하는 것도 난센스. ⓒ연합뉴스

괴이하고 역겹게 느껴진다는 사실조차 깨닫지 못하고 있으니, 글로벌 무대에서 과연 사람 대접 제대로 받아 가며 제(국민) 몫이나 제대로 챙기는지 심히 의아스럽다.

게다가 술이든 차든 음료를 마실 때에는 고개를 옆으로 돌리고 눈을 내리깔아 잔 속을 들여다보는 버릇이 있는데, 이 역시 글로벌 무대에선 리더로서의 자격을 의심받는 습관이다. 예로부터 어른들이 그렇게 가르친 때문이다. 뭘 마시든 전방을 똑바로 보면서 들이키는 것이 리더의 자세다. 테이블 앞에 앉은 경우 건배한다며 엉덩이를 쳐드는 것은 물론 허리 굽히고 팔을 뻗어 오버더테이블 건배하는 것 역시 완전 무매너다. 그럴 때는 그냥 제자리에서 상대방을 향해 눈맞춤-방긋 리모콘 건배를 하면 된다.

어쨌든 이렇게 지적을 해줘도 한국인들은 여간해서 못 고친다. 한 세기가 넘도록 그토록 많은 영화를 보고, 그들과 함께 수없이 건배를 하고서도 못 따라 하는데 그렇게 쉽게 고쳐질 리 만무하겠다. 그러니 일단 건배를 할 때에는 무조건 잔을 상대방 눈높이까지 들어올리되 그 높이에서 부딪치도록 '챙!'을 한다. 그러면 설사 상대방과 눈맞춤을 못해도 시선이 잔에 고정되어 있어 절로 눈맞춤한 것처럼 된다. 그렇게 숙달되면 어느 날 정말로 상대방 눈동자에 술잔이 보인다.

더 중요한 건 자세를 곧추세우는 것이다. 절대 움츠리거나 목을 빼고 굽신대지 말아야 한다. 자신을 낮추는 그런 행동은 상대방을 존중하는 것이 아니라 망신시키는 짓이다. 만약 해외에서 중상류층 신사들과 굽신 악수나 굽신 건배를 하면 상대방은 당황해서 주위를 살피게 된다. 혹여 자기를 아는 누군가가 그 광경을 보고서 '아니 저 친구가 왜 하층민과 놀고 있는 거야?'라며 흉을 볼까 봐서다. 신사다운 고품격 매너로 당당하게 응대하는 것이 상대방에 대한 최고의 존중이다.

116 건배는 눈으로 '챙!'

서부극에서 총잡이들이 총을 쏠 때 상대를 주시하지 아무도 자기 총을 내려다보지 않는다. 하나같이 적을 보고 있는 상태에서 재빨리 허리춤의 총을 꺼내어 쏜다.

술은 소통의 음료! 따라서 건배는 눈으로 '챙!' 하는 것이 정격이다. (독일관광청)

멀리 떨어진 사람들과도 일일이 눈으로 리모콘 건배를! ⓒKremlinRussia_E

와인잔 역시 마찬가지다. 악수할 때와 마찬가지로 건배를 할 때에도 잔을 보지 말고 상대의 눈을 봐야 한다. 식사 도중에 와인을 마실 때도 와인잔을 쳐다보고 집으면 아직 한참 하수(下手)다. 글로벌 신사라면 이때에도 잔을 보지 말고 오른손으로(약간 더듬거려도 괜찮다) 가운데 길쭉한 기둥 스템(stem)을 잡아 들어올릴 수 있어야 한다. 다섯 손가락으로 꽉 잡으려 애쓰지 말고 엄지와 검지로 걸어 가볍게 들어올려 입으로 가져오면 소통 매너에 상당한 내공을 지닌 인물로 존중받을 수 있다.

당장 당신의 눈앞에 워런 버핏 회장과 같은 거물급 타깃 인사가 앉았다고 가정해 보자. 상대방의 순간 안색 변화조차 놓치지 말아야 할 절대적인 찬스에 와인잔을 잡기 위해 시선을 돌린다면 그의 시선과 관심을 동석한 다른 사람에게 빼앗겨 버릴 수도 있기 때문이다. 건배할 때뿐만 아니라 대화중 시종일관 절대 주목을 포기하면 안 된다. 그만큼 상대방의 이야기에 관심을 가지고 재미있어한다는 표시이기 때문이다. 건배는 잔으로 하지만, 소통은 눈으로 한다는 사실을 명심하자.

117 와인 마실 때 저지르기 쉬운 실수

그리고 점잖은 자리에서의 정격 건배는 첫잔(스파클링와인 혹은 화이트와인) 한 번만 한다. 한국식으로 시도때도없이 건배를 해대며 술을 강제로 권해서 취하게 하거나 대화의 흐름을 끊는 짓은 금물이다. 물론 중간에 새 요리가 나와 분위기를 환기시킬 필요가 있을 때나 대화중 축하해 줄 만한 일이 있으면 가볍게 잔을 부딪치는 건 괜찮다.

그리고 상대방이 잔을 만지작거릴 때마다 그 대목을 놓치지 말고 자신의 잔을 살짝 들어올린 후 눈 미소 방긋과 함께 잔을 까닥거려 원격 리모트 건배를 해주어야 한다. 반대로 자신이 마실 때에도 그냥 훌쩍 마시지 말고 잔을 들어올리기 전 손목에 스냅을 걸어 일시 정지(pause)시킨 후 상대방이 건배 팔로우해 오기를 기다렸다가 같이 리모트 건배하고 나서 마신다. 경우에 따라 자기 회사의 생사여탈권을 쥔 상대방으로 하여금 '도움 주었다가는 자칫 같이 망할지도 모른다'는 느낌을 가지게 하는 '외로운 술꾼

(lonely drinker)'으로 비쳐지느냐, 아니면 상대방과 팔로우 잘하는, 어느 고급한 자리에 같이 데려가도 손색이 없을 비즈니스 스폰서 투자 잠재력이 큰 '우아한 와인애호가(wine lover)'의 이미지를 가지게 하느냐가 여기에 달려 있다. 건배는 반드시 오른손으로 한다.

그리고 제발 벌컥벌컥 술 마시지 마라. 간만에 취해서 스트레스 푼다는 한국적 발상으로 글로벌 비즈니스 무대에 올랐다간 바로 아웃이다. 글로벌 상류층 사교 모임이거나 비즈니스 오찬 혹은 디너에서 술로 스트레스 푸는 일은 있을 수 없는 일이다. 술취한 추태를 보였다간 그 사교 모임에서 영영 퇴출이다. 밖에서 마시는 술은 무조건 대화촉진제다. 입술 축일 정도로 조금씩 마셔야 한다. 얼굴이 빨개지거나 혀가 살짝만 꼬부라져도 비즈니스 무대에선 아웃이다. 취하기 위해 마시는 비즈니스 술자리는 없다. 취하고 싶으면 집에서 마셔라!

118 오두방정 유치 개그 건배사는 금물

튀고 싶어서 분위기 오버하며 내지르는 한국식 억지 개그 건배사는 절대 금물이다. 2013년 9월, 한미동맹 60주년 기념행사 참석차 미국을 방문한 새누리당의 모 국회외교통일위원장이 그날 저녁 한미 인사들이 참석한 가운데 케네디센터에서 열린 한미동맹 60주년 기념 리셉션에서 축사를 한 뒤 건배사로 '사우디'를 제안했는데, 무슨 의미인지 아는 참석자가 있을 리 없겠다. '사'는

식사 테이블에서 건배할 경우 앉은 상태에서 일일이 눈맞춤 리모콘 건배하는 것이 정격.
ⓒ올랑드 프랑스 대통령 트위터

사랑을, '우'는 우정을 뜻하고, '디'는 경상도의 비속어 '디지도록
(죽도록)'에서 따온 것이라는 부연 설명까지. 그나마 통역자가 이
를 "영원히(Forever)"라고 영어로 옮겨 천만다행이었다고 한다. 어
물전 망신 꼴뚜기가 시킨다더니, 한국식 억지 유치 개그 건배사
를 미국에까지 들고 나가 코리아 디스카운트를 자초한 것이다.

"계나리!"도 마찬가지다. '계', 계급장 떼고! '나', 나이도 내
려놓고! '리', 리프레시(refresh)! 어느 모임이든 한국인이라면 이런
건배사가 빠지지 않는다. 이는 인격체 간의 성숙된 소통이 아닌,
한 프레이즈 구호 레벨의 집단적 공통 정서 및 유대감을 확인해야
하는 만족 강박증에서 나온 것이리라. 한마디로 뽕 라이프스타일

이라 하겠다. 이같은 한국인들의 '외마디류, 단말마적 양태'의 건배사 주고받기식 뿡 레벨 중독증은 '비문명인 사회 특유의 성장장애성 집단적 · 사회적 병리 현상'이다! 거칠게 말하자면, 또라이들의 집단 마스터베이션이다!

그냥 점잖게 건강과 행운을 위하여 건배하면 된다. (와인잔을 들고 건배하며) "치어스!" 특히 중국에서의 비즈니스 술자리에서라면 만남의 목적에 어울리는 한시(漢詩)를 건배사로 읊으면 크게 존중받는다. 이렇게 품격 있는 우아한 디너라면 능히 거래 규모나 파트너십을 업그레이드시킬 수 있다.

119 칸! 베를린! 베니스!

6,70년대 무렵에는 이력서나 각종 조사서 및 설문지 등에 항상 '취미'를 적는 난이 있었다. 해서 집 거실 찬장에 전집류 한 질 꽂혀 있거나 월간지 한두 권 돌아다니면 대개 '독서'라고 써넣었다. 취미가 마땅히 없는 사람들도 그렇게 썼다. 간혹 집에 전축은 고사하고 라디오만 있어도 그 난에 '음악 감상'이라 적었다. 만약 요즈음 한국인들의 취미를 꼽으라면 단연 '영화 감상'이 1위를 차지하지 않을까 싶다.

세계적인 영화제에서 한국 작품이 종종 수상을 한다. 그만큼 한국 영화의 작품성이 뛰어나서였겠지만 세계 영화판을 둘러보면 그럴 수밖에 없는 것 같기도 하다.

기실 현재 전 세계에서 영화 산업이 번성하고 있는 나라는 딱 네 곳뿐이다. 미국, 중국, 인도, 그리고 한국이다. 그외의 나라들도 영화를 만들기는 하지만 겨우 명맥을 이을 정도밖에 되지 않는다. 유서 깊은 영화제를 열고 있는 프랑스·독일·이탈리아도 마찬가지다. 영화의 나라라고 자부하는 프랑스조차 대부분의 영화관 간판이 미국 영화로 도배질된 지 오래다.

그럼에도 영화제를 열자니 기실 유럽에서 생산되는 작품이 절대적으로 부족해 심사를 하고말고 할 것이 없다. 그렇다고 매번 할리우드 작품에 상을 줄 수도 없는 일. 해서 운(?)좋게도 한국 작품에 상이 떨어질 때가 있다. 다행히 한국 영화가 유럽 영화와 성향적으로 닮은 구석이 있다. 유럽은 전통적으로 감독이 시나리오부터 촬영까지 전 과정을 직접 해낸다. 그러다 보니 작품성은 선명한 데 비해 작품 스케일이 독립 영화처럼 소소해진다. 그에 비해 미국은 대자본으로 분야별로 수많은 전문팀들이 붙어서 오락성 강한 상업적인 작품을 만들어낸다. 당연히 유럽 영화제에 출품해 봤자 대접 못 받기에 그들은 자체적으로 영화제를 개최해서 시장성을 더욱 확대시킨다. 미국 작품 중에서 저예산 영화들만 유럽 영화제에 나온다. 이런 판국에 감독 혼자 북치고 장구치는 한국의 저예산 영화들에게 기회가 주어지는 것이다.

어쨌거나 자체적으로 영화 산업 기반이 거의 다 무너진 나라가 영화제를 지속적으로 열고, 또 그만한 명성과 권위를 유지하고 있다는 것만도 대단한 일이고, 대국들과 경쟁해서 독자적으로 영화 산업을 유지하고 있는 작은 나라 대한민국도 대단하다. 뻑하면 한 작품에 천만의 관객이 동원되는 영화 감상국이기에 가능한 일이지만, 그만큼 문화 편식이 심하다는 것이 문제라면 심각한 문제다.

120 봉준호 감독의 〈기생충〉과 칸의 실수?

2019년 칸영화제에서 한국의 봉준호 감독이 만든 〈기생충〉이 황금종려상을 수상했다.

수상작이 발표되자 봉준호 감독은 너무 흥분한 나머지 마치 적진에 들어가 적의 대장 수급이라도 벤 양 기고만장 만세 부르기에 정신이 없었다. 외국인들(심사위원, 사회자, 외국 배우 등)과 눈맞춤으로 일일이 축하받는(고마움 인사 주고받는) 제스처는 눈을 씻고 봐도 찾을 수가 없었다. 심지어 기념 사진을 찍으면서는 눈맞춤을 원하는 다른 외국인들이 차라리 애처로워 보였을 정도다. 눈을 마주치면 인사말이라도 건네야 하는데…? 글쎄, 프랑스어는 고사하고 영어로 된 인사말이라도 몇 단어 외우고 갔을지? 아마도 상을 주자마자 펄쩍펄쩍 날뛰는 감독을 본 심사위원들, 순간 '아차, 이건 아닌데!' 싶었을 것 같다. 칸의 실수인가?

대부분의 한국 스타들이 그러하였듯이 그도 거기가 끝이었다. 정상은 날아오르기 위해 올라가는 곳인 줄 모르고, 정상에만 오르면 목적 달성! 그대로 굴러떨어졌다. 상을 받자마자 자랑하

〈기생충〉으로 황금종려상을 받은 봉준호 감독, 글로벌 매너를 익히고 나갔더라면 말 그대로 비상을 하였을 텐데 너무 아쉽다. ⓒ연합뉴스

황금종려상을 들고 금의(?)환향. 무대에 어울리는 것이 있고, 장마당에 어울리는 것이 따로 있다. ⓒ연합뉴스

고파 서둘러 서울로 돌아오는데, 공항에서의 모습은 완전 어글리 패션! 그 꼴로 황금종려상 펴들고 자랑하는 게 영 꼴불견이다. 황금종려상에 대한 모독 같아 보인다. 공항 로비가 아니라 고급한 호텔에서 문화계 인사들 초청해 기념 파티를 열어 연미복 차려입고 자랑했으면 훨씬 더 품격이 올라갔을 것이다.

그리고 상을 받았으면 며칠 더 남아 뒤풀이 파티에도 참석하고, 여기저기 신문이나 잡지에 인터뷰도 해가면서 영화인들의 사교계에 깊숙이 들어가 그들과 친구가 될 수 있는 데까지 놀다가 왔어야 하지 않았을까? 늦게 들어올수록 국내 팬들의 관심은 더 증폭될 텐데…! 사실 상을 준다는 것은 작품도 작품이지만 그 이면에는 '그 정도 실력이면 우리 패밀리의 준 멤버 자격을 인정'해주는 암묵적인 약속 같은 게 깔려 있다 하겠다. 왜냐하면 영화제라는 것도 결국은 하나의 고급한 사교 클럽이니까.

121 레드 카펫의 품격

한국인에게 영화제라면 단연코 '칸'이다. 1946년부터 매년 프랑스의 칸에서 열리는 국제 영화제로 세계 3대 영화제 중 최고의 권위를 자랑하는데, 작품을 초청을 받은 것만으로도 영광스러이 여길 정도다. 그 콧대 높은 만큼이나 참가자들에 대한 규칙 또한 엄격하다. 특히 레드 카펫에서의 드레스코드는 엄격하기로 소문나 있다. 남성은 정장을 입어야 하고, 여성은 이브닝드레스

진짜 프로의 태도! 명품이란 이런 걸 두고 하는 말이다. (인터넷 캡처)

에 하이힐을 신어야 한다. 해서 탈권위적인 성향의 미국 배우들이 간혹 드레스코드를 깨어 화제를 불러일으키기도 한다. 당연히 사진기자들도 정장에 보타이를 하지 않으면 사진을 찍을 수가 없다. 셀카는 금지다.

칸의 품격은 레드 카펫에서 나온다고 말할 정도. 해서 해마다 5월이면 칸에 초청된 한국 배우들이 이구동성으로 칸의 레드 카펫을 밟은 것만으로도 영광이라고들 한다. 한데 안타깝게도 한국 배우들은 레드 카펫을 밟을 줄 모른다. 그동안 제대로 레드 카펫을 밟은 한국 배우가 없다. 물론 국내 영화제에서도 마찬가지고, 각종 시사회에서도 제대로 무대에 선 배우가 없다.

아니, 무슨 소리? 명색이 배운데 설마? 그깟 레드 카펫이 뭐

형형색색의 카메라맨들. 부산영화제의 품격이랄 것도 없는 품격? ⓒ연합뉴스

떼지어 팔짱 끼고 레드 카펫에 서는 한국 영화인들. 서로 기대는 바람에 제대로 똑바로 서지도 못하고 있다. 레드 카펫은 단체 기념 사진 찍는 곳이 아니다. ⓒ연합뉴스

라고 제대로 서니마니 할 것이 뭐가 있단 말인가? 바로 그거다. 한국 배우는 물론 한국인들 대부분이 레드 카펫이 뭔지조차 모른다. 당연히 레드 카펫에 오르면 어쩔 줄 모르고 우르르 겸연쩍은 미소나 날리면서 견습 배우처럼 기가 죽어 쪼그라들거나, 그걸 감추기 위해 온갖 귀요미 몸짓으로 오버하기 일쑤다. 레드 카펫이나 무대 매너를 익히지 못한 까닭이다. 그런 게 있는 줄도 모른다. 해서 외국 배우들과 비교해 보면 한국 배우들은 모조리 오합지졸처럼 보이는 것이다.

레드 카펫에 오르면 누구든 패션쇼 모델이 되어야 한다. 당연히 최대한 고급스럽고 우아하게 차려입어야 하고, 수퍼모델을 능가하는 연기를 해내어야 한다. 이미 레드 카펫은 정상이다. 그곳은 날아오르든지 굴러떨어지든지 둘 중의 하나가 되는 곳이다. 그러니까 죽느냐 사느냐의 운명을 결정짓는 찰나의 공간이란 말이다. 배우로서 혼신을 다 바쳐 베스트 연기를 해내야 하는 곳이다. 그런데 한국 배우들은 칸에 초청받은 것만으로도 흔감해서 레드 카펫을 구두로 밟고 서기만 하면 되는 줄 안다.

122 베를린 영화제 모독?

2017년 베를린 영화제에 출품한 홍상수 감독의 〈밤의 해변에서 혼자〉로 배우 김민희가 여우주연상을 받았다. 한국인들은 그것을 한국 영화의 쾌거라고 박수를 쳤지만, 당시 수상 장면을 지

베를린 영화제의 레드 카펫을 밟은 홍상수 감독과 배우 김민희. ⓒ연합뉴스

켜보던 많은 이들이 순간 한숨 푹 쉬는 소리가 여기저기서 들리는 듯했다. '에고, 올해 농사는 글렀네!'라고. 그들이 과연 누구일까?

우선 현실에서도 연인인 두 사람의 드레스코드가 완전 베를린 영화제 모독이다. 홍감독은 넥타이도 매지 않은 채 와이셔츠의 윗단추까지 풀어 마치 영화 속에 나오는 6, 70년대 동네 건달풍이다. 김민희의 드레스도 싼티가 줄줄 흐른다. 만약 일본 감독과 배우가 이런 모습으로 부산 영화제의 레드 카펫을 밟았다면 한국인들의 기분이 어떨까?

그런데 아차! 그만 여우주연상 수상 호명을 받았다. 너무 놀라 김민희가 일어서 무대로 나가는데 연신 어쩔 줄 몰라 굽은 어깨로 한국인 특유의 굽신거림을 수없이 반복하였다. 그렇게 무대에 오르자마자 예의 한국인들이 그러했듯 상패를 보고 "우아!" 두 눈을 휘둥그레 뜨고 두 손으로 상패를 붙드는 모습. 그리고 그 사진을 (상당히 고의적으로) 전 세계에! 순간 정상에서 추락하는 한 인간의 모습이 전 세계로 방영되고 말았다. 연속 촬영중 분명 눈맞춤 컷도 있었을 법한데도 굳이 이런 사진을 골랐다. 어쩌면 고의적으로 그런 무매너 사진을 내보냈을 수도 있겠지만, 이미 전체적으로 배우의 매너와 품격이 미달인지라 그런 사진을 내보낼 수밖에 없었으리라!

이어서 기자회견. 의기양양한 홍감독은 자신의 윗옷을 벗어 여배우에게 걸쳐입혔다. 그 모습을 영화적으로 해석하자면 '이 여잔 내 꺼야! 어느 놈이든 건드리기만 해봐라!'가 된다. 그렇게 해

고급스러워 보이지 않는 드레스, 부실해 보이는 화장, 귀걸이 목걸이도 안한 채 헝클어진 머리! 전혀 성의 없이 잔치에 참석한 느낌이다. 게다가 사회자와 눈맞춤도 못하고 있다. ⓒ 연합뉴스

거의 막장 수준의 어이없는 기자회견 모습. ⓒ연합뉴스

서 세계 3대 영화제의 하나인 베를린 영화제 여우주연상을 받은 한국 여배우의 인생은 그걸로 끝났다. 거기까지였다. 천신만고로 정상에 올랐지만 날아오르질 못하고, 오히려 허물을 하나 더 뒤집어쓰고 나락으로 굴러떨어져 버렸다.

123 정상에서 날지 못하면 죽음!

한국인들은 상을 받으면 고마워 어쩔 줄을 모른다. 해서 연신 사방을 향해 감사의 절을 올리면서 무대에 오른다. 또 그래야 하는 줄로 알고 있다. 익숙함의 함정이다. 여기서 잠깐 다시 생각해 보자! 그게 왜 고마운가? 반대로 주최측이 고마워해야 하는 것 아닌가? 좋은 작품을 출품해 영화제를 빛내 준 것이 누군데? 그렇다면 가슴 펴고 당당하게 걸어나가 무대에 올라야 하는 것 아닌가? 그리고 그깟 물격인 상패가 뭐 그리 중요한가? 사회자와 눈맞춤으로 축하받는 게 더 중요한 일이다. 설사 상패를 떨어뜨려 깨어진다 해도 수상이 번복되지 않는다. 마치 수상이 대단한 것이 아니라는 듯 가슴 내밀고 당당하게! 천천히! 또박또박! 일일이! 심사위원들은 물론 장내의 모든 사람들을 두루 훑어 가며 눈방긋 인사 나누며 흠뻑 박수받아 기쁨을 만끽하는 거다. 그런 게 진짜 내공이다. 그런 게 진짜 배우이고, 진짜 프로다!

그리고 너무도 당연한 얘기지만 세계 3대 영화제에서 여우주연상을 받으면 국내외의 수많은 감독들한테서 러브콜이 들어오고, 다른 영화제나 영화 관련 사교 모임 등에서의 초청이 쇄도한다. 당연히 몸값이 치솟는다. 이제 드디어 세계적인 배우가 되어 세계 무대를 누빌 수 있게 되었다. 한데 범같이 무시무시한 감독이 제 윗옷을 뒤집어씌워 놓고 '어느 놈이든지 손대면 가만 안 두겠다!'며 쌍불을 켜고 지켜섰다. 만약 미국 배우였더라면 아마도 그날로 감독하고 찢어졌을 것이다. 호텔 바꾸고, 각자 따로 비행기 타고 귀국했을 것이다. '이제 나도 내 힘으로 부자가 될 수 있어! 난 이제 자유야!'

이미 다 알려진 대로 그후로도 예의 배우는 그 감독과 동거하면서 계속 영화를 찍고 있다. 꽤 재산가로 소문난 감독이니 개런티를 엄청 올려 줬을까? 아니면 네 돈이 내 돈, 내 돈이 네 돈인데 개런티는 무슨! 아무려나 새장에 갇힌 새는 그렇게 행복했다.

124 레드 카펫의 경제학

2019년도 칸 영화제 레드 카펫 행사에 중국의 무명 배우들이 대거 올라와 뭇사람들이 얼굴을 찡그렸다. 주최측에 수천만 원을 내면 레드 카펫을 밟게 해준다고 한다. 문제는 그렇게 올라온 중국 배우들이 아무도 관심을 주지 않는데도 불구하고 본전 뽑겠다고 레드 카펫에서 뭉그적거리며 저 혼자 갖은 폼을 잡는 바람에 진행에 차질을 빚었다고 한다.

사실 칸 영화제는 수상보다 레드 카펫에서 진짜 비즈니스가

2012년 아카데미 최연소 여우주연상을 받은 제니퍼 로렌스. 45억 원짜리 크리스찬 디올 드레스를 입고 무대에 섰다. 이후 크리스찬 디올과 세 배가 더 오른 170억 원에 홍보 모델 재계약을 따냈다. (인터넷 캡처)

이뤄진다 해도 과언이 아니다. 유명 배우가 그곳에 선다는 것 자체가 엄청난 경제적인 행위가 된다. 그런 사실을 한국인들만 모른다. 중국인들도 다 알고 있는 사실인데도 말이다. 수천만 원씩 내고 핀잔을 들으며 레드 카펫을 밟은 중국의 무명 배우들도 그 본전의 수십 배를 뽑아낸다. 그에 비해 한국 배우들은 수상을 못하면 비행기삯도 못 건지고 돌아오면서 그래도 레드 카펫 한 번 밟은 것에 의기양양해한다.

　가령 저 유명한 중국 여배우 판빙빙을 보자. 그의 수상 경력이라고 해봤자 고작 도쿄 영화제에서의 여우주연상이 최고 성적이다. 그런데도 (탈세 사건이 나기 전까지는) 그는 매년 칸 영화제에 참가해서 레드 카펫을 밟았다. 작품 초청을 받은 것도 아니고, 심사위원으로 추대받은 것도 아니다. 그럼 다른 중국 무명 배우들처럼 수천만 원을 내고? 천만의 말씀! 오히려 수백억 원을 챙긴다.

세계적인 영화제의 여우주연상을 지켜보는 한 무리가 있다. 바로 세계적인 명품 회사 홍보담당자들이다. 하여 새로운 스타가 탄생하면 벌떼같이 몰려든다. 스폰서 계약을 위해! 그런 다음 그 수상 영화제는 물론 다른 영화제에도 그 배우를 해마다 참가시킨다. 오직 레드 카펫에 세우기 위해! 제 돈 내고 레드 카펫 밟는 배우는 삼류다.

영화제가 열리기 직전 보석이며 시계·가방·패션·화장품·구두 등 세계적인 명품 회사 홍보팀들이 호텔 한 층을 통째로 빌려 레드 카펫에 내보낼 배우를 혼신을 다해 최고급으로 우아하게 꾸미고 또 꾸며 훈련시킨다. 그렇게 해서 레드 카펫에 올리면 전 세계 유수 잡지사·언론사 사진기자들이 모여들어 최고의 사진을 찍기 위해 치열하게 경쟁한다. 홍보는 그렇게 하는 거다. 그렇게 명품을 걸치고 명배우의 반열에 오르는 거다. 놀면서 돈 버는 진짜 프로가 되는 거다. 웬만한 영화 한 편 찍는 것보다 몇 배 더 많이 번다. 그리고 전 세계에 제 아름다운 사진이 퍼져 나간다. 남의 덕에 멋내고 돈도 벌면서 몸값을 점점 올려 나간다.

그만큼 무서운 곳이 레드 카펫이다. 영화 장면이야 마음에 들 때까지 수없이 재촬영하면 되지만, 레드 카펫이나 수상 무대는 재

거의 매년 칸 영화제의 레드 카펫을 밟았던 중국의 판빙빙. 세계적인 명품 회사들과 스폰서십을 맺고 있다. ⓒ연합뉴스

촬영이 없다. 단판 승부! 말 그대로 진검 승부하는 곳이다. 그곳은 현실이다. 평생 닦아 온 연기력을 오로지 자신을 위해 펼치는 곳이다. 레드 카펫 위에서의 한 걸음에 수십억 혹은 수백억 원이 걸려 있다. 해서 진짜 프로들은 레드 카펫에 목숨을 건다.

한데 한국 배우들은 이런 사실도 모르고, 설사 안다고 한들 여우주연상을 받아도 그 많은 명품 회사 어느 한 곳에서도 스폰서 제의가 안 들어온다. 매너가 안 되기 때문이다. 자세가 안 되고, 미소가 안 된다. 해서 수상 무대에 올라가는 걸음 동작 하나만 보고도 한숨을 푹 쉬는 것이다. 미모 때문이 아니겠느냐고? 천만에! 천하의 추녀도 세계적인 명품 회사들이 붙으면 곧바로 양귀비로 만들어낸다. 판빙빙에게 기자들이 왜 부자와 결혼하지 않느냐고 물었더니, "내가 이미 부잔데, 왜 부자와 결혼해야 하느냐!"고 핀잔을 주었다 한다. 소문에 그의 재산은 1조를 훌쩍 넘는단다.

중국이야 시장이 그만큼 커서 그랬다 하더라도 세계적인 영화제에서 여우주연상을 받은 배우라면 한국인이라 해도, 미인이 못된다 해도 적어도 재산이 천억을 쉬이 넘어야 상식일 것이다. 그래야 한국, 한국인, 메이드인코리아의 부가가치가 높아져 시민들 모두에게도 보이지 않는 혜택이 돌아갈 것이 아닌가? 그래야 존경받을 것 아닌가? 3대 영화제 주연상 그랜드슬램을 달성한들 저 잘난 것이야 부러울 뿐이지 국민들과 무슨 상관? 제발이지 글로벌 매너가 안 되면서 세계 무대의 정상에 서는 것은 본인이나 국격 · 국익을 위해서 도움이 되기는커녕 자칫 재 뿌리는 재앙이 될 수도 있음을 알았으면 싶다. 한국 스타들은 모조리 날지 못하는 촌닭들이다.

125 한류(韓流)는 왜 아랫동네로만 흐르는가?

한국 영화와 드라마가 동남아 시장을 휩쓸고 있다. 한데 하나같이 후진국으로만 흐르고, 서구 선진국 진입은 요원하다. 심지어 국제영화제에서 수상을 한 작품조차도 그 나라 영화관엔 못 들어간다. 대부분 다큐멘터리나 저예산 영화로 작품성과 연기는 그럴듯하지만 감상하기엔 영 불편하기 때문이다. 여러 가지 원인이 있겠지만 가장 큰 문제는 연기가 아니라 매너다. 여기에는 배우 감독 할 것 없이 남녀 불문, 상하 불문 완전 어글리 매너다. 문화적 이질감으로 치부하고 감내하며 봐주기 어려울 정도로 저급하기 때문이다. 한 예로 작품 속에서 주인공 내지는 상류층 귀부인이 커피를 마시는 장면이 나오는데, 모두 한 손으로 잔을 들어 마신다. 또 험한 산길을 가다가 개울물을 마실 때 주인이나 하인이나 똑같이 엎드려서 입을 대고 물을 마신다. 한국인에게는 익숙하고 자연스런 광경이지만, 선진시민들은 이 한 장면에서 그만 김이 새버린다. 그들의 눈에는 짝퉁인 것이다.

물론 나라마다 관습이나 매너가 다른데 어찌 서구의 잣대로

찻잔만 달랑 들고 환담을 나누는 이명박 대통령. 진품 신사와 짝퉁 신사. 근본의 차이를 드러내 보이는 찻잔 잡는 모델폼. ⓒ청와대

일방적으로 평가하느냐고 항변할 수 있다. 아무렴 어느 민족이든 고유한 문화는 존중받아야 마땅하다. 하여 자신들과 다르다고 무시하지 않는다. 그렇지만 문명 사회라면 나름의 품격이란 게 없을 리가 없고, 어느 사회든 주인과 하인이 매너에서 똑같을 순 없다는 것이 글로벌 공통의 생각이다.

126 차 한 잔의 의미

오찬이나 만찬 전 한 잔의 음료를 드는 아뻬리띠프(aperitif) 자리는 삼삼오오 '서로 인사를 나누는(greet each other)' 워밍업 차원

직접 차를 타마시는 소탈한 대통령. 받침접시도 없이 잔만 덜렁덜렁! 나랏일도 대충 그렇게 하는 건 아닌지 의심쩍다. ⓒ연합뉴스

뭣(뜻)도 모르고 탱자탱자? 찻잔 품평회? 한치도 차이나지 않는 그 대통령에 그 종단지도자들! 받침접시를 마치 귤껍질 까서 버리듯 팽개치고 있다. ⓒ청와대

의 약식 리셉션 자리이지 주요 참석자들이 호스트(대통령)를 중심으로 빙 둘러서서 집단적으로(collectively) 주제가 있는 긴 대화(talk)를 나누는 자리가 아니다. 그러려면 아예 바로 오찬장으로 옮아가 앉아서 얘기하는 게 더 편할 테다.

이런 청와대발 난센스 해프닝은 현직 문재인 대통령 포함 준비 안 된 역대 대통령들 및 초청받은 한국의 각계 지도층 인사들이 이 오찬(만찬) 전 아뻬리띠프 자리가 무슨 자리이고, 각자 무슨 역할을 해야 하는지 전혀 무지했고, 또 지금도 계속 헤매고만 있는 무매너 소치에서 비롯된 것이다. 도대체 언제까지 이런 무식을 드러내는 국제적 망신살 추태를 계속해서 내보낼 것인지 답답하다. 또한 이런 스탠딩 다과 자리는 물론 미 백악관 확대정상회

찻잔은 세트! 신사의 모델폼, 찰스 왕세자. 한국인과 한국 대통령이 하루빨리 배워야 할 정품격 글로벌 매너! ⓒ ClarenceHouse

커피잔과 받침접시를 함께 든 찰스 왕세자. '일상'의 생활 현장에서 '한 잔의 음료(aperitif)' 교섭 문화 현장 도입부 상황, 행동 요령 교육으로 바뀌어야! ⓒ ClarenceHouse

담 자리나 청와대 외빈 예방 응대 자리 포함 일반 오피스 착석 미팅에서도 피차가 직책에 합당한 리더인지, 그 이전에 온전한 문명인 인격체인지 첫 이미지 생성 향방 자체가 커피(찻)잔 처리 모습에서 크게 좌우되므로 더욱 답답해진다.

127 받침접시는 인격 존중

고급한 레스토랑에서는 먼저 커다란 왕접시가 깔리고, 그 위에 각종 요리가 코스별로 놓인다. 이른바 방석접시다. 드물게 이 방석접시를 2장, 심지어 3장까지 겹쳐 깔기도 하는데 그만큼 존중한다는 의미이다. 마찬가지로 동서양을 막론하고 차를 내놓을 때 찻잔만 달랑 내놓는 법이 없다. 반드시 밑에 접시를 받친다.

외국 영화를 보다 보면 간혹 차를 마시는 장면이 나온다. 야외나 공사판, 기숙사 식당이나 휴게실같이 격식을 따질 수 없는 곳에서는 셀프서비스로 잔받침 없이 머그잔을 사용하기도 하지만, 응접실이나 레스토랑에서는 반드시 잔받침이 따라 나온다. 이때 한국인들은 예외 없이 받침접시는 테이블에 그대로 둔 채 한 손으로 잔만 들어 입으로 가져간다. 그렇지만 서구인들은 물론 동양인이라 해도 점잖은 상류층 인사들은 받침접시를 들어 턱 아래께까지 가져온 다음 한 손엔 받침접시를, 그리고 다른 한 손으로는 잔을 들어 마신다.

바로 이런 상투적인 장면 하나 제대로 따라 하지 못하는 바람에 한국 영화나 드라마가 짝퉁이 되고 마는 것이다. 서구에선 서민이라 해도 한 손으로 찻잔을 들 리가 없기 때문이다. 한데 한국의 최상류층에 속하는 회장님 및 사모님은 물론 심지어 대통령, 장관까지! 그러니까 인물의 신분과 매너가 일치하지 않아서 거북한 것이다. 영화뿐 아니라 심지어 커피를 파는 기업들의 광고 이미지도 하나같이 그 모양이다. 커피를 수입해 팔 줄만 알았지 매너(문화)가 뭔지도 모른다는 뜻이다.

128 커피, 맛이 아니라 멋이다

받침접시는 차를 흘려 옷을 더럽히는 것을 방지하기 위해서이기도 하지만, 인격 존중의 방석과 같은 의미이다. 손님을 맞을 때 방석을 내놓는 것과 마찬가지다. 그러니 마시는 사람도 항상 받침접시로 잔을 이동시켜 자신의 품격을 유지해야 한다. 손님이 찻잔 받침접시를 들지 않는 건 주인이 내놓은 방석을 싫다며 밀치고 앉는 것과 같은 무례다.

글로벌 비즈니스 본선 무대에서의 처절한 실전 경험이 없는 대부분의 한국인들은 "그깟 커피 받침접시 하나 가지고 뭘 그리 심하게 따지느냐? 그냥 편하게 마시면 그만이지!"라고 관대하게 말한다. 아무렴 상대방의 무매너를 지적하는 것 역시 결례이기 때문에 면전에서 내색하는 일은 없다. 그렇지만 모든 것은 거기까지다. 업무적 관계 이상으로 절대 발전시키지 않는다. 진정한

매너를 알면 차 마시는 폼 하나만으로도 그 사람의 내면을 다 들여다볼 수 있다. 자기 존중도 할 줄 모르는 사람이 협상 상대, 고객, 불특정 다수와 소통하고 배려할 수 있으리라 생각하는 선진시민은 없다. 허구한 날 외화를 보지만 한국인들은 이 간단한 차마시기 매너 하나 따라 하지 못한다. (인터넷 캡처)

글로벌 중상류층 오피니언들이나 명문가의 사람들은 차를 마시는 중에서도 격조가 남다르다. 대화중 테이블 위의 찻잔을 들고 놓는 중에도 결코 상대방에 대한 시선을 거두지 않는다. 차를 입에 들이키는 순간에도 시선을 유지시켜 상대방에 대한 관심을 놓치지 않는다. (인터넷 캡처)

전통차도 찻잔은 세트! ⓒ연합뉴스

파트너, 친구로 받아들이지 않는다는 말이다. 그리하여 거래가 끝나면 바로 무대 밖으로 차버린다.

　모든 인간은 평등하고, 인격은 존중되어야 마땅하지만 문명 사회에서 품격의 차이는 없을 수 없다. 구별짓기는 인간의 본성! 반상(班常)의 구별이 없어지고 직업에 귀천이 없어졌지만, 인품의 차이는 결코 없어지지 않는다. 품격이 없거나 모자라는 사람은 그 격(格), 즉 매너를 무시하거나 인정하지 않으려 들지만, 나름대로 품격을 지녔다고 자부하는 사람은 절대 포기하지 않는다. 매너란 인간존엄의 표현이자 인격적 가치의 척도이기 때문이다.

　차(커피)를 단순히 입가심용 기호품으로만 여겨 마시는 데만 열중하는 한국인들은 이런 초보적인 에티켓조차 지키지(배우지) 못해 글로벌 무대에서 후진 국민으로 취급받고 있으니 동방예의

지국으로서 체면이 영 말이 아니다. 글로벌 매너란 글로벌 마인드로 세상을 보는 시야와 상대방에 대한 인식, 그리고 당당히 대우받기, 전인적 소통 능력, 협상 능력을 키우는 것이다. 비즈니스 세계에선 차 또한 소통의 도구다. 얼마나 귀한 차를 마시느냐가 중요한 것이 아니라 어떻게 마시느냐, 누구와 무슨 이야기를 나누느냐가 진짜 중요하다.

129 한국인들의 글로벌 비즈니스 역량이 현저히 떨어지는 원인

거의 대부분의 리셉션은 스탠딩이다. 한국에서처럼 단상이 있고, 귀빈석을 따로 마련하고, 별볼일 없는(?) 손님들을 위한 테이블과 의자들이 놓이고, 식순이 있는 리셉션은 세상에 없다. 해서 정각에 모든 손님을 입장케 해서 식순에 따라 개회사, 국민의례, 축사, 귀빈 소개, 경과 보고, 동영상을 보게 하는 등의 코리언 리셉션은 완전 손님 모독이다. 손님을 불러다 앉혀 놓고 맹물 한 잔으로 박수치게 하고, 단체 사진 홍보 모델역을 강제하는 것이다. 정히 식순대로 행하자면 저들끼리 따로 치렀어야지 손님에게까지 강요하는 건 난센스다.

아무튼 한국에선 리셉션다운 리셉션을 찾아보기 어렵다. 때문에 선진 매너의 주한 외국인들은 이런 이상한 나라의 괴이한 행사에 불러나가 후진 매너를 인내하고 참아야 하니 그 고통이 여간 아니다. 문제는 이런 식의 전근대적인 행사에 타성이 젖은 한국인들 역시 글로벌 무대에 나가서는 하나같이 꿔다 놓은 보릿자루 신세가 될 수밖에 없다는 것이다. 그러니 정보 수집, 사교, 인맥 형성이 제대로 될 턱이 없다. 전 세계에 나가 있는 한국 외교관들조차도 마지못해 참석했다가 구석으로 빙빙 돌다 슬그머니 도망치기 일쑤다. 수십 차례의 실수와 굴욕을 당하고서야 겨우 리셉션에서 어깨를 펴게 된다. 그렇지만 이미 이미지 다 망가진 터라 회복하기 쉽지 않다. 무엇보다 더 한심한 일은 한국인들 모두가 이런 일을 똑같이 반복하고 있다는 것이다. 아무튼 리셉션이든 디너든 풍부한 화젯거리와 유머 없인 내내 지옥일 뿐이다.

리셉션 모델폼! 삼삼오오! 3~4분씩 돌아가면서 환담! 식순, 국민의례 없음! ⓒClarence-House

글로벌 무대에서 리셉션 형식은 딱히 정해진 것이 없다. 해서 바쁜 사람은 아무 때고 제 편한 시간에 왔다가 중간에 그냥 가버리면 그만이다. 인적 네트워크를 구축해야 하는 초보자라면 남들보다 일찍 나와서 가능한 한 많은 사람과 인사를 터야겠지만, 이미 그 모임에 익숙한 사람이라면 굳이 일찍 나올 필요도 없고 편한 시간에 나와 꼭 필요한 몇몇 사람들만 만나고 가도 누가 뭐라 하지 않는다.

해외에서 처음 정시에 리셉션에 나갔다가 당황했던 경험을 가진 이들이 많을 것이다. 리셉션은 항상 15분가량 지난 후부터 사람들이 입장한다. 그리고 사람들이 돌아가면서 명함을 건네고, 인사를 나누며 잠깐 간을 보다가 휙하니 등을 돌리는 것에 무척 당황하게 될 것이다. 리셉션에서 한 사람과의 대화 시간은 대개 3~5분 내외 정도. 보다 많은 사람을 만나려면 시간을 더 짧게 나눠야 한다. 차츰 내공이 쌓이면 쓱하니 한번 둘러보고는 자신이 오늘 만나야 할 사람을 금방 찍어낸다. 리셉션은 본격적인 비즈니스 대화를 나누는 곳이 아니라 손님 간의 네트워크가 목적이다.

리셉션장에서 반드시 기억해야 할 것들이 있다.

첫째, 넥타이 컬러는 리셉션 주최측 회사 로고색 또는 그 나라 국기색과 매칭시키는 것이 중요하다. 그리고 형태는 긴 타이보다 나비타이 시도를 강력히 추천한다. 여성은 해당 색의 스카프나 머플러를 준비하고, 남녀 모두 가슴에 그 나라를 상징하는 국화(國花) 코사지까지 착용하면 의외의 환대와 주목을 받을 수 있다.

둘째, 서 있는 자세는 똑바로 곧게 선 자세로 배 내밀고, 어깨 펴고, 턱 당기고, 눈은 크게 떠야 인격체로 인정받을 수 있을 뿐 아니라 전체적인 시야를 확보할 수 있다.

셋째, 행사장 내 여유 있는 공간에 완전히 들어서면 잠깐 서서 정중앙·좌·우 3방향으로 상체 몸통 전체를 좌우 15도 틀어 행사장 전체를 스캔하여 우선 인사할 대상자들, 중반 이후에 인사할 대상자들을 점찍어 놓는다.

넷째, 보행 자세는 선 자세를 그대로 유지한다. 어금니는 다 물지 말고 커피 스트로를 문 정도의 간극으로 띄워야 눈방긋 스마일 및 임기응변 멘트 구사가 비로소 가능하다.

다섯째, 인사는 눈방긋 0.5초 뒤 말 인사를 덧붙이면서 시선은 상대방 눈에 계속 고정된 상태에서 손이 나아가야 한다. 리셉션의 품격과 전체 분위기를 망치는 한국식의 굽신 인사나 굽신 악수는 절대 금물이다.

여섯째, 비즈니스 명함과 사교 명함을 준비해야 한다. 처음 인사한 사람과는 비즈니스 명함을 주고받는다. 중요하게 관리해야 할 타깃 인사라면 헤어질 때 다시 한 번 인사를 나누며 재차 자기 존재를 인식시킬 필요가 있다. 이때는 별도의 사교 명함을 주면서 "내일 꼭 전화 주십시오. 휴대전화 번호와 집 전화번호는 여기 있습니다" 하고 아무 때나 피드백해 줄 것을 요청해야 한다. 이 대목에서 외국인에게는 아주 작은 선물을 같이 건네면 더욱 확실하다.

마지막으로, 떠날 때 감사의 인사말 없이 그냥 가는 것은 말짱 꽝이다. 그리고 사후 피드백은 결코 빠트려선 안 된다.

130 섹스에 대한 예의 혹은 태도

조간신문을 받아 보면 결혼정보회사의 전면 광고가 실릴 때가 종종 있다. 그때마다 한국처럼 결혼정보회사가 번성하는 나라가 지구상에 또 있을까 싶은 생각이 든다. 헤드헌터라는 전문적인 직업이 있다지만 아무려나 자신이 결혼할 상대조차 스스로 고르지 못해 비용을 주고 찾아 달라니 참 어이가 없다. 주인장 의식, 자기 주동 의식이 그만큼 부족하다는 의미가 되겠다. 이런 사람이 가장이 되거나 회사에서 리더의 자리에 올랐을 때 과연 자기 주동적으로 사안을 판단하고 조직을 화합시켜 잘 이끌어 나갈 수 있을까? 책임감, 자신감, 도전 정신, 창조적 가치 같은 건 아예 기대 난망이겠다. 무슨 문제가 생기면 스스로 판단해서 해결할 생각을 못하고, 외부 기관에 판단을 의뢰해서 책임을 회피하려 들지 않을까? 한국 정부 관공서의 그토록 많은 자문기관·자문회의·자문위원은 어쩌면 이런 책임 회피 의식 때문이 아닐까? 아무튼 그런 일도 머잖아 AI가 맡을 테고, 결혼 상대는 물론 하룻밤 데이트 상대까지 훨씬 저렴한 가격에 신속하고 정확하게 짝지어 주는 시대가 곧 닥칠 테니 그 업종도 혁명적 변신이 있어야겠다.

흔히들 서구인들은 성(性)을 매우 자유롭게 즐긴다고들 한다. 영화를 보고서 하는 말일는지 모르겠지만, 외국인과 직접 연애를 한 경험이 없는 필자 역시 간단하게 흔한 외화를 통해 그들의 관습을 이해할 수밖에 없겠다.

가령 남성이 여성에게 저녁식사를 제안하는 것이 데이트 신청의 전형으로 알려져 있는데, 실제로 단둘만의 저녁식사는 대개들 섹스까지도 각오(?)해야 한다고 한다. 거의 모든 영화에서 만찬이든 유흥이든 데이트가 끝나면 신사는 숙녀를 집까지 바래다주는 것이 매너다. 밤늦게 여성을 혼자 가게 하는 것은 매우 무례한 일이다. 물론 여성이 사정상 거부할 때에는 어쩔 수 없지만, 대개 이런 경우는 그날의 데이트가 재미가 없었다거나 상대가 마음에 안 들어 더 이상의 진전을 거부하는 것으로 인식된다.

그런 다음 영화에서는 여성의 집 앞에서 다시(실은 본격적으로) 한번 유혹한다. 들어와서 잠깐 차라도 한 잔? 이 정도면 반쯤은 성공한 거다. 만약 문 앞에서 돌려보내면 그날은 그것으로 쿨하게 끝내야 한다. '한국 드라마처럼' 여성을 갑자기 와락 껴안고 벽치기 키스를 했다가는 빰 맞고 영원히 퇴출된다. 다시 거실에서의 유혹이 계속된다. 소파에서의 신체적 접촉이 거부되지 않으면 섹스까지 허용할 수 있다는 신호. 이쯤이면 4분의 3가량 성공이다. 그렇지만 영화에 따라서는 여기서 돌려보내지기도 한다. 역시 이때도 쿨하게 웃으면서 굿나잇해야 한다.

그렇게 좋은(?) 영화에서는 무사하게 침실에까지 진입 성공!

드디어 키스하며 옷을 벗는다. 다시 극적인 영화에서는 옷을 벗었다가도 여성의 마음이 변하면 신사는 도로 옷을 주워입고 군말 없이 떠나야 한다. 심지어 발가벗고 침대까지 올라갔다가 쫓겨나는 잔인하기 짝이 없는 영화도 있는데, 이쯤이면 천하의 신사도 얼굴을 붉힐 수밖에 없지만 역시 두 팔을 벌리며 어이없다는 제스처를 하고는 쿨하게 물러나야 한다. 여성의 동의 없는 인터코스(삽입)는 범죄이니까! 그리고 그게 신사의 자존심이기도 하다.

이렇게 '섹스'라는 단어 하나 없이도 영화에서는 서로 동의와 거부를 몸짓, 그러니까 눈맞춤 소통으로 해낸다. 한데 한국인들은 이게 제대로 안 된다. 평소 눈으로 소통하는 훈련이 되지 않아 서로가 상대방의 심사를 섬세하게, 그리고 정확하게 헤아리지 못해 아차 하면 불쾌한 경험으로 끝내거나 사건으로 폭발되기도 한다. 지구상의 수없이 많은 짐승들 중 강간하는 동물은 인간뿐이다.

어쨌든 남녀 사이의 호감과 연정을 평소 쿨하게 표현하는 매너를 익히지 못한 한국인들은 막연하게 저 혼자 지레짐작해서 오버를 하거나, 싫고좋고를 분명하게 나타내질 않고 속으로 우물우물하다가 어이없는 결과를 연출할 때가 많다. 섹스도 매너다. 인간이 할 수 있는 최고의 예술이다. 당연히 소통이 우선이다. 서로의 교감과 동의가 없는 섹스는 무조건 폭력이다. 평소 여성을 유혹할 신사적인 매너를 익히고, 또 언제든 신사답게 멈출 수 있는 태도적 각오가 되어 있어야 한다. 절제는 신사의 첫번째 덕목이다. 그 신뢰는 매너로 증명해야 한다. 매너만한 매력은 없다!

131 신사는 여성을 오른편에!

눈 밝은 오피니언들은 상대방이 승용차에서 내리는 모습, 비행기 트랩이나 계단을 내려오는 모습, 현관에 들어서는 모습만 보고서도 그 사람의 내공을 짐작하고 그 즉시 품격 수준의 등급을 매긴다. 진품 신사 숙녀인지 짝퉁인지 금방 파악하고 그에 합당한 환대를 해준다.

레이디 퍼스트(Lady first)!

여성 먼저! 신사도의 기본으로 알려져 있지만 한국인(동양인)

비행기 처음 타는 시골 부부? 위태하게 비행기 트랩을 내려오는 노무현 대통령과 권양숙 여사. (인터넷 캡처)

누가 누구를 부축하는지? 안전하게 난간을 잡을 생각은 않고 불안스레 트랩을 내려오는 문재인 대통령과 김정숙 여사. 문대통령의 쭉 늘어뜨린 팔! 팔짱을 끼면 자동적으로 팔꿈치를 꺾어올려 여성이 편하게 팔을 잡을 수 있도록 배려해야! 그러니까 평소 제대로 신사노릇해 본 적이 없는 짝퉁 신사라는 말씀! 자칫 부둥켜안고 굴러떨어질까 위태해 보인다. ⓒ연합뉴스

들은 이를 잘 지키지 않는다. 유교의 가부장적이고 남성 위주의 사고에 젖어 여성을 보호하기는커녕 우대하는 흉내조차 내지 않는 경우가 많다. 가령 현관문을 드나들 때 동반 여성이나 뒤따라 오는 여성에게 문을 열어 주고 먼저 지나가게 양보하는 신사를 보기가 참으로 드물다. 또 지하철 같은 데에서 제 앞에 빈자리가 생기면 곁에 선 여성에게 양보하는 남자 승객도 거의 없다. 식당에서 동반 여성의 의자를 빼고 넣어 주는 남자도 보기 드물고, 승용차에서 타고 내릴 때 문을 열어 주며 여성을 에스코트하는 남성들도 거의 없다.

여성을 왼쪽에 달고 다니는 한·중·일 공통 매너. 부인을 왼쪽에 세우고 트랩을 내려올 준비를 하는 시진핑 중국 국가주석. ⓒ연합뉴스

부인을 오른쪽에 세워 손잡고 트랩을 내려오는 아베 일본 총리. 안전하게 난간을 잡지는 않았으나 고개 숙여 발 밑을 보지 않는 내공은 한국 대통령들보다 한수 위! ⓒ首相官邸

부인을 오른쪽에 세워 손을 잡고 트랩을 내려오는 네타냐후 이스라엘 총리. (인터넷 캡처)

부인을 오른편에, 팔꿈치를 정확히 꺾어 에스코트하며 트랩을 내려오는 마크롱 프랑스 대통령. ⓒ연합뉴스

비행기 트랩을 내려올 때의 몸 자세, 시선 처리 모델폼. 고개를 바로세워 시선을 수평으로 유지한 채 당당하게 내려올 수 있어야 진정한 신사 숙녀. ⓒ연합뉴스

레이디 라이트(Lady right)!

서양에서도 잘 사용하지 않는 말이지만, 그들은 이미 몸에 밴 행동 양식이라 굳이 에티켓이라며 강조하지도 않는다. 그러다 보니 동양인들 중 이 말의 의미를 알고 있는 사람이 극히 드물다. 가령 한국 대통령 부부가 해외 순방을 위해 비행기를 오르고 내릴 때의 모습을 보면 영부인은 항상 대통령의 왼쪽에서 팔짱을 끼고 있다. 이런 풍경은 일본과 중국의 정상들도 마찬가지다. 한데 서구의 정상들이 비행기 트랩을 오르내리는 모습을 보면, 언제나 부인이 오른쪽에 있다. 신사는 자신이 에스코트해야 할 여성 동반자를 오른편에 둔다. 자신의 강한 오른팔로 여성을 보호하는

시선을 수평으로 유지한 채 자연스럽게 계단을 내려오는 영국 윌리엄 황세손 부부. 장차 국왕이 될 신분인지라 공공 장소에선 여간해서 손을 잡거나 팔짱을 끼지 않는다. ⓒ KensingtonRoyal

신사는 보호해야 할 부인이나 동반 여성을 오른편에 두고 에스코트! ⓒKensingtonRoyal

해외 순방중 임신한 부인을 오른손으로 잡고 에스코트하며 조심스레 계단을 내려오는 영국 해리 왕자. ⓒAFP—연합뉴스

부인들을 길 안쪽에 세운 영국 윌리엄 왕세손과 해리 왕자. ⓒKensingtonRoyal

부인을 오른쪽에 세운 도널드 트럼프 미국 대통령과 부인을 왼쪽에 세운 시진핑 중국 국가주석. ⓒ연합뉴스

조선의 선비가 신사가 되지 못한 이유. 한국인의 세계관에는 아직 여성이 없다. ⓒ연합뉴스

것이다. 그뿐이 아니다. 같이 걸어갈 때에도, 기념 사진을 찍을 때에도 한국의 여성은 언제나 남성의 왼쪽에 위치해 있다.

신사라면 자신의 동반 여성을 보호하고 우대해야 할 의무를 소홀히 할 수 없다. 해서 반드시 여성을 자기 오른편에 세워서 에스코트해야 한다. 식사할 때에도 동반 여성을 오른편에 앉혀 즐겁게 해줘야 한다. 그리고 평소 계단이나 길을 갈 때에도 여성을 자신의 오른편에 두고 걷는 습관을 익혀야 한다. 단 찻길이나 다소 위험한 길을 갈 때에는 오른편 왼편 가리지 말고 여성이 안전한 쪽으로 에스코트해야 한다. 아이들을 동행할 때에도 마찬가지다.

132 유학(儒學)엔 여성이 없다!

정상들만이 아니라 유교의 영향이 큰 동양 3국의 모든 사람들이 그렇게 살고 있다. 공자는 "자고로 여자와 소인은 다루기 어렵다. 가까이하면 불손해지고, 멀리하면 원을 품는다"고 하였다. 유학은 인간학이 아닌 군자학, 그러니까 남성학이다. 봉건시대에 여성은 남성의 소유물일 뿐이었다. 해서 지체가 높은 부인일지라도 아랫사람과 마찬가지로 남편과 나란히 걷질 못하고 왼편 한걸음 뒤에서 따르는 것이 예법이었다. 공자는 여성을 '사람'으로 언급한 적이 단 한번도 없건만 왜 여성들이 유학을 배우고, 유교를 섬겨야 하는지 생각할수록 어이가 없다.

가장 심한 건 테이블에서의 매너다. 당연히 우리나라 남성들은 식사할 때에도 부인이나 동반 여성을 항상 자신의 왼쪽에 앉힌다. 그런 다음 여성에게 음료나 술을 따르게 하는데, 이는 완전 무례다. 여성을 접대부로 여겨 달고 다니는 것이다.

그리고 한국인들은 식사자리든 술자리든 언제나 남녀 유별에 부동석(不同席)이다. 거의 예외 없이 단체 회식 때 한국에선 여성은 여성끼리 남성은 남성끼리 몰려앉는다. 그렇지만 서양에선 여럿이 한 테이블에 앉을 경우엔 한국과 달리 반드시 남녀가 교차로 섞여 앉는 것이 기본이다. 그리하여 왼쪽의 남성이 오른쪽의 동

노벨상 수상 만찬 모습. 신사는 오른편에 앉은 동반자와 작은 목소리로 대화를 나누며 식사 시작을 기다리고 있다. 수상 후 스톡홀름 시청 로비에서 국왕 참석하에 수상자를 비롯해서 1,200여 명의 세계 지성들이 함께 식사를 한 다음 댄스 파티로 마감한다. 부럽지만 안타깝게도 한국인은 아직 단 한 사람도 여기에 초대받은 적이 없다. ⓒ로이터-연합뉴스

부인을 자기 오른편에 앉히고 남한의 특사를 맞이하는 김정은 위원장. ⓒ조선중앙통신–
연합뉴스

언제나 부인을 왼편에 앉히고 완전 망가진 자세로 어글리 건배하는 문재인 대통령. ⓒ연
합뉴스

반 여성에게 필요한 경우 음료를 따르는 등 서비스를 하게 되어 있다. 그렇게 여성은 신사의 케어를 받을 당연한 권리가 있다. 그러니 일찍이 가정에서부터 남성은 여성을 우대하고, 여성은 당연히 우대받는 습관을 들여야 아이들도 장차 진정한 신사숙녀로 성장할 수 있다.

133 거세된 남성성의 표현, 앞머리로 이마덮기

근 20년 전부터 연예인들이 앞머리로 이마를 가리기 시작하더니 요즘은 그것이 한류의 트랜드로 자리잡았다. 나이 먹은 배우들이 좀 더 젊은 역을 따내기 위해 이마를 가려 얼굴을 적게 해서 어려 보이고자 하던 데서 시작된 것이다. 예전에는 드라마에서 떳떳지 못한 출생으로 인해 반항적인 삐딱이를 연출하기 위한 이마가리기였으나, 지금은 대한민국 젊은 남자는 물론 여성들까지 비슷한 유행을 따르고 있다.

드라마에서 부정적이고 반항적인 배역에서는 앞머리로 한쪽 눈을 가린 캐릭터가 어울리지만, 리더나 최고책임자로서의 신사 역에는 어쩐지 어울리지 않는다는 감을 절로 느낄 것이다. 관상학적으로 배역과 그 역할이 맞지 않기 때문이다. 대개 인기를 끄는 드라마나 영화는 그 배우들이 맡은 역할이 그와 관상학적으로 잘 맞아떨어질 때이다.

사람마다 앞머리로 얼굴을 가리거나 치켜올려 다양한 멋을

내는데, 그 모양새를 살펴보면 그 사람의 성격과 운(運)을 짐작할 수 있다. 인상학(관상학)적으로 볼 때 이런 얼굴가리기는 매우 불길하고 부정적인 징조로 본다. 불황일수록 여성들의 치맛자락이 올라간다는 말도 있다. 아무려나 앞머리만큼 현재 한국 사회가 우울하고 미래가 희망적이지 못하다는 방증이라 하겠다. 공자도 사람들의 풍속을 보고 난세를 짐작했다고 한다.

앞머리로 이마를 가리는 것은 자기를 숨기고 싶다는 자폐적 성향을 보이는 행태이다. 당당하게 나서기보다는 뒤로 숨어들고 싶어한다. 음모적이고 배반적인 본심을 감추려는 경향이기도 하다. 가족이나 자신이 속한 공동체에 적응하지 못하고, 구석으로 도피하려는 심리 상태를 나타낸다. 이들은 모자를 쓸 때에도 앞 챙을 푹 내려 자신의 눈을 깊숙이 감춘다.

앞머리가리기 중 한쪽으로 비딱하게 이마나 눈을 가리는 건 사회나 체제에 대한 불만을 표현하고 있다. 해서 이들은 항상 세상을 비판적이고 부정적으로 보는 성향을 지닌다. 반항적이고 배타적이어서 대개 독선적인 행보를 보인다. 이들은 성격이 까칠하고 편협하여 자만심이 가득하기 때문에 전체 구성원들과 화합하지 못하고, 항상 소수적 인간 관계를 선호한다. 대개 삐딱이 훈수꾼의 삶을 즐기는 이들은 한쪽 이마와 한쪽 눈을 가린다. 보고 듣는 것의 반만 받아들이겠다는 편협함을 드러내는 것이다. 제 보고 싶은 것만 본다. 당연히 의심이 많고, 상대를 전적으로 신뢰하지 않으며 독선적이다. 깻잎머리의 원조인 히틀러를 떠올려보라.

세상을 선악의 이분법으로 보는 깻잎삐딱머리들의 공통점은 언제나 자기가 선이기 때문에 상대는 모두 악이고 적으로 본다는 것이다. 국민을 논리적으로 설명 · 설득하기보다는 비판적 선동으로 권력을 잡으려 든다. 해서 순결주의 · 원리주의 · 교조주의 독재자가 탄생하는 것이다.

작금의 한국 더벅머리 유행의 가장 현실적인 원인으론 자신감 상실이다. 특히 지금의 젊은 세대가 주눅들어 가고 있으며, 궁색함에 빠져 있다는 상태의 방증이다. 청년 실업이 날로 증가하고 있어 이들의 앞날이 결코 밝지 않음에 대한 절망의 표시이기도 한 것이다. 답답한 현실을 인정하긴 싫지만 그렇다고 스스로 이를 타개할 용기와 배짱이 없기 때문에 성장을 멈추고 싶은 심리를 나타낸다. 자신감 결여를 앞머리로 감추고 싶은 것이다. 더벅머리가 가면 효과를 가져다 주기 때문이다.

앞머리로 이마가리기는 또한 거세된 남성성의 상징이기도 하다. 애완용 수컷 강아지처럼 남성의 폭력성을 제거하여 중성화 내지는 여성화시키는 것이다. 이미 많은 젊은이들이 도전 정신 상실, 책임감 결여, 보호자가 아니라 피보호자로서의 동정받고자 하는 나약함을 드러내고 있다. 남녀를 불문코 작은 얼굴로 어리고 귀엽게 보여 간택받고 싶어하는 소심함이 자리하고 있다. 이들은 대개 귀와 볼까지 덮고 양눈썹까지 가리되 겁먹은 두 눈은 오히려 더 반짝거린다. 성장이 두려운 게다. 날기가 두려워 고치 속에 안주해 계속 비비적대고자 하는 게다. 젊은이들의 앞머리가 대한민국의 미래다!

134 한국 삐딱이들의 앞머리

연예인뿐만이 아니라 한국의 정치인과 지식인들 중에도 앞이마를 가리는 사람이 많다. 재미있게도 TV토론에 나오는 인사들 중 사회자의 왼쪽에 앉은 진보좌파적 논객 중에 이런 머리를 한 사람이 많다. 대체로 비판적인 성향의 지식인들이 앞머리를 길러 심리적 엄폐물로 이용한다. 안전한 벙커(대학) 속에서 바깥을 감시하는 감시병처럼!

하지만 사회는 결코 무조건 자비롭지 않다. 사람은 위치가 바뀌면 이에 맞는 품격을 갖추는 것이 순리를 따르는 일이다. 이마를 가리고 출마하는 사람을 보면 쓴웃음이 나온다. 제 얼굴 하나 바르게 디자인할 줄 모르는 인간이 무슨 조직을 관리하고 나라를 다스리겠다고? 대통령은 고사하고 절대 조직의 리더로서 책임지는 자리에 오르지 못한다. 이 사람들은 수하에 많은 사람을 못 거느리는 공통점이 있다. 남을 칭찬하고 인정해 주는 데 인색하기 때문이다. 게다가 지나치게 비판적인 사람을 막상 수장으로 세우고 따르기엔 불안한 것이 사람들의 심리이다. 보통의 사람들은 전문 훈수꾼과 삐딱이의 말에 재미있어는 하지만 결코 자신이 그렇게 되고 싶어하지 않는다. 오히려 그들의 공격을 받는 쪽에 서고 싶은 게 인간의 솔직한 욕심일 것이다. 인기와 리더십은 별개이다.

　대수롭지 않은 삐딱머리 하나지만 포용력이 부족하여 남들과 화합하기 쉽지 않은 아웃사이더로 오해받기 십상이다. 이들은 상대를 정면으로 바라보지 않고 항상 고개를 삐딱하게 뒤로 젖혀 턱을 내밀며 시선을 아래로 깔아 비스듬히 쳐다본다. 상대를 아주 기분 나쁘게 하여 주는 것 없이 미운 상을 하고 있다. 이런 답답하고 짜증나게 하는 얼굴로는 절대 좋은 직장은 물론 능력 있고 당당한 배우자를 못 만난다. 어쩌다 최고직에 올라가도 그 머리 모양을 바꾸지 않으면 그 자리를 오래 지키지 못한다. 해외 선진국에서라면 이런 인간들은 절대 점잖은 집에 초청받아 저녁 한 끼 못 얻어먹는다. 당연히 어느 사교 클럽에도 초청 못 받고 왕따당한다. 인생 포기한 히피족이나 요괴를 떠올리기 때문에 밥맛 떨어지고 재수 없어 한다. 글로벌 매너에선 빵점으로 밖에 나가면 아예 사람 대접 기대하지 말아야 한다. 이런 인간과는 악수하거나 같이 사진만 찍어도 3년간 재수 없다. 소통이 안 되고 신뢰가 가지 않기 때문이다. 깻잎머리는 '전 미래가 없는 놈입니다!' 혹은 '전 아직 준비가 덜된 놈입니다!'라는 암시적 표현이기 때문이다. 이마는 잘생겼든 못생겼든 당당하게 드러내는 것이 좋다.

　얼굴 성형은 물론 걸음걸이, 말하는 모양, 눈동자의 움직임, 옷매무새 하나에서도 사람의 운명이 바뀔 수 있다. 그렇게 가꾸면 그렇게 보이고 그렇게 행동하기 마련, 결국 그렇게 운(運)이 만들어진다. 귀한 상을 지녔다고 무조건 훌륭한 사람이 되는 것은 아니다. 타고난 좋은 인상과 뛰어난 자질을 갖추었음에도 불구하고 대수롭지 않은 고집이나 습관 하나 때문에 운명이 제대로 풀리지 않는 경우가 허다하다. 기업이나 사회나 국가도 마찬가지다.

135 암울한 세기말적 현상

앞머리는 그 사람이 올라갈 수 있는 최고 운(運)의 높이를 결정한다.

앞머리로 얼굴을 가리는 것은 그만큼의 자신의 운을 포기하는 것이다. 멋낸다고 이마 선을 내리거나 기울이는 것은 제 스스로 운을 깎아내리는 어리석은 짓이다. 자신의 능력(욕심)만큼 대

미들턴과 다이애나의 앞머리 스타일. 왠지 모르게 어두운 우수의 그림자를 드리우게 한 다이애나의 앞머리. 만약 앞머리를 걷어올렸더라면 그녀의 운명은 어찌되었을까? ⓒABC뉴스

접을 못 받고 있다는 항변이자 체념에 대한 불만의 무의식적인 표현이기도 하다. 이런 사람이 만약 앞머리를 걷어올려 이마를 훤히 드러내면 매사가 잘 풀리는가 하면, 예기치 않은 행운을 거머쥐기도 한다. 거울 효과 때문에 수동적이고 부정적인 성격도 차츰 능동적이고 긍정적으로 변하게 된다. 조선말 개혁은 단발령(斷髮令)으로 시작했고, 새마을운동은 지붕 개량과 장발 단속에서부터 시작되었다. 이제 선진 사회로 발돋움하려면 앞머리부터 걷어올려야 한다. 사소한 버릇이 운명을 바꾼다.

136 양심에 새긴 낙인

야생의 들짐승들은 나무 등걸이나 바위 같은 곳에 자신의 흔적을 남긴다. 곰이나 호랑이들은 발톱으로 나무껍질을 긁어 놓는가 하면 등을 문대어 체취를 묻히고, 또 어떤 동물들은 가는 곳마다 제 배설물을 남겨 놓는다. 자기 영역을 표시하고 지나온 길을 기억하기 위함이다. 인간도 오랜 옛날에는 그러하였을 테다. 그리고 그 본능적인 습관이 지금도 조금은 남아 있다.

수십만 년 전 인간의 조상들은 동굴벽에다 여러 가지 동물들의 그림이나 알 수 없는 부호들을 남겼다. 어떤 건 그들에게 매우 중요한 표식일 수도 있고, 또 어떤 건 재미삼아 남긴 낙서일 수도 있다. 이후 수만 년 동안 어마어마한 양의 흔적을 남겼는데, 소위 말하는 문명이란 것이다. 지금도 인간은 뭔가를 남기기 위해 과학·철학·예술·탐험·문학·건축 등 온갖 분야에서 땀 흘려 일하고 있다. 따지고 보면 모두 흔적남기기이다. 고대 유적을 발굴하다 보면 종종 낙서가 발견되기도 한다. 대개의 낙서는 당시 인부들이 남긴 것들로 그다지 중요한 가치를 지니지 않는다. 이 낙서의 습관은 지금도 활발하게 살아 있다.

요즈음 일부 후진국의 관광객들 때문에 전 세계 관광지나 유적지마다 골치를 썩고 있다 한다. 가는 곳마다 낙서를 해대어 유물까지 손상시키는 사례가 잇따르고 있다. 아무럼 후진국 사람들이라 해서 다 그렇게 매너가 없을 리는 없겠지만, 분명 짐승일 때의 본능적 습관을 절제하지 못한 하층민 출신일 것이다. 부끄럽지만 한국인들 중에도 그런 몰지각한 사람들이 적지않다. 당연히

이런 데 쓰라고 세종대왕께서 한글을 만드셨나? 태국 남부 팡응아주 시밀란 군도 인근 국립공원 바닷속 산호에 새긴 한글 이름 낙서. 전 세계에서 몰염치한 낙서 사례로 두고두고 사용하게 될 이미지. (트위터 캡처)

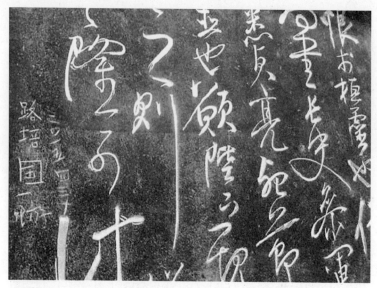

관광객이 중국 무후사 제갈량 출사표 비에다 낙서를 새겨 놓았다. (인터넷 캡처)

남이 해놓은 낙서를 보고 따라 하고픈 충동이 일어난다면 그는 필시 노예적 근성의 소유
자라 하겠다. 설사 이 선인장이 죽어 없어진다 해도 이들 양심에 새겨진 낙서는 죽을 때까
지 지우지 못할 것이다. (인터넷 캡처)

자기 나라 글자로 낙서하는 바람에 나라 망신을 톡톡히 시킨다.

해외 유명 관광지나 유적지에 남긴 한글 낙서가 종종 국제적인 뉴스에 오를 때가 있다. 그 철부지 '형편없는 놈'의 치기 때문에 한국인은 도매금으로 '한국놈들'이 되고, 그런 '형편없는 놈들'이 만드는 한국 음식, 한국 제품, 한국 문화가 모조리 '형편없는 것'이 되고 만다. 그런 나라 국민들이 만든 물건을 제값 주고 사고 싶은 마음이 나겠는가? 철부지의 낙서 하나가 메이드인코리아의 값을 떨어뜨리고, 그로 인해 모든 시민들에게 마땅히 돌아와야 할 이익이 날아가고, 일자리 몇만 개가 날아가 버렸는지 계산이라도 해보았는가? 명품이란 기술과 품질만으로 만들 수 있는 것이 아니다. 매너와 품격 있는 국민들이 만들고, 그런 사람들이 사용해 줘야 비로소 명품 대열에 오를 수 있다. 양보다 질! 질보다 품격! 부가가치란 그런 것이다. 이런 이치를 깨닫지 못하면 한국은 언제까지나 선진국으로 올라설 수 없다.

137 댓글에 목숨 거는 건 바보짓

인간의 본성에는 항상 잔인성이 내재되어 있다. 먼 원시시대, 혹은 더 멀리 인간의 모습을 갖추기 전 동물이었을 적부터 습득된 잔인한 야성이 DNA에 각인되어 있는 모양이다. 한(漢)나라 때의 유향(劉向)은 《설원(說苑)》에서 "무릇 작은 즐거움이 의(義)를 해치고, 작은 지혜가 도(道)를 해치며, 낮은 판단이 치(治)를 그르치고, 구차스런 마음은 덕(德)을 해친다"고 하였다. 또 그는 "어리석은 자는 행동에 틈이 생길수록 고집을 부리고, 비루한 자는 거짓을 꾸밀수록 더욱 야만스러워진다"고도 하였다.

익명(匿名)이란 단어가 있다. 글을 쓸 때 자기를 숨기는 것이다. 낙서가 그 원조격이다. 옛날에는 낙서로 모함해서 정적(政敵)을 제거하기도 했다. 요즘은 인터넷을 통해 몸도 숨기고 이름도 숨겨서 남의 집 담장 너머로 돌멩이를 던진다. 그저 심심하니까 아무 데고, 남들이 던지면 저도 따라 던진다. 대개는 그렇게 해서 남을 고자질하고, 모함하거나 비방을 한다.

아무려나 익명이니 다른 사람들이 영원히 모르고 넘어갈 수도 있다. 그렇지만 오직 한 사람은 알고 있다. 다행히 그 일이 스스로 영원히 자랑스럽다면야 다행이겠지만, 언젠가 양심에 부끄러워진다면? 다시 돌아가 지울 수도 없는 일, 설사 누가 지웠다한들 자신의 양심까지 지울 수는 없는 일이다. 옳고 그르고를 떠나 익명(匿名)이란 원래 소인배들이나 하는 비열하고 부끄러운 짓이다. 그곳에는 용(勇)도, 의(義)도, 예(禮)도 없다. 신사가 할 짓이 아니다.

요즘 우리나라 공중화장실은 깨끗하기로 소문났다. 그런데 20년 전만 해도 그렇지 못했다. 그때는 끔찍했다. 지저분하기도 하거니와 무엇보다 낙서 때문에 공중화장실 이용하기가 정말 짜증났었다. 그런데 언제부턴가 화장실 낙서가 사라졌다. 88서울올림픽을 계기로 화장실 개선을 열심히 한 때문이기도 하지만, 실은 인터넷이 보급되면서 없어졌다고 보는 것이 더 정확할 것이다. 낙서가 인터넷, SNS로 옮아간 것이다. '댓글'의 대부분이 그 낙서라 하겠다.

작금의 한국 사회는 헐뜯기 문화가 판을 치고 있다. 핸드폰 하나면 세상 그 누구든 제 손끝으로 짓뭉갤 수가 있게 되었다. 얼마나 신나는 일인가! 그렇지만 그 글을 올린 당사자는 그 아래에 달린 댓글에 관심 없다. 어쩌다 글을 발표한 사람이면 몰라도 대개는 바빠서 거들떠보지도 않는다. 그러니 그깟 낙서나 댓글로 몇 사람이나 감화를 시키고 설득할 수 있겠는가. 오히려 그 글의 화제성만 부추겨 주가를 올려 주고 있다. '논란'도 돈이 되는 세상이 아닌가?

낙서나 댓글도 자꾸 하다 보면 바바리맨이나 길거리 침뱉는 거와 같이 습관이 된다. 지하철에서 몰카 찍는 것과 같은 짓으로 일단 습관이 되면, 그 짓을 하지 않으면 견딜 수가 없어 스트레스를 받는다. 어찌 보면 사소한 것 같지만 인생 전체를 두고 계산해 보면 엄청난 에너지 낭비이고, 아차 하면 인생을 송두리째 망가뜨린다. 신사숙녀에겐 '그 까짓 것!'이나 '아무려면 어때!'가 없다. 그런 건 하인이나 노예의 마음가짐이기 때문이다. 양심 혹은 영혼, 자기 존엄을 그 따위 낙서나 댓글과 바꿀 순 없는 일이다. 그러니 낙서나 댓글을 남길 때에는 '정말 내가 이 일을 하지 않으면 안 되는가?' '이게 부끄럽고 비겁한 일은 아닌가?'를 한 번 더 자신에게 물어봐야 한다.

한(漢)나라 때의 왕부(王符)는 《잠부론(潛夫論)》에서 "개 한 마리가 형체를 보고 짖으면 모든 개가 이 소리를 듣고 따라 짖는데, 세상에서 이를 병으로 여긴 지가 참으로 오래되었다"고 하였다. 댓글에 제 주장 단다고 해서 주인장으로 사는 것 아니다. 인생은 들러리가 아니다.

138 한국의 부자들은 왜 부자로 사는 법을 모를까?

어떻게 사는 것이 부자로 사는 걸까? 왜 우리에겐 부자다운 부자가 없는가? 부자에게 삿대질해대는 사람이 과연 부자가 될 수 있을까? 자신의 가난이 부자들 때문인가? 부자가 망하면 제가 대신 부자가 된다던가? 부자를 욕하는 사람들이 부자가 되면 진정 부자다운 부자로 살 수 있을까…? 어쩌면 한국인들에게 가장 어려운 질문들이 아닐까 싶다.

안타깝게도 한국엔 상류 문화가 없다. 서구 선진문명국은 상류의 귀족 문화가 살아 있어 그 사회의 품격을 끊임없이 위로 끌어올리고 있는 데 비해, 우리의 양반(선비) 문화는 구체제의 종말과 함께 박제화되어 버렸다. 사회를 선도하기는커녕 '옛것'으로서의 명분만을 고집하는 바람에 도리어 나아가는 배를 뒤로 끌어당기고 있다. 상류 문화를 가지지 못한 한국의 상위층은 더 가지는 것, 더 모으는 것, 더 거머쥐는 것 외엔 추구할 그 어떤 신성한 가치에 대한 인식조차 없다. 그러기 위해선 권력에 끝없이 굽신댄

세상에 이런 일이? 매너 없는 대통령! 세계인들이 보는 데서 완전 어글리 코리안 난센스.
2018년 7월 9일. 삼성전자 인도 노이다 핸드폰공장 준공식 테이프커팅. 한데 정작 주인인
이재용 부회장을 멀찍이 쫓아내고 하객들끼리 테이프커팅하고 있다. 역사에 길이 남을 치
욕적인 장면이다. ⓒ연합뉴스

다. 그래야만 살아남는다고 믿고 있다. 권력에 비굴하지 않고도
얼마든지 사업할 수 있음을 알지 못한다. 날개가 없기 때문이다.
나는 법을 모르기 때문이다. 매너를 모르기 때문이다.

그리하여 가난한 보통 사람들도 부자나 권력자를 부러워할지
언정 존경하질 않는다. 존경받는 기술을 익히지 못한 때문이다.
맹목적으로 평등주의를 부르짖지만 그 저변에는 고상함·고결
함·존귀함을 끌어내리기 위한 저급한 굽신거림과 떼쓰기가 진흙
처럼 두껍게 깔려 있다. 자신의 가난이나 상대적 부족이 부자 때
문이라는 피해 의식을 가지고 있어 기회가 생기면 떼지어 부자를

2017년 6월말, 미국 위스콘신주에서 대만의 폭스콘 공장 설립 기공식에 참석하여 축하해주는 도널드 트럼프 대통령과 폴 라이언 하원의장. 가운데는 테리 고우(궈타이밍) 폭스콘 회장. 폴 라이언은 이곳 위스콘신 출신이다. (인터넷 캡처)

성토한다. 하여 높아지는 소득만큼 한국 사회가 급속하게 천민화·속물화되어 가고 있는 것이다. 돈이 있어야 대접받는다? 천만에! 그건 돈이 대접받는 것이지 사람이 대접받는 것 아니다. 부유하면서도 고귀하지 못한 것은 죄악이다.

진실로 가난보다 무서운 건 천(賤)함이다. 가난과 천함 중 어느것이 더 극복하기 어려운지는 작금의 한국 사회가 잘 보여주고 있다. 존경받지 못하는 부자들과 그 패밀리들, 스타들, 그리고 높은 자들. 그들의 천박함이 얼마나 무서운지를 넘쳐나게 증명하고 있다. 고작 그딴 갑질하려고 그렇게 재물을 모으고 벼슬을 탐했

준공식 테이프커팅 후 공장 내부를 둘러보기 전 시제품에 사인하는 중에 문대통령에게 굽신 악수를 하며 감사를 드리는 이재용 부회장. 글로벌 무대에서 이런 한국식 매너는 곧바로 메이드인코리아 디스카운트로 직결된다. ⓒ연합뉴스

시진핑 중국 국가주석과 정격 모델폼으로 당당하게 눈맞춤 악수하는 마윈 알리바바 회장. ⓒAFP—연합뉴스

단 말인가? 다 가지고도 왜 존경받고 우아하게 살지 못한단 말인가? 한국보다 저개발국인 동남아 여러 나라들 중 한국만큼 천박한 나라가 어디 또 있던가?

글로벌 시대의 지도자상, 리더의 자격에 대해 심각하게 고민해야 할 때이다. 대통령부터 재벌 회장, CEO, 외교관, 공무원, 교사, 한류 스타까지 정격 글로벌 매너로 환골탈태해야 한다. 그런 게 진짜 디자인이다. 상품이나 사옥만 디자인할 것이 아니라 국가 경영, 기업 문화, 리더의 품격부터 디자인해야 부가가치를 높일 수 있다는 말이다. 따로 돈 드는 일도 아니다. 인생을 우아하게 제대로 즐기면서 돈 버는 일이다. 그걸 왜 안 배우고 안 가르친단 말인가? 기부만이 노블레스 오블리주의 전부가 아니다. 고귀함의 추구야말로 상류층의 진정한 책무이다.

139 어떻게 놀 것인가? 그것이 문제로다!

미국 주요 투자회사 주주총회가 시작되기 두어 시간 전부터 안쪽 방에서는 워런 버핏·빌 게이츠 등 거물급 대주주들이 네댓 테이블에 짝지어 둘러앉아 트럼프를 즐긴다. 패가 한 바퀴 돌고 나면 파트너를 체인지해서 다시 논다. 이렇게 한참을 즐기면서 이런저런 얘기를 주고받는다. 기실 주주총회의 중요 안건을 식전 노름판에서 다 사전 추인해 버리는 것이다. 그런 다음 강당에 나와 총회를 여는 것은 그저 박수치고 인증샷 남기는 요식 행위에

버크셔해서웨이 주주총회는 거의 축제장을 방불케 할 정도로 세인의 관심 속에 생중계된다. (인터넷 캡처)

지나지 않는다. 카드놀이를 할 줄 모르면 제아무리 큰 부자라도 그런 자리에 끼지 못한다.

글로벌 선진문명권에선 놀 줄 모르는 부자는 등신 취급당한다. 해서 상류층일수록 더 잘 논다. 훌륭한 스펙에 잘나가는 엘리트 대기업 사원이 있다고 치자! 그가 얼마만큼 많은 일을 해내고 출세를 하여야 글로벌 상류층들과 만날 수 있을까? 아마도 그가 그 회사의 CEO가 되어서야 업무적인 만남이 가능할 것이다. 하지만 글로벌 정격 매너에다 제대로 놀 줄까지 안다면 중소기업 말단 사원이라 할지라도 세계적인 인물이나 부호와 친구되기란 그다지 어려운 일이 아니다. 왜냐하면 먹고 노는 데는 계급장이 없기 때문이다.

당연히 품격 있게 노는 법을 모르고서는 기관수요자를 공략하는 등 고급 시장을 개척해 나갈 수가 없다. 에티켓 수준의 글로벌 매너를 어지간히 익혔다 해도 즐겁게 놀 줄 모르면 거기서 아웃이다. 더 이상 상위로의 진입 금지! 고품격으로 노는 법을 모르면 결코 글로벌 A급에 들 수 없다는 말이다. 한국식으로 룸살롱에서 술 퍼먹이기, 성상납, 져주기 내기 골프, 리베이트, 뇌물 등 저질 접대로는 글로벌 비즈니스 세계에선 어림없다. 그런 건 기술도 자본도 변변치 않았던 시절에나 통하던 '노가다 매너'로 국민소득 2만 불까지는 통했지만 이제부터는 쥐약이다. 따라서 국정원 정예요원, 대기업 과장급 이상, 히든 챔피언 중소기업 경영진들을 전천후 세일즈맨으로 교육시키려면 제대로 노는 법부터 가르쳐야 한다.

140 각종 잡기는 사교의 기본기

스포츠 못지않게 각종 잡기 또한 소통의 도구다. 글로벌 선진사회의 사교 파티에서는 대개 디너 후에 댄스가 이어지지만, 식전에는 각종 게임을 즐기기도 한다. 따라서 오락을 위한 잡기, 간단한 도박이라 해도 여러 가지를 가지고 놀 수 없으면 비즈니스 역시 거기까지다.

카드와 마작은 기본이다. 특히 범 중화권을 염두에 둔다면 트럼프 게임 중 '빅투'는 필수다. 이 게임의 장점은 재미도 재미이지만 전략적 사고를 길러 준다는 데 있다. 고스톱처럼 한 게임씩 끝나는 게 아니고, 마작처럼 3~4시간 전체 성적으로 승부를 낸다. 이 게임에선 들어온 패가 중요한 게 아니고, 그 패를 어떻게 운용(플레이)하는가가 중요하다. 1등을 할 건지, 2등을 할 건지 중간중간에 적과 아군을 수시로 바꾸면서 흐름을 잘 타야 하는 게임이다. 그외에도 숏게임으로 블랙잭도 필수다.

1970년대까지만 해도 세계적인 부자로는 그리스의 선박왕 아리스토텔레스 오나시스(1906~1975)를 꼽았었다. 그는 젊은 시절 꽤나 가난했다고 한다. 하루하루 벌어 끼니를 아껴 가면서 돈을 모았는데, 어느 정도 돈이 모이자 부자들만 다니는 고급 레스토랑으로 갔다. 그렇지만 행색과 신분이 너무 초라해서 여러 차례 출입을 거부당한다. 그러던 어느 날, 한 부자가 그 광경을 보다 못해 오나시스를 불러 "자네는 왜 힘들게 번 돈을 한 끼 식사에 다 바치려 하는가?"고 달랬다. 그러자 오나시스는 "저는 여러분들의 생활이 너무 부럽습니다. 그래서 이 레스토랑에서 여러분들의 생활 방식과 문화를 배우고 싶습니다"라고 간곡하게 부탁한다. 기특하게 여긴 예의 부자는 "그래, 정히 그렇다면 어디 한번 우리들의 방식을 배워 보게나" 하고 출입을 허락한다. 그리하여 식탁 매너에서부터 상류층 문화를 배워 나가 그들과 친구가 된 오나시스는 그들의 지원을 받아 선박회사를 차리고, 또 그들로부터 일감을 받아내어 결국에는 세계적인 부호가 되었다.

141 부부가 댄스는 기본!

글로벌 최상위 오피니언 리더급 인사의 조건? 모국어 수준의 프랑스어와 영어를 포함한 수개국어 구사 능력, 수영, 승마, 사격, 스키, 사교 댄스, 노래, 악기 정도는 기본으로 본인은 물론 배우자까지도 필히 갖춰야 하고, 아이들도 커가면서 반드시 익혀야 한다. 그게 안 되면 비즈니스 마케팅이나 글로벌 네트워크 측면에서 필시 심각한 문제에 직면하게 된다. 글로벌 본선 무대에는 인격체 각각의 매너에 더해서 패밀리 타이(family tie)라는 개념이 있다. 테이블 매너는 개인적인 관점이지만, 패밀리 타이는 부모와 자녀가 한 세트로 상대방측과 비즈니스 네트워크를 구축하는 것이다.

무엇보다 한국인들의 글로벌 비즈니스에서 최대 약점이 바로 사교 댄스 불가능이다. 한국에서 국제적인 사교 모임을 개최하기 불가능한 가장 큰 이유다. 특히 부부 초청 리셉션이나 파티에서 빠질 수 없는 게 이 댄스인데, 한국인들은 이에 대한 훈련이 전혀 되어 있지 않다. 국내 대기업 임원들의 부부 동반 회합에서도 고작해야 디너다. 식전 리셉션이나 디너 후 댄스 파티 같은 건 꿈도 못 꾼다. 남자들이 폭탄주와 허풍으로 단합대회 하는 동안 여성들은 한쪽 구석에서 콜라나 오렌지주스 수다로 어색한 시간을 때우다 온다.

댄스를 못하는 본인도 문제이지만, 제 아내가 다른 남자와 부둥켜안고 춤추는 것을 곱게 보아넘기는 훈련이 된 한국 남자 거의 없다. 그러니 보다 친밀한 인적 네트워크 구축이 아예 불가능하다. 진정한 글로벌 전사라면 아내는 물론 아이들까지 함께 뛰고 놀 줄 알아야 한다. 실제로 글로벌 상류층 리셉션에선 2시간 디너, 2시간 댄스 파티가 기본이다.

그리고 이는 한국의 선남선녀들이 글로벌 선진국 중상류층과 결혼하지 못하는 가장 큰 이유이기도 하다. 거의 모든 파티가 부부 동반이니 놀 줄 모르고 매너도 모르는 보릿자루를 동반자로 삼았다가는 자신의 미래를 포기해야 하기 때문이다.

서구 대부분의 기업 경영자들은 수시로 자신의 집으로 임직원을 초청해서 파티를 연다. 당연히 부부 동반이다. 가족 동반 파티도 자주 연다. 열심히 일한 만큼 즐기자는 게 그들의 문화다. 이때 한국인 동반자도 함께 참석하는데, 그런 문화에 익숙지 못한 한국인은 당연히 낯설고 어색해서 난감해할 수밖에 없다. 처음 몇 번은 호스트가 각별히 배려해 주지만 나중엔 스스로 적응해서 파티를 즐겨야 하는데 그게 참 어렵다. 결국 꿔다 놓은 보릿자루가 되고, 파티 분위기를 망치게 된다. 단연히 호스트도 난감할 수밖에 없다. 그럴 때 경영자라면 어떻게 할까? 그 한국인 배우자가 회사에서 직급이 높아질수록 더 자주 맞닥뜨려야 하는데…? 진급을 안 시키든지 지방이나 해외지사로 발령내 버리면 간단하게 해결된다.

142 놀 줄 알아야 큰물에서 논다

중국인들은 셋만 모이면 돈 벌 궁리를 하는데, 한국인들은 셋이든 열이든 모이면 수다만 떤다. 입으로 스트레스를 푸는데 그나마 들어서 도움이 되는 인문학적 얘기도 아닌 귀신 씨나락 까먹는 수준의 잡담이다. 그런 일로 시간과 에너지 낭비하고 맨정신으로 돌아가자니 뒤가 항상 씁쓸한 거다. 해서 술이라도 퍼마시며 위안을 삼는 것이겠다.

사람 사는 정(情)? 한국적인 풍류? 아무렴 한국인들끼리야 그렇다 치더라도 글로벌 사회에서 비즈니스 아닌 인간 관계는 가능할까? 순수한 인간 관계? 그런 주변머리 없는 조선 샌님 정신으론 지금 같은 글로벌 시대에 절대 살아남지 못한다. 인간은 사회적 동물이기 전에 비즈니스 동물이다. 남녀가 만나 결혼해서 사는 것부터가 실은 원초적으로 비즈니스다. 사랑은 소통이고, 섹스는 그 도구다. 당연히 섹스도 매너다. 서양 여성들이 한국 남자라면 질색하는 것도 바로 이 바지 내리고 무작정 덤비는 무매너 섹스 때문이다.

하체가 잘 단련된 서구의 오피니언 리더들에 비해 체력적으로도 밀린다. 공부든 일이든 열심히만 한다고 새로운 것이 나오지 않는다. 참신함은 여가와 놀이에서 나온다. 놀 줄 아는 대통령, 총리, 장관, 의원, 오너, CEO가 일도 잘한다. 꼬리를 무는 한국 갑(甲)들의 성추행 사건들도 기실 일찍이 노는 법을 배우지 못한 까닭이다.

한국인들은 대화나 협상에 임하면 상대방에게 그 속내를 금방 다 들기고 만다. 어렸을 적부터 공부만 하느라 카드 등 노름을 해보지 않아 자신의 패를 상대방들이 눈치채지 못하게 내심을 감추는 포커페이스 훈련이 전혀 되어 있지 않기 때문이다. 태연한 상대방의 얼굴과 자세 속에 감춘 속내를 꿰뚫어보는 능력 또한 현격하게 부족하다. 해서 협상과 전쟁의 절대 덕목인 냉정심과 절제력도 기르지 못했다. 그러다 보니 화통하고 화끈한 사람을 좋아한다. 너나할것없이 여차하면 올인해 버리는 바람에 결국에는 사업과 인생 다 망치기 일쑤다. 당연히 유혹에도 약해서 잘 넘어간다.

글로벌 무대에서 파티·리셉션·스포츠·잡기오락판에 끼지 못해 꿔다 놓은 보릿자루 신세가 되어 본 사람들은 그 지옥 같은 기억을 평생 지우지 못한다. 그리고 그 때문에 놓쳐 버린 수많은 기회들을 생각하면 소름이 끼치건만 대부분 거기까지 깨닫지 못하고 살아간다. 아무튼 대화·협상·계약 등 현대의 모든 비즈니스는 테이블에서 이뤄진다. 비즈니스 세계에선 테이블이 곧 전장(戰場)이다. 식사·마작·카드놀이와 마찬가지로 공부 역시 테이블 게임의 한 종목일 뿐이다.

흔히들 청년들에게 공부든 운동이든 놀이든 "하나만 잘하면 된다"고 역설한다. 아무렴 그럴 수도 있다. 하지만 먼저 인격체로서 갖춰야 할 소통 기본기부터 갖춰야 한다. 예전에 세계은행 김용 총재는 오전 8시부터 오후 11시까지 공부하는 한국의 학습 문화에 대해 "한국이 이렇게 발전한 데에는 높은 교육열이 바탕이 됐지만, 이제는 개도국 교육에서 선진화 교육으로 바뀌어야 한다"며 한국 학생들에게 "덜 공부하고, 더 놀아라!(Study less, play more!)"고 주문한 적이 있다. 노는 게 진짜 매너다. 제대로 노는 법을 배우면 자기 가치를 열 배, 백 배 높일 수 있다. 공부 일등 했다고, 돈 좀 벌었다고 상류가 되는 것 아니다.

143 세습 부자와 신흥 부자의 태도적 가치

미국의 상류층 혹은 상류 사회를 이끌고 있는 그룹을 크게 두 부류로 나눈다. 올드머니와 와스프! 올드머니는 대대로 큰부자로 살아온 앵글로색슨계 백인을 비롯하여 유대인과 서유럽 이민자를 포함한 상류층 가문을 가리킨다. 그리고 와스프는 건국 때부터 미국의 지배계층으로 살아온 앵글로색슨 개신교도 가문 그룹이다. 이들은 스스로 지배계층이라는 강한 자의식을 가지고 특권의식을 지니지만 그만큼 사회에 대한 책임 의식과 윤리 의식도 남다르다. 그들은 물려받은 부를 어떻게 명예롭고 품격 있게 쓸 것인가를 고민하지만, 노골적으로 돈벌이에 나서는 것을 부끄럽게 여기며 돈을 초월하는 가치 추구를 기본으로 삼고 산다.

비록 그 전통은 짧지만 한국의 소위 재벌이란 이름이 붙는 대기업도 벌써 3,4대를 넘어가고 있다. 그런가 하면 IT산업 시대를 맞아 신흥 부자들도 제법 생겨나고 있다.

미국이나 서구의 부자들과 달리 한국의 세습 부자와 자수성가형 신흥 부자들은 기업의 사회적 역할에 대한 인식이나 부자로서의 삶에 대한 태도가 뚜렷하게 대비된다. 세습 부자들은 일찍부터 대기업의 후계자로 지목되어 외국 유수의 대학에서 공부를 마치고 돌아와 계열사나 본사 주요 부서에서부터 경영(자) 수업을 착실하게 밟아나가 때가 되면 그룹 전체를 물려받게 된다. 그러다 보니 어쩔 수 없이 그들의 세계관은 선대나 다른 임직원들과 크게 차이가 나지 않는다. 왜냐하면 처음부터 월급쟁이들과 같이 닭장 속에서 일하면서 관리 경영과 극성스럽게 돈 버는 법을 배웠기 때문이다. 바로 이 문제 때문에 한국의 대기업은 혁신이 어렵다. 그리고 올드머니로서 존경받는 삶을 살기가 불가능해진다.

세계적으로도 신흥 부자들은 거의 예외 없이 자수성가형이다. 물론 시대를 잘 만난 면도 크다. 요즘과 같은 산업혁명기가 아니면 그처럼 젊은 나이에 세계적인 부자들이 탄생할 수가 없다. 아무튼 이들은 거칠 것이 없다. 물려받은 게 아니라 스스로 창출해낸 것이니 제 맘대로 돈도 팍팍 쓴다. 좀 더 나은 제품이나 서비스로 승부하는 것이 아니라 남들이 안하는 엉뚱하고도 새로운 분야에 과감하게 도전한다. 그러다 보니 계속 남보다 앞서간다. 도네이션에도 아낌이 없다. 왜냐하면 제가 번 돈이기 때문이다.

물려받은 대기업 오너의 경영철학은 아무래도 유지 관리가 우선이다. 그렇게 해서 선대보다 조금 더 키운 걸로 만족할 수밖에 없다. 당연히 모험 같은 건 못한다. 돈을 함부로 팍팍 쓰지도 못한다. 제가 번 돈이 아니기 때문이다. 오히려 혹독하게 훈련받아 선대보다 더 인색하다.

세습 부자의 기업 경영은 부동산 개발로 치면 도심 재개발에 비할 수 있다. 그에 비해 신흥 부자는 신도시 건설업자와 같다. 재개발은 수없이 계산기를 두드리고 얽히고설킨 복잡한 문제들을 해결해야 하지만 신도시라면 그런 것 없다. 말 그대로 백지 위에 상상만으로 줄을 쫙쫙 그으면 된다.

사실 큰부잣집 자식으로 태어났으면 이미 경제적 문제는 해결되었다. 그렇다면 굳이 남들처럼 닭장 속에서 머리 싸매고 공부해서 전문지식쌓기 경쟁을 할 필요가 없다. 공부란 가난한 자들이 매달리는 것이다. 필요하면 그렇게 공부 잘한 인재들 데려다 부리면 된다. 기술도 남이 개발하면 얼른 돈 주고 사오면 된다. 마음에 드는 기업이 있으면 사거나 투자를 하면 된다. 문제는 사람이다. 사람 보는 눈을 가졌느냐 못 가졌느냐다. 그건 공부로 터득되는 것이 아니다. 놀아 봐야 사람을 안다. 놀아 봐야 세상이 보인다.

재벌 가문에서 태어났다고 해서 언제까지 날개 없는 굼벵이처럼 선대 기업에 우르르 달아붙어 진물만 빨아먹고 살 건가? 그런 걸 족벌 경영이라 하던가? 왜 훌훌 날아서 남들처럼 학문도 하고, 예술도 하고, 정치도 하며 재미있게 살지 못한단 말인가?

부자가 부자답게 사는 게 왜 지탄받을 일인가?

부잣집 자식이라면 일찍부터 돈 팍팍 쓰면서 제대로 노는 법부터 배워야 한다. 글로벌 최상급 매너를 익혀서 세계의 부자나 귀족집 자식들과 친구가 되어야 한다. 그들과 놀고 같이 사업(투자)도 해가면서 상류로 올라가는 거다. 가난한 남들처럼 땀 뻘뻘 흘리며 정상으로 기어오를 필요가 없다. 그들은 이미 정상에서 태어났다. 그러니 우아하게 나는 법만 배우면 된다. 놀면서 돈 버는 법을 배워야 한다는 말이다. 일등이 아니라 일류로 사는 법을! 상류적 가치에 대해 깊은 고민 좀 했으면 좋겠다.

144 공덕(空德)과 염치(廉恥)

예전에 들은 어느 분의 이야기가 잊히지 않는다. 그분은 동네의 작은 교회에 나가는데, 어느 해 교회에서 자녀 중 한 명이 대학에 입학했다며 (얼마 되지는 않았지만) 장학금을 주겠다기에 받지 않았다고 한다. 서민 동네인지라 형편이 더 어려운 집들도 있을 테니 그런 집 아이에게 줬으면 좋겠다고 사양했단다. 한데 그 다음 주일, 어느 집 부모가 자기 아이가 교회 장학금을 받았다며 예배 끝난 후 한턱 쏜다고 여러 사람들을 데리고 근처 제법 비싼 식당으로 가더란다. 너무 어이가 없어 같이 예배를 보러 간 아이들한테 뭐라 할 말이 없어 씁쓸해하며 그냥 집으로 돌아왔단다. 그 일이 있고 나서부터 주일마다 그 부모를 보는 것도 민망스럽고, 다른 사람들과도 정이 떨어져 결국은 그 교회에 나가지 않게 되었다고 한다. 그리고 장학금을 거절한 그 아이는 학자금 융자받아 간신히 졸업했는데 요즘 열심히 일 다닌다고 한다.

잘한 일인지 못한 일인지는 자신할 수 없지만, 평생 장학금 한번 받아 보지 못한 필자는 사원을 채용할 때 학교에서 공부를 잘해 줄곧 장학금을 탔었다는 사람은 뽑지 않는다. 대개 이런 부류의 사람들은 자신의 성적만큼 스스로가 잘난 줄 알고 있고, 또 그에 상응하는 대접받기를 원하는 버릇이 있다. 좀 더 지켜 보면 조직 내에서 다른 사람들과 잘 화합하지 못하고, 이해타산에 밝으며 이기적인 구석이 많다. 계산에 밝고 비판을 잘하는 반면, 솔선수범하는 버릇은 없다. 당연히 끈기가 부족하고, 항상 보다 나은 직장을 가진 동기생들과 비교하기를 좋아해서 한 직장에 오래 머물지를 않는다. 외국 회사들이 신입사원을 뽑을 때 성적보다는 학교에서의 서클 활동이며 봉사 활동, 아르바이트 경험, 사회 참여 활동, 어떤 스포츠를 취미로 가졌는지 등을 따지는 것도 아마 이러한 이유 때문일 것이다.

한국인의 교육열은 지나치다 못해 한국병이 된 지 이미 오래다. 또한 못 배운 사람들의 한(恨)은 아직도 깊다. 그 한을 풀고자 평생 모은 재산을 대학에 장학금으로 내놓은 '김밥 할머니' 이후로 '한풀이 장학금'이 줄을 이어 요즘도 심심찮게 신문지상에 오르내리고 있다. 고마운 일이기는 하지만, 앞뒤 재보면 그다지 흔쾌한 일도 아닌 성싶다.

본인으로서야 못 배운 한을 그렇게 해서라도 풀고, 저승 가는 길에 학사모 비슷한 것 하나 얻어 쓰고 가니 흡족할 듯도 하지만, 과연 그런 일이 마땅하고 바람직한 선행인지 공감이 가지 않을 때가 더러 있다. 본인이 평생 힘들게 살아온 것이 단지 남만큼 못 배웠기 때문이고, 그래서 배운 사람들로부터 설움을 많이 받았으니, 자기와 같은 사람들이 또 생겨나지 않도록 돕고 싶다는 논리가 아닌가.

정히 그렇다면 그 돈으로 당신의 자식들 잘 가르치고, 남는 돈은 당신처럼 못 배워서 현재 어렵게 살고 있는 이들을 돕는 게 이치상 맞는 일이 아닌가? 그런 집 자녀들에게 학자금이라도 보태 주는 것이 마땅하지 않는가? 그런 사정을 누구보다도 자신이 더 잘 알고 있지 않는가? 당신의 뜻대로 과연 형편이 어려워 학업을 포기할 지경에 처한 학생이 받을지, 아니면 부족하지 않은 형편인데도 성적이 좋다는 이유만으로 그 돈을 따먹을지 어찌 알겠는가? 어쨌든 그 돈을 받은 학생이(그 가족이) 당신의 이름 석 자나 기억하고 고마워할까? 당신의 무덤에 꽃 한 송이 바칠까? 공부 잘해 성공한 다음 당신처럼 못 배운 사람들에게 받은 만큼 되돌려 줄까? 아니면 당신이 받은 그동안의 설움만큼 다른 못 배운 사람들의 몫까지 챙겨먹을까?

남보다 성공해서 재물을 많이 모은 이들이 그 재산 일부를 사회에 환원한다는 뜻으로 만든 장학재단이 많다. 훌륭한 일이지만, 역시 옛 공덕비 같은 느낌이 들 때도 있다. 사회에 환원하려면 조건 없이 던져야 하는데, 꼭 무슨무슨 재단을 만들어 직접 또는 가족이 관리하여 당신의 공적을 드러내길 원한다. 그리고 정기적으로 장학생들을 뽑아 일일이 직접 봉투를 수여함으로써 자신의 훌륭함을 확인시키고, 머리 숙여 감사하도록 강요한다. 한

마디로 절값이다. 오른손이 하는 일을 왼손이 모르게 하라가 아니라, 내 손이 하는 일을 네 눈 내 눈 그리고 제삼자까지 똑똑히 보고 기억하라며 증서까지 주고받는다. 게다가 대개 품행이 방정하고 공부 잘하는 모범생을 더 선호하며, 간혹 구색용으로 형편이 어려운 학생을 끼워넣어 주기도 한다.

뿐만 아니라 신앙을 가진 이들은 반드시 자신의 종교를 위해서만 아낌없이 기부한다. 종교에 관계 없이 모든 이들을 돕는 것이 진정한 자선이고, 오히려 그 종교를 빛내는 것임을 알지 못한다. 설령 안다 해도 그렇게 실천하지 않는다. 편협하고 옹졸하기 때문이다. 천당이나 극락 가는 길도 그만큼 좁은 것이다. 인(仁)은 공평무사한 정(情)이다. 특히 베풂에 있어서 편협함은 아니 베풂만 못하다.

또 한 가지 재미있는 일은, 대부분의 우리나라 장학금은 학교에, 즉 글공부 잘하는 학생들에게 주어진다는 데에 있다. 체육·예술·예능 등에는 인색하다. 한마디로 문(文)에다 덕(德)을 베풀겠다는 것이다. 이왕이면 중고등학교보다는 최고 학부인 대학에, 그 중에서도 가능성(?)이 있는 똑똑한 학생들에게 자신의 인덕(仁德)을 베푸는 것을 좋아한다. 물론 이런 사람들이 성공할 확률이 높은 건 사실이다. 그렇지만 과연 그들이 그 덕(德)의 의미를 얼마나 알고 있을지 궁금할 때가 많다.

흔히들 "똑똑한 천재 한 명이 수십만 명을 먹여 살린다"고 하며, 인재 육성에 투자를 아끼지 말 것을 역설한다. 장학금의 경제적 효율성을 강조하는 말이다. 그렇지만 그 똑똑한 한 명이 수십만 명을 먹여 살리기는커녕 그들이 가져야 할 것을 혼자서 독차지할 때도 있다.

145 장학금은 백 배로 갚아야 할 빚이다!

각 학교는 재학 시절 장학금을 받은 적이 있는 이들의 사후관리를 좀 했으면 한다. 지구 끝까지 쫓아가서라도 그들이 어떻게 사는지 확인하고, 자신이 과거에 누군가로부터 도움받았다는 사실을 상기시켜 주어야 한다. 받은 만큼 되돌려 줄 것을 요구해야 한다. 비록 법적인 구속력은 없지만, 장학금이란 몇십 몇백 배로 되돌려 주어야 하는 것이 마땅한 그런 돈임을 인식시키고 주어야 한다. 공덕(功德)을 공(空)돈이 되게 해서는 안 된다. 덕(德)을 입었으면 반드시 갚아야 한다. 그것을 은덕(恩德)이라 한다.

이제는 세상도 많이 바뀌었다. 그리고 덕(德)을 베푸는 데에도 약간의 지혜가 필요하다. 발상의 전환이 필요하다는 말이다. 공부가 전부가 아닌 세상이다. 비록 성적은 모자라지만 사회봉사를 많이 한 학생들이나 소년소녀 가장, 남을 위해 희생한 의인(義人)의 남은 자식과 형제들, 남다른 재주로 국가나 사회에 공헌한 본인 및 그 자녀들, 불치병을 앓거나 장애가 있어서 정상적인 교육을 받기 힘든 사람들, 자신의 기업에서 산업재해를 당한 이들의 자녀들, 순직한 군인들과 소방관 혹은 경찰관들의 자녀들, 성수대교 붕괴나 대구 지하철 화재 사건처럼 갑작스런 재난을 당한 사람과 그 가족들, 좀 더 적극적으로 나서서 해외에 흩어져 사는 독립투사들의 후손들 등, 얼마든지 뜻 있는 장학금도 많지 않은 가. 물론 이런 사람들이 나중에 몇십 몇백 명을 못 먹여살릴는지 도 모른다. 심지어 자기 혼자 살아가기조차도 힘들는지 모른다. 그렇지만 적어도 남을 해치거나 세상을 어지럽히지 않을 것은 분 명하다. 또한 결코 그 고마움을 잊지 않을 것이다. 풍족한 자가 귀함을 알겠는가? 많이 받아 본 자가 많이 잊는 법이다.

그리고 장학재단 이름도 창업자나 자신의 아호며 이름을 따 서 어쭙잖은 생색 좀 내지 말았으면 싶다. 그건 아무래도 자신이 만든 자기 공덕비 같다. 이왕이면 유관순·백범·안중근·윤봉길 등 얼마든지 훌륭한 인물이 많지 않은가? 하다못해 요즈음 한창 인기 있는 이순신 장군이나 유명한 과학자, 또는 예술가의 이름 을 단 장학재단은 어떤지? 일본 유학중 사람을 구하기 위해 전차 가 달려오는 선로에 뛰어든 고(故) 이수현 군을 기리는 장학재단 은 어떤지? 그리고 푼돈 쪼개어 가능하면 여러 명에게 주어 실적 부풀리지 말고 될성부른 떡잎 골라 풍족하게 학비·연구비·생활 비는 물론 창업 밑천까지 대줬으면 어떨까?

국내에선 LG그룹이 '의인상'을 제정하여 순직 소방관, 지뢰 에 부상당한 장병들 등 의로운 행위를 한 사람들을 격려하고 상당 한 위로금을 도네이션하고 있다. 한데 만약 그 의인들이 사진을 찍 거나 언론에 홍보되는 걸 원치 않을 경우에는 표창장과 위로금만 전달함으로써 인간 존중의 경영철학을 실천하고 있다 한다.

　개인적인 생각이지만 공부 잘하는 이들에게 장학금 주는 것에 별로 찬성하지 않는다. 그들은 장학금을 안 줘도 결국 성공한다. 머리 좋은 사람이 반드시 좋은 대학에 가서 좋은 직업 독점하고 중요한 일만 해야 한다는 것도 좀 더 생각해 볼 문제라고 본다. 머리 좋은 이들이 하찮게 여기는 험한 업종에도 종사해 줘야 그 분야가 발전할 수 있지 않을까? 지난날 장학금도 못 받고 대학도 못 마쳤지만 대한민국을 이끈 훌륭한 사람들도 많지 않았던가?

　장학금은 상금이 아니다! 장학금 받는 것이 가문의 영광도 아니고, 가난의 부끄러움도 아니다. 언젠가는 갚아야 할 빚이다. 어렵지 않은 형편인데도 장학금 받는 것은 몰염치이자 가난한 누군가의 기회를 빼앗는 악행이다. 그런 사람이 나중에 성공해서 부자가 된들 그 빚을 갚을 리 없겠다. 설마하니 장학금 떼어먹고 하나님 앞에 서려는가?

146 설계에 뛰어난 민족이 되려면!

　동서고금을 막론하고 오늘과 내일이 다르게 새로움을 추구하는 민족이 언제나 세계사를 주도해 왔다. 문화는 창조해 나가는 것이다. 전통을 고집하는 민족은 새로운 것을 만들어낼 줄을 모른다. 대표적으로 이집트나 그리스가 그렇다. 새로운 것을 만들어낼 자신이 없기에 전통을 고집하고, 과거에 몰입하고, 명분에 집착하는 것이다. 버리지 못하면 창조하지 못한다!

매너도 문화다. 문화란 끊임없이 변해 가거나 소멸되기도 하고, 다른 문화와 섞여 변질되기도 한다. 만약 우리에게 옛것이 없었다면, 찬란한 역사가 없었다면, 미국이 그랬듯 분명 지금 당장 새로운 걸 만들어내거나, 세상에서 가장 좋은 걸 받아들였을 것이다. 그것이 기술이든 예법이든 제도이든 말이다. 요즘은 줄어드는 인구를 보충하기 위해서 이민자나 난민을 받아들이고 있지 않은가?

문화 역시 경쟁력이 없으면 사라지게 마련이다. 보다 간편하면서도 경건하며, 소통적이고 상호 존중적이며 인간존엄성 확보에 유리한 매너가 경쟁력을 지닐 것은 당연지사겠다. 그걸 선도해 나가는 나라나 민족이 세계사의 주역이 될 것은 불문가지다.

그 옛날 조선 선비의 세계관은 중국을 넘어가지 않았다. 중국이 세계의 중심인 줄 알았다. 해서 중국의 예법을 중국인들보다 더 잘 지켜 스스로 동방예의지국이라 자부했었다. 허나 지금은 중국이 세계의 중심도 아니다. 우리 것도 아닌 중국의 것을 '소중한 우리 것'이라며 고집하다 조선이 망하지 않았던가? 이제는 동방예의지국이 아니라 글로벌매너지국이어야 한다. 누구든 세계인이다.

147 한국인의 역사관은 족보관

어느 조찬 모임에 특강을 청해 준 모대법관과 옆자리에 앉은 김에 우리나라의 소위 '사자명예훼손죄'에 관해 질문한 적이 있다. 우리 법에는 그런 죄목이 있다고 했다. 그럼 그 '사자(死者)'의 개념, 아니 범위가 어디까지를 말하는 것이냐고 물었다. 설마 죽은 자가 고소할 리는 없을 테고 가족이나 친지, 후손들이 고소할 텐데! 그외에도 제자들이나 신자들도 고소할 수 있는가? 가족이나 후손의 범위는? 제 수십 대 조상의 명예훼손까지 고발해도 되는지? 그렇다면 우리나라 법관들은 조상들의 명예훼손 소송으로 밤 새워 역사 공부를 해야겠군요? 잠시 생각하던 그 대법관은 "아하, 그렇군요! 범위의 제한이 있어야겠군요!"라고 하였다.

요즈음 우리나라에선 영화나 드라마, 심지어 소설이나 역사 칼럼을 잘못(?) 썼다가 그 후손들로부터 고소고발당해 곤욕을 치르는 일이 잦다. 전두환 전 대통령은 회고록을 냈다가 판매금지 처분과 함께 고소고발까지 당했다. 이 나라에선 표현의 자유나 출판의 자유보다 우선하는 게 사자에 대한 명예훼손이다. 과거사 청산! 역사 바로세우기! 조상 명예 지키기 혹은 바로세우기! 조상을 대신하여 반역자 부역자 처단하기…! 그리고 나면 이 민족의 피가 순수해지고 청결해진다든가?

다시 거칠게 말하자면 한국인에겐 역사관이란 게 없다. 유교적 족보관이 한국인의 역사관을 대신하고 있다. 해서 '있는 그대로'의 역사를 절대 인정하지 않는다. 역사를 객관적으로 보지 못한다는 말이다. 조상을 욕보이는 건 더없는 불효불충! 어떻게 해서든 바로(고쳐)세워서 부끄럽지 않게 만들어야 한다. 가령 일제에 의해 파괴된(그 중에는 자연스럽게 훼손되거나 쓸모없어 부수어야 했던 것들도 있지만) 성곽이나 유적을 번듯하게 복원시켜 놓는 것이 후손된 자들의 도리인 양하는 강박증에 사로잡혀 있다. 부끄러운 역사는 감추고 지우려 애쓴다. 일제 피식민지배에 대한 피해 의식과 콤플렉스는 거의 병적이다. 해서 광화문 조선총독부 건물도 자근자근 부수어 내다버렸다. 할 수만 있다면 역사에서 36년을 찢어내었을 것이다.

한국인들은 과거 조상들의 사건을 현시대에 물려받아 해결할 수 있다고 여긴다. 지금 벌어지고 있는 대한민국 건국일과 건국 주체에 대한 논란이나 친일파 재산 환수, 친일파 청산도 그런 사고에서 나온 것이다. 허나 누가 뭐래도 역사는 그 시대를 살다간 사람들의 것이다. 그걸 후인들이 왜 그랬느냐며 뜯어고치고 단죄할 권리는 없다. 그러려면 타임머신을 타고 그 시대로 돌아가 직접 역사를 바꿔야 할 것이다. 미래는 준비할 수 있지만, 과거는 기억할 수 있을 뿐이다. 제 족보, 제 조상 무덤이야 얼마든지 빛나고 거룩하게 꾸밀 수 있다. 역사를 꾸미고 바꾼다 한들 사실이 바뀌는 건 아니다. 당장 건국일을 바꾼다 한들 그건 바꾼 사람들의 기억의 조작이지, 그 시절 건국을 한 옛사람들의 역사가 될 수는 없다. 친일파 단죄를 못한 것도 그 시대를 살던 사람들의 생각이 그러했고, 또 그때의 형편이 그래서 안한 것이다. 이제 와서 그 시대와는 아무 상관도 없는 사람들이 그들을 대신해서 이 시대의 잣대로 뜯어고치고 단죄하는 건 어불성설로 역사와 그 시대를 살다간 사람들에 대한 조롱이다. 그런 식이면 과거사 청산한 그 무리들도 다음 세대 이전에 역시 청산의 대상이 되어야 한다.

한민족은 일제 36년을 지나치게 치욕적으로 여겨 분개해한다. 그럴 필요 없다. 그런 생각 자체가 더없이 헛되고 어리석은 일이다. 만약 36년이 아니라 360년이었다면 지금 우리는 역사를 어떻게 보고 있을까? 중국 역사에서 수(隨), 요(遼), 금(金), 원(元), 청(淸)은 오랑캐에 의한 식민사다. 아이러니하게도 그때마다 영토가 늘어났다. 유럽의 역사는 온통 침략과 식민지배의 역사다. 족보를 따질 형편조차 못된다.

침략과 지배는 역사의 동력이었을 뿐이다. 그래서 세계인들은 알렉산더나 칭기즈칸을 영웅이라 부르지 않는가? 그들에게 침략당했다고 수치스러워하거나 이제 와서 사과와 반성을 요구하는 민족이 있던가? 혹자는 독일이 유대인들에게 끝없이 사죄하는 걸 두고 일본은 왜 한국에 그러지 않느냐고 반문하지만 그건 사정이 다르다. 독일이 전쟁을 일으킨 걸 사죄하는 것이 아니라 인간으로서 해서는 안 될 악행을 저지른 것에 대해 사죄하고 반성하는 것이다. 그렇게 해서 훼손된 인간존엄성을 확보하고자 하는 것이다. 침략에 대해서는 그냥 "그래, 미안하다!"고 하면 끝이다. 그나마 대한제국은 일본의 침략을 당해 싸우다 나라를 빼앗긴 게 아니라, 국왕이 자신의 안위를 보장받고 헌납한 것이다. 형식적으론 그랬다. 그러니 사죄를 강요할 명분도 없다. 이제 와서 그걸 무효였다고 주장해 본들 그럴수록 역사가 더 구차스러워질 뿐이다.

게다가 우리 힘으로 일제에서 해방된 것도 아니다. 일본에게서 사과를 받는다고 해서 역사가 바뀌는가? 그러면 덜 부끄러운가? 억지 사과받고 용서해 주려는가? 사과를 받아내는 걸로 일본을 굴복시켰다고 자위할 텐가? 그런 게 극일인가? 그나마 후손된 도리(?)를 다해 조상을 위로하겠다는 겐가? 역사에 무슨 선악이 있던가? 조상이 친일을 했던 항일을 했던 다 같은 동포다. 역사에는 부채가 없다. 침략을 했던 침략을 당했던 부끄러운 역사는 없다. 족보관 역사 인식으론 절대 세계관이 열리지 않는다. 과거를 돌아보는 민족엔 미래가 없다. 찬란한 역사를 자랑하지만 실은 그만큼 썩었거나 구태가 많이 끼었다는 의미도 된다. 과거의 그 어느 때보다 지금의 역사, 내일의 역사가 찬란해야 한다. 우리는 현재의 주인일 뿐이다. 제발이지 역사 앞에서 대범하고 당당해지자!

아차, 그날 그 대법관한테 혹 다른 나라에도 사자명예훼손죄가 있는지 물어보는 걸 깜박했다.

148 '위대한 세대'를 위한 준비

한국인에게 매너(Manners)는 니즈(Needs)다.

사전상으로 "니즈[要求]란 일반적으로 현재 상태(what it is)와 바람직한 상태(what it should be) 간의 격차를 의미한다. 요구는 명사로 사용되는 경우와 동사로 사용되는 경우 다른 의미를 가질 수 있다. 우선 명사로서의 요구는 현재 상태와 바람직한 상태 또는 미래의 상태 간의 차이(또는 격차)를 의미한다. 요구는 그 자체로 존재하는 것이 아니라 현재 상태를 점검하고 그것을 미래의 (더 나은) 상태나 조건과 비교해 봄으로써 도출될 수 있다. 한편 동사로서의 요구는 격차를 메우기 위해 요구되는 것, 즉 해결책이나 목적을 위한 수단을 의미한다"고 한다. 그 바람직한 상태라는 것이 곧 선진문명 사회라 할 수 있겠다. 글로벌 매너란 글로벌 비즈니스 생태계에서 상업적 니즈에 가장 최적화된 매너를 말한다.

2014년 1월 2일, 삼성그룹 이건희 회장은 신년사에서 "지난 20년간 양에서 질로 대전환을 이루었듯이 이제부터는 질을 넘어 제품과 서비스, 사업의 품격과 가치를 높여 나가자"고 역설한 바 있다. 그분의 마지막 유언과 다름없는 당부였지만 삼성그룹은 물론 우리 사회 누구도 그 '품격'이나 '가치'를 제대로 이해하고 고민하는 움직임이 없는 것 같아 안타깝다.

매너는 부가가치다!

서구 선진국을 보면 우리보다 그다지 열심히 일하는 것 같지 않음에도 훨씬 부유하게 잘산다. 그들만큼 살려면 우리는 지금보다 얼마나 더 많은 일을 해야 할까? 부가가치를 제대로 모르고선 제아무리 열심히 일을 해도 그들만큼 잘살 수가 없다. 부가가치는 생산해내는 것이 아니라 창조해내는 것이다. 땀이나 기술에 의한 부가가치만으로는 선진 사회로 진입하기 불가능하다. 글로벌 비즈니스 본선 무대에서 증명된 신뢰, 그리고 열린 세계관이 아니고는 금융·보험·명품산업 등 고부가가치 산업으로 넘어갈 수가 없다. 그 세계는 글로벌 상류들이 노는 곳이다. 그들의 테이블에 같이 앉아야 고급 정보를 공유하며 케익을 나눠먹을 수가 있다. 품격이 안 되면 그 테이블에 앉을 수가 없다.

매너(Manners)는 디테일(Details)이다.

세상을 어떤 지도자 한 명이 바꾸던 시대는 한참 지났다. 시스템으로 굴러 가는 세상이다. 그 시스템은 인정사정으로 굴러 가는 게 아니다. 인정사정 보고 뽑은 지도자에 기대해 봐야 헛일이다. 시민 스스로 사소한 것부터 고치고 다듬어 나가는 주인장 의식 없이는 누구를 뽑아도 세상 안 변한다. "한국은 아직 민도가 낮아서…!" "몰라서 그랬다!" "우리는 우리 식대로 하면 그만이지!" "남들도 안 지키는데!" "왜 나만 갖고 그래!"라고 자조 내지는 변명하며 고개 돌리는 방관자적 태도는 주인장 매너가 아니다. 이 후진적 하인 마인드를 버리지 못하면 선진 사회로 영영 못 올라간다. 노예로서의 중(衆)이 아니라 주인으로서의 시민! 개개인이 주인장으로서 태도적 가치를 지니고 행동하고 책임질 때 진정한 민주(民主)가 실현될 것이다. 한국 문화는 지금보다 무한히 더 디테일해져야 한다. 그래야 깊어지고 넓어진다. 품격이 경쟁력이다.

149 진정 이 땅의 주인으로 살려면

이스라엘 자손들이 여호와의 음성을 청종하지 아니하므로 여호와
께서 그들에게 대하여 맹세하사 그들의 조상들에게 맹세하여 우리
에게 주리라고 하신 땅 곧 젖과 꿀이 흐르는 땅을 그들이 보지 못
하게 하리라 하시매 애굽에서 나온 족속 곧 군사들이 다 멸절하기
까지 사십 년 동안을 광야에서 헤매었더니. (〈여호수아〉, 제5장 6절)

모세가 애굽에서 이스라엘 민족을 데리고 나와 곧바로 젖과
꿀이 흐르는 가나안 땅으로 들어가지 아니하고 40년을 거친 광야
로 떠돈 것은 민족 개조 작업 때문이었다.

그 단련 과정은 처절해서 거칠게 표현하면 학대라 해야 할 정
도였다. 여호와께서는 어리석은 자들의 믿음이 흔들릴 때마다 기
적을 행해 마음을 돌렸지만 자신의 명령을 어겼을 적에는 가차 없
이 버렸다. 하여 40년 후 가나안 땅에 들어갈 즈음엔 처음 애굽에
서 따라 나온 자들은 모두 다 죽고 오직 갈렙과 여호수아만이 그
땅을 밟을 수 있었다. 심지어 모세조차도 제 민족이 가나안으로
들어가는 것만 보고 죽어야 했다.

나는 너희를 애굽 땅에서 인도해내어 그들에게 종된 것을 면하게
한 너희의 하나님 여호와이니라. 내가 너희의 멍에의 빗장을 부수
고 너희를 바로 서서 걷게 하였느니라. 그러나 너희가 내게 청종
하지 아니하여 이 모든 명령을 준행하지 아니하며 내 규례를 멸시
하며 마음에 내 법도를 싫어하여 내 모든 계명을 준행하지 아니하

며 내 언약을 배반할진대. (《레위기》, 제26장 13~15절)

　노예가 그 멍에를 벗었다고 해서 바로 자기 자신의 온전한 주인이 되는 건 아니다. 애굽에서 430년 동안 박해받았으면 그 민족은 뼛속까지 천민 노예 근성이 배었다고 하겠다. 아나나 다를까 여호와께서 수없이 기적을 보여주며 달래고 겁을 줘도 여차 하면 도로 애굽으로 돌아가자는 둥 여호와를 분노케 만들었다. 석판에다 계명을 새겨 보여주고 모세를 통해 미주알고주알 온갖 규례와 법도를 정해 실천시켜 애굽에서의 습성을 뜯어고치려 하지만 그게 결코 쉬운 일이 아니었다. 해서 40년간 광야를 떠돌게 하여 혹독하게 단련을 시켜야 했다. 그러면서 애굽에서 종으로 살았던 자들이 다 죽을 때까지 기다렸다. 그들의 2,3세들이 온전히 여호와께서 제시한 비전과 믿음에 대한 신실함을 지니게 되었을 때, 그리고 그것을 실천할 수 있는 주인장으로서의 담대하고 당당한 태도적 가치를 지녔을 때에야 비로소 가나안 땅으로 들어가게 했다. 매너로 사람을 만든 것이다.

　만약 그러지 않고 구습과 비천한 노예 근성이 몸에 밴 채로 가나안 땅으로 들여보냈더라면 어찌되었겠는가? 설마 젖과 꿀이 흐르는 땅을 누가 비워 두었겠는가? 그곳에는 이미 다른 여러 민족이 살고 있었다. 전능하신 하나님께서 직접 그 땅을 빼앗아서 이스라엘 민족에게 준 것이 아니다. 동물원에서 태어난 맹수는 우리를 벗어나선 살 수가 없다. 한번 노예는 영원한 노예! 싸워서 그들을 몰아내기는커녕 분명코 애굽에서와 마찬가지로 가나안 땅에서도 역시 다른 민족을 섬기며 자자손손 비루하게 노예로 살았을 것이다. 새 술은 새 부대에! 버릴 것을 버리지 못하는 민족은 절대 약속의 땅에 들어갈 수도 없고, 들어가서도 안 된다는 것이다.

누백년의 사대 근성과 노비 근성, 그리고 피지배식민 근성으로 찌든 등 굽은 한민족! 스스로 독립도 못하고, 스스로 해방도 못하고, 스스로 나라를 지키지도 못하고, 스스로 통일도 못하는 이유가 거기에 있다. 그러고도 부끄러워할 줄 모른다. 이대로는 죽어서도 약속의 땅에 들어가지 못하리라. 우리는 아직 버려야 할 것이 많다. 새것을 받아들이는 만큼이나 버리는 데에도 용기가 필요하다. 버림의 두려움을 극복해야만 앞으로 나아갈 수 있다. 역사는 더없이 거칠고, 참으로 무정하다. 진정 역사의 주인이 되고자 한다면 칼같이 단호하고 얼음같이 냉정해져야 한다.

바른 자세에서 올바른 태도적 가치가 나온다.

혁신이나 혁명이 모두 거창한 것만도 아니다. 진정한 혁명이란 민족의 사유와 습관을 바꾸는 것이다. 누천년 중국 중심의 세계관에서 벗어나려면 환골탈태로 구시대의 봉건적 유습을 버리거나 개선해야 한다. 굽은 등을 바로 세워야 한다! 바로 서야 하고, 바로 걸어야 한다! 우리 세대가 해내어야 한다!

알에서 깨어나는 것만으로는 충분치 않다!

저기 하늘이 있다! 하늘에 주인이 있더냐! 하늘은 나는 자의 것이다! 바람이 분다! 누천년 동안 뒤집어쓰고 살아온 누더기를

벗어던지고 우리도 이제 날아 보자! 날자! 날자! 날자! 제발 한번
날아 보자꾸나!

매너로 창조적 가치를!

    중국 알리바바의 마윈 회장은 2019년 5월 21일, 프랑스 파리에서 열린 비바 테크놀로지 콘퍼런스에서 "나는 기술에 대해 아는 게 없다. 마케팅과 법률 문제에도 문외한"이라며, "나는 오직 사람에 대해서만 안다"고 말한 적이 있습니다.

    기술 중의 으뜸이 사람 다루는 기술이라면, 매너야말로 자기 가치를 높일 수 있는 최고의 무형자원이 아닐까 싶습니다. 글로벌 매너는 글로벌 마인드로 세상을 보는 시야와 상대방에 대한 합당한 인식, 제3자 불특정 일반 대중에 대한 배려, 당당히 대우받기 포함 전인적 소통 능력, 비즈니스 협상 능력을 키우는 것입니다. 옛말에 '수신제가치국평천하'라고 했습니다. 그러니까 수신이란 자기 혁신, 매너를 통한 사람됨이겠습니다. 선진시민이라면 마땅히 매너와 품격으로 자기 완성적 삶을 추구해야겠습니다.

매너는 격(Form)이자 품(Dignity)이며 가치(Value)!

'글로벌 매너'라고는 하지만 기실 딱히 정해진 것은 없습니다. 세계화와 더불어 수년 전부터 우리의 국내 통용 한국식(로컬) 매너와 구분짓기 위해 자연스레 사용하고 있지요. 글로벌 매너라고 해서 반드시 '서양 매너'라는 생각도 오해입니다. 매너는 매너일 뿐이지요. 하지만 훌륭한 매너와 그렇지 못한 매너는 분명 구별됩니다. 세계화 시대, 글로벌 사회에서 현재 통용되고 있는 선진 매너, 인간존엄성 확보에 보다 유리한 매너가 글로벌 매너입니다!

　매너는 부유한 자들의 사치품이 아닙니다. 예절(에티켓)이 피동적 처신술이라면, 매너는 적극적 소통의 기술입니다. 글로벌 매너는 세계인들과 소통하는 도구입니다. 언어가 직접적인 소통 도구라면, 매너는 간접적이고 은유적인 소통 도구인 셈이지요. 세상의 수많은 민족의 언어를 일일이 다 배울 수 없어 영어를 공통적으로 배우듯, 매너 역시 현재 국제 사회에서 통용되고 있는 글로벌 최상위 비즈니스 소통 매너를 익히자는 것입니다. 물론 영어 하나만 할 줄 아는 친구보다 할 수만 있다면 영어 외에 프랑스어·중국어까지 할 줄 아는 친구가 보다 더 유리한 경쟁력을 확보할 수 있겠지요.

　무작정 서구식 예법을 답습하자는 것이 아닙니다. 글로벌 매너를 익힌다고 우리것을 버리자는 것도 아닙니다. 영어를 배웠다고 우리말을 버리지 않는 것처럼 말이죠. 자존심 깎이는 일도 아닙니다. 영어 잘하는 것이 부끄러운 일이 아닌 것처럼. 아무렴 우리의 전통 예절에도 밝고 글로벌 매너까지 능숙한 친구가 있다면 그 아니 부럽겠습니까?

선진국으로 들어설 준비를 못한 대한민국

88올림픽 이후 대한민국은 본격적으로 대중소비시대를 열었고, 내친 김에 96년에는 OECD회원국에까지 가입했습니다. 돌이켜보면 기고만장의 시대였지요. 당시 서구 사회에선 한국이 너무 일찍 샴페인을 터뜨렸다며 걱정 반 충고해 줬지만, 저들이 배가 아파서 하는 시샘이겠거니 하며 들은 척도 안했습니다. 우리도 이제 선진국 문턱에 한 발을 올려 놓았으니 웬만한 선진국들을 뒤로 밀어내는 건 시간 문제라고 자신했었습니다.

그러다가 고작 1년 만에 외환 위기! 허나 그마저도 선진국들의 시기와 텃세 때문이라 치부하며 금모으기 등 특유의 순발력으로 극복해냈습니다. 그러자 더욱 기고만장해진 한국인들은 본격적으로 위스키·레드와인을 부어 마시기 시작했습니다. 이젠 우리도 선진국민이다, 아무렴 우리도 이제 선진시민답게 우아하게 즐겨 보자며 웰빙 시대, 명품 시대를 활짝 열었습니다.

그렇지만 재물이든 권력이든 복지든 그것을 지닐 만한 그릇이 되는 사람에겐 당연한 복이겠지만 그렇지 못한 이에겐 재앙이 될 수밖에 없는 일. 갑자기 복권에 당첨되었거나 막대한 유산을 물려받았거나 일확천금의 수익을 잡은 이들 중 많은 이들이 오히려 패가망신하는 경우도 기실 미처 그걸 감당할 태도적 가치를 지니지 못한 때문일 겁니다. 개인 국민소득 3만 불은 우리가 흘린 땀에 비해 보잘것없고 욕심에 차진 않지만 기실 대부분의 한국인들에겐 분에 넘치는 것일 수도 있겠습니다. 해서 지금 급격하게, 소득 수준에 비례해서 한국 사회가 타락하고 있는 건 아닐까요?

한국은 지난날 후진국에서 개도국으로 넘어갈 때 치열한 체질 개선 작업을 했습니다. '국민교육헌장'과 '새마을운동'이 그 대표적인 실천입니다. 책임과 의무, 그게 바로 주인 의식이 아니겠습니까?

그런데 '미국독립선언문'이나 '세계인권선언문' 등에는 '평화'란 단어가 없습니다. '자유' '평등' '인권' 등 인간이 추구해야 할 불변적 가치의 용어들만 나옵니다. 당연히 '국민교육헌장'에도 '평화'가 없습니다. 대신 '자유'와 '반공'이란 단어가 나오지요. 이는 다시 말해 '평화'는 가치가 아니란 뜻입니다. 평화란 상황일 뿐입니다. 평화롭기만을 따지자면 북한도, 쿠바도, 러시아도, 중국도 평화로운 나라입니다.

자유가 짓밟힐 때 우리는 평화를 포기할 때가 많습니다. 큰 이익이나 정치적 갈등, 심지어 자연 재해와 같은 것에도 평화는 쉬이 깨어지기도 합니다. 자유를 쟁취하기 위해 수많은 사람들이 피를 흘렸고, 지금도 투쟁하고 있습니다. 자유를 찾기 위해 독립 투쟁을 하고, 자유를 지키기 위해 반공을 했던 거지요. 비록 군사 정권의 프로파간다로 지나치게 국가주의를 강요했다는 비판도 있지만, 기실 그 절박한 시대 상황에서 우리 민족이 갖춰야 할 태도적 가치와 나아가야 할 방향과 목표를 정확하게 제시했음은 부정할 수 없는 사실입니다. 그걸 외우며 각오를 다지기만 한 것이 아니라 다시 새마을운동을 통해 실천으로 옮겼습니다. 그리고 그 저력을 바탕으로 밤 새워 공장을 돌리고, 오대양에서 그리고 열사의 중동에서 때로는 목숨까지 바쳐 가며 달러를 벌어 와 새역사를 창조해냈었지요. 그렇게 맨몸뚱이 하나로 세계를 향해 겁 없이 나아갈 수 있었지요. 만약 그런 국민 개조 작업이 없었다면 대한민국은 어찌되었을까요? 아무리 후하게 생각해도 지금의 필리핀과 그다지 다르지 않았을 터입니다.

한데 이후 개도국에서 중진국으로 넘어가는 중요한 시기 역시 그에 부응할 만한 보다 업그레이드된 체질 개선 작업을 하였어야 했음에도 불구하고 도리어 타락해 버렸습니다. 바야흐로 선진국으로 진입하려는 순간 국민 모두가 뭔가 보이지 않는 거대한 벽에 맞닥뜨린 것 같은 한계를 절감하게 된 것입니다.

매너는 가치 추구의 가장 유용한 도구

오늘날 한강의 기적을 넘어 세계 속의 한국으로 뻗어 나가고 있는 이 민족의 힘이 조선 선비 정신에서 나온 걸까요? 아니면 단지 지난 수세기 동안 억눌려 왔던 생존의 욕망과 향락의 욕구가 우리로 하여금 부단히 재화와 부(富)를 좇아 내달리도록 재촉하는 걸까요?

누천년 동안 좁은 반도에 웅크리고 앉아 소규모 소작농에 만족하며 담박한 삶을 영위해 오던 이 민족은, 근 1세기 동안 밀어닥친 해일을 무사히 타고 넘어 바야흐로 세계를 향해 힘차게 나아가고 있습니다. 그렇지만 한편으로는 여전히 매우 완강한 타성의 힘이 남아 있어 전진하는 배를 뒤로 끌어당기고 있습니다. 그건 아마도 봉건 사회로부터 누적되어 온 폐쇄적 심리, 내향적 성격, 낙후된 사유 방식 및 보수적 관념이 일으키는 반감의 정서에서 기인한 타성의 힘일 것입니다. 그렇지만 이제 우리의 심리적 성격, 인생철학, 사유 방식을 과감히 깨뜨려야 합니다. 과거와 현재, 그리고 미래에 대한 충분한 인식이 필요하며, 스스로에 대한 해부·분석을 통해 과거에 대한 반성적 사유, 현재에 대한 올바른 인식, 그리고 미래에 대한 확고한 신념과 지표를 가져야 합니다.

한국병이 점점 깊어지고 있습니다.

대한민국은 지금 반세기 동안의 압축 성장의 후유증으로 고산병·잠수병을 앓고 있습니다. 이대로 선진국 문턱을 넘어서려다가는 엎어지거나, 미끄러지거나, 점점 더 타락할 뿐입니다. 하여 끊임없이 실망하고 원망하고 분노하고 좌절할 것입니다. 매너가 없는 사회는 썩은 사회이자 죽은 사회입니다. 또다시 역사의 비정함에 피눈물을 쏟지 않으려면 피를 갈고 뼈를 깎는 체질 개선 작업으로 된장독 근성을 내다버려야 합니다. 예서 잠시 멈추더라도 우리가 어떤 태도적 가치를 지니고 미래를 맞아야 할지 고민해야겠습니다.

태도적 가치는 매너로 표현되고, 품격으로 완성됩니다.

민족 정신의 개조는 엄청난 고통을 수반합니다. 그것은 우리가 흔히 부르짖는 정치나 경제 혹은 법률 제도의 개혁보다 더 힘든 작업입니다. 왜냐하면 수백년 혹은 수천년 동안 습관화된 사유 및 생활 방식을 바꾸는 일이기 때문이지요. 진흙으로 만든 개는 밤을 지킬 수 없고, 기와로 만든 닭은 새벽을 담당할 수 없다 했습니다. 화석화된 옛것으로는 미래를 감당할 수 없습니다. 근현대사의 혹독했던 낡은 길을 다시 걷지 않으려면 뼈를 갈고 피를 바꾸어서라도 민족성을 개조해야 합니다. 다혈질적이면서 조급하고, 단순하면서 물불 안 가리고, 전투적이면서 울컥 화도 잘 내고, 화끈하고 신바람내기 좋아하는 야성적인 기질! 왜곡된 선비 정신에 억눌려 비정상적으로 표출되는 이 힘을 항구적인 덕(德)으로 다듬어 진취적인 민족성으로 승화시켜 나간다면 분명 오래지 않아 우리도 '위대한 시대'를 열 수 있을 것입니다.

신성대(辛成大)

1954년 경남 영산(靈山) 출생. 16세에 해범 김광석 선생에게서 조선의 국기인 무예 십팔기(十八技)를 익혔다. 이후 50년 동안 십팔기의 전승과 보급에 힘써 2019년 서울시무형문화재 제51호 전통군영무예로 종목 지정받았다. 현재 (사)전통무예십팔기보존회 및 (사)전통군영무예보존회 회장으로 무예 십팔기 및 도인양생공을 지도하고 있다.

1977년 한국해양대학 부설 전문대학 졸업. 해외송출선원으로 7년간 외항선을 타고 수차례 세계를 일주하며 견문과 호기심을 넓혔다.

1985년 도서출판 동문선(東文選)을 설립해 지금까지 약 8백 종의 인문학 분야 전문서적을 펴냈다. 한중수교 전인 1990년 서울 인사동에 우리나라 최초의 중국원서수입서점을 열어 한중 간 학술 교류의 물꼬를 텄으며, 2000년엔 프랑스 철학자 피에르 쌍소의 에세이 《느리게 산다는 것의 의미》를 출판하여 한국에 '느림의 미학' 붐을 일으킨 바 있다.

2012년 글로벌리더십아카데미 공동대표. 품격경영아카데미컨설팅 공동대표. 2014년 11월 24일 〈조선일보〉 '최보식이 만난 사람들' 인터뷰, 2015년 〈월간조선〉 '글로벌 매너'를 1년간 연재하는 등, 데일리안·경기데일리·파이낸셜신문·한국무예신문에도 문화칼럼을 발표, 2018년 국감 외교통일위원회 참고인으로 출석하여 외교관들의 국격 디스카운트를 지적하는 등 국격을 높이기 위한 품격사회운동을 이끌며 글로벌 매너 강사로 활동하고 있다.

저서로는 《무덕(武德)-武의 문화, 武의 정신》《품격경영-상위 1%를 위한 글로벌 교섭 문화 백서》(상/하)《자기 가치를 높이는 럭셔리 매너》《나는 대한민국이 아프다》《산책의 힘》《혼백과 귀신》 등이 있다.

블로그 https://blog.naver.com/hiskindness
이메일 dmsssd@naver.com
· 품격경영아카데미컨설팅 070-8807-3356